Fröhlich | Der Zweite Weltkrieg

Elke Fröhlich

Der Zweite Weltkrieg

Eine kurze Geschichte

Reclam

Alle Rechte vorbehalten
© 2013 Philipp Reclam jun. GmbH & Co. KG, Stuttgart
Gestaltung: Cornelia Feyll, Friedrich Forssman
Satz und Druck: Reclam, Ditzingen
Buchbinderische Verarbeitung: Kösel, Krugzell
Printed in Germany 2013
RECLAM ist eine eingetragene Marke
der Philipp Reclam jun. GmbH & Co. KG, Stuttgart
ISBN 978-3-15-010935-9

Auch als E-Book erhältlich

www.reclam.de

Inhalt

Vorwort

Nichts hat die Welt so sehr erschüttert und umgestaltet wie der letzte deutsche Krieg von 1939 bis 1945. Seine Folgen reichen bis in die Gegenwart. Er und sein Vorläufer, der Erste Weltkrieg, beherrschen das gesamte 20. Jahrhundert. Der eine schien sich aus dem anderen zu entwickeln und das zu Ende zu bringen, was der erste begonnen hatte. Wer die zwei Weltkriege und die Zwischenkriegszeit als eine Einheit ansah, sprach von einem zweiten Dreißigjährigen Krieg. Beide Weltkriege gingen von deutschem Boden aus, beide Male scheiterte Deutschland an dem Versuch, nach der Weltmacht zu greifen. Dem Zweiten Weltkrieg schloss sich ein vierzigjähriger Kalter Krieg an, der Schlimmes befürchten ließ. Jahrzehntelang standen sich im geteilten Deutschland die ehemaligen Verbündeten, USA und UdSSR, durch den Krieg zu Supermächten geworden, waffenstarrend gegenüber und hielten sich im Zeichen atomarer Abschreckung gegenseitig in Schach. Zum Erstaunen vieler Zeitgenossen führte der Kalte Krieg nicht geradewegs in einen dritten Krieg, sondern ermöglichte einen ungeahnten wirtschaftlichen Aufschwung in Europa wie im Fernen Osten, deren Gewinner eigenartigerweise die Verlierer des Zweiten Weltkriegs, Japan und Deutschland (West), wurden. Die Nachkriegsära endete erst mit der friedlichen Revolution in der DDR und der Auflösung des Sowjetblocks 1989/91.

Das 20. Jahrhundert ist zweifellos ein Jahrhundert der deutschen Kriege. Folglich besteht in Deutschland ein berechtigtes Interesse an militärgeschichtlichen Betrachtungen. Das beweisen die zahlreichen damit gefüllten Regaleinheiten in den einschlägigen Bibliotheken. Während in der alten Literatur, vor allem in den Memoiren, die Mär von der »Wehrmacht mit der weißen Weste« weite Verbreitung fand, liegt seit den achtziger, neunziger Jahren der Forschungsschwerpunkt primär auf der verbrecherischen Kriegführung der Wehrmacht und ihrer Involviertheit in den Genozid. Das politisch-historische Interesse am Holocaust, der Geschichte des beispiellosen Völkermordes an den Juden, auch an weiteren Opfergruppen wie den Kriegsgefangenen und Zwangsarbeitern, ließ das Interesse an der militärischen Geschichte schwinden. Bis heute blieben infolgedessen die Geschehnisse im Frontbereich zum großen Teil unzulänglich erforscht.

Verbrechen der Wehrmacht und die Radikalisierung der Kriegführung sind auch Gegenstand des vorliegenden Bandes. Er will aber vor allem den Kriegsverlauf, die einzelnen Feldzüge und die entscheidenden Schlachten in den Vordergrund rücken, ohne deren wirtschaftliche, technische und gesellschaftliche Konditioniertheit außer acht zu lassen. Die weitgehend chronologische Schilderung des Kriegsgeschehens ist verbunden mit sachthematischen Einschüben wie zum Beispiel zur Bedeutung der Kriege der Achsenpartner für die deutsche Kriegführung oder der alliierten Überlegenheit zur See wie in der Luft und dem damit einhergehenden *terror bombing* gegen Zivilisten. In Zeiten der Globalisierung fand die Ausdehnung dieses Krieges auf weltweit 58 Staaten neu akzentuiertes Interesse. Dem trägt der Band insoweit Rechnung, als er unter anderem den Pazifikkrieg bis zur Niederlage Japans einschließt oder sich mit der Kriegserklärung Hitlers an die USA, die den europäischen Krieg zum Weltkrieg werden ließ und die heute noch als die rätselhafteste Entscheidung des Diktators gilt, kritisch auseinandersetzt. Diese Publikation konzentriert sich hauptsächlich auf die militärisch-politischen Ereignisse und Entscheidungen der Führungsschicht. Es handelt sich also vorwiegend um die geschichtliche Darstellung der militärischen Operationen und ihrer hauptverantwortlichen Entscheidungsträger, insbesondere Adolf Hitlers. Zur Veranschaulichung der operativen Verläufe wurden die dazu nötigen

Zahlen der Literatur entnommen, wohl wissend, dass es sich dabei meist um Schätzungen handelt.

Der Forschung, auf der meine Arbeit fußt und deren Veröffentlichungen in der Auswahlbibliographie aufgeführt sind, gelang es im Laufe der Jahrzehnte, viele Fragen zu beantworten. Einige blieben strittig, selbst oder gerade im Lichte neuer Quellen. Die Frage nach der Rolle Hitlers im Zweiten Weltkrieg zählt dazu. In dem Band wird versucht, diese bereits auf dem Weg in den Krieg zu klären und während des gesamten Kriegsverlaufs im Blick zu halten. Hitler riskierte mit dem Angriff auf Polen einen europäischen Krieg, mit der Kriegserklärung an Amerika einen Weltkrieg, mit dem Überfall auf die Sowjetunion einen Vernichtungskrieg. Welche Motive ihn dazu trieben, welches Strategiekonzept dem zugrunde lag, Blitzkriegsstrategien oder Improvisation, das sind Fragen, die sich durch das ganze Buch ziehen und die einzelnen Teile miteinander verbinden.

Im Sommer 1940 sah es so aus, als wäre die deutsche militärische Führungskunst allen überlegen. Es schien unmöglich geworden zu sein, die deutsche Wehrmacht auf ihrer Siegesstraße aufzuhalten. Im ohnehin siegreich verlaufenden Polenfeldzug griff auch noch der sowjetische Verbündete ein, und die beiden Diktatoren Hitler und Stalin teilten sich ihre polnische Beute, während die Westmächte untätig zusahen und ihren Partner im Stich ließen. Die Paktpartner überzogen Skandinavien mit Krieg, die UdSSR Finnland, das Deutsche Reich Dänemark und Norwegen. Frankreich wurde zur Überraschung aller in kürzester Zeit besiegt. Großbritannien blieb als einziger Kriegsgegner übrig und steckte in seiner tiefsten Krise. Mochte da nicht ein Pakt mit Hitler als bequeme Lösung aller Probleme erscheinen? Die Welt von heute hätte dann anders ausgesehen. Doch Winston Churchill, der vielleicht größte Gegenspieler Hitlers, betrat die Kriegsbühne, entschlossen, dem Aggressor die Stirn zu bieten. Aus dem Wunschpartner Hitlers sollte sein härtester Gegner werden. Während Hitler die europäische Landkarte veränderte, aber auch die ersten gravierenden Fehlentscheidungen traf, setzte Churchill auf höchsten moralischen Widerstand und nachhaltige Allianzpolitik. Er bewirkte die Annäherung von USA und UdSSR und half beim Zustandekommen eines weltweiten Bündnisses gegen das nationalsozialistische Deutschland. Bevor aber all dies eintrat, musste Hitler aus weit banaleren Gründen noch im Siegesjahr 1940 die Luftschlacht über England abbrechen. Es war die erste Niederlage der deutschen Wehrmacht. Welche Konsequenzen Hitler daraus zog und warum er gerade jetzt mit einem Überfall auf die Sowjetunion einen Zweifrontenkrieg riskierte, das sind weitere Fragen, die im Buch diskutiert werden.

Zweifellos bildete der Ostfeldzug Hitlers Hauptkrieg, den er von Beginn an als rasseideologischen Vernichtungskrieg durchführen ließ. Zu fragen ist aber nach der Haltung der Wehrmacht in einem Krieg, der als Raub- und Kreuzzug angelegt war und den Holocaust ermöglichte. Woran scheiterte das Unternehmen »Barbarossa«? War in dem militärischen Desaster Ende 1941 bereits die eigentliche Kriegswende zu sehen oder erst in der alliierten Invasion Sommer 1944? Konnte mit Kriegseintritt der Vereinigten Staaten Deutschland den Krieg noch gewinnen? Wusste Franklin Roosevelt von dem geplanten Angriff der Japaner? Weshalb sind Pearl Harbor, Stalingrad und Hiroshima zu den drei Symbolen für den Zweiten Weltkrieg geworden? Welche Rolle spielte der Krieg im Fernen Osten für den Krieg in Europa? Wurde der Krieg, da wie dort, auf den Schlachtfeldern entschieden oder in den Rüstungsfabriken? Wie stand es um den militärischen Sachverstand des Diktators und welchen Anteil hatte der Fachverstand des Generalstabs an der deutschen Niederlage? Welche negativen aber vielleicht auch positiven Folgen entstanden aus der totalen Niederlage?

Das ist ein Bündel von Fragen, die der folgenden Geschichte des Zweiten Weltkriegs unterlegt sind. Sie werden in der Regel implizit beantwortet, in bestimmten Fällen auch explizit wie gleich zu Beginn.

I. Hitlers Wille und Weg zum Krieg

1945 endete der blutigste Krieg der Menschheitsgeschichte. Weltweit standen 110 Millionen Soldaten im Einsatz, zwischen 50 und 60 Millionen Menschen starben, darunter Millionen von Zivilisten, auch die 6 Millionen Opfer des Genozids. Die Sowjetunion beklagte den höchsten Verlust an Toten: 25 Millionen, gefolgt von China mit 15, Deutschland mit 7, Polen mit 6 und Japan mit 2,5 Millionen Toten. Die gesamte materielle Kapitalvernichtung ließ sich nur schwer schätzen und ist in ihrer abnormen Größe kaum vorstellbar. Anschaulicher werden die materiellen Schäden, wenn nur ein Aspekt in den Blick genommen wird, z. B. die zerstörten Städte und Dörfer. Japan zählte 3,7 Millionen verwüstete Wohnungen, Deutschland 5 Millionen demolierte Wohneinheiten in 1,63 Millionen Häusern, Sowjetrussland 6 Millionen zerstörte Gebäude.

Wie konnte es zu dieser Katastrophe apokalyptischen Ausmaßes kommen? Antworten gibt es viele: das Erbe des Ersten Weltkriegs, die Herabsetzung der Hemmschwelle für Brutalisierung und Verbrechen, der Verlust eines Zehntels des Hoheitsgebiets mit 6,5 Millionen Menschen, die Revolution, ein als Schande empfundener Friedensvertrag, daraus abgeleitete Revisionsgelüste, Inflation, Weltwirtschaftskrise, Kränkungen einer gedemütigten Nation und inmitten all der gärenden Entwicklungen ein unscheinbarer Gefreiter namens Adolf Hitler mit dem festen Willen zum erneuten Krieg. Eine Erfolgswelle trug ihn binnen weniger Jahre am 30. Januar 1933 in das Amt des Reichskanzlers. Von nun an ordnete Hitler die gesamte deutsche Politik unter sein höchstes Ziel: das Streben nach der Weltherrschaft. Es war zweifellos die Person Hitler, die Deutschland dem Krieg verschrieb. Einen Masterplan, wie verschiedentlich angenommen wurde, besaß er dabei nicht.

Nicht zuletzt die Eliten, insbesondere die militärischen, versprachen sich viel von Hitler. Sie glaubten, er werde Deutschland wieder zu nationaler Größe führen, seine Wehrhoheit wiederherstellen, die willkürlich gezogenen »Blutgrenzen« korrigieren, Österreich heim ins Reich führen, kurz, eine Revisionspolitik mit Nachdruck verfolgen. Hitler erfüllte zunächst die Erwartungen der Deutschen zu ihrer vollsten Zufriedenheit. Er tat dies unter der Camouflage eines friedliebenden Politikers. Den Tarnmantel öffnete er hin und wieder, so zum Beispiel am 3. Februar 1933. Bereits wenige Stunden nach seinem Amtsantritt teilte er den Befehlshabern der Wehrmacht unverblümt seine wahren Ziele mit. Sie lauteten: Weltanschauungskrieg gegen den Bolschewismus in der Sowjetunion und gnadenloser Rassenkrieg gegen Juden wie Slawen. Dies waren seine kardinalen Bekenntnisse aus seinem in der Haft von Landsberg geschriebenen und 1925 veröffentlichten Kampfbuch: Eroberung von »Lebensraum im Osten«, dessen Germanisierung für das deutsche Herrenvolk und die Vernichtung der Juden. Schwer zu sagen, wer den Willen zum Vernichtungskampf und zum Kampf um Weltgeltung damals so ernst nahm, wie er gemeint war.

Hitler leitete eine auf Täuschung angelegte Außenpolitik ein, die zunächst die Isolierung des Reiches überwinden und dessen beschädigte Reputation reparieren sollte. Dazu wurde im Berliner Vertrag von 1926 die Zusammenarbeit mit Sowjetrussland verlängert, ein Konkordat mit dem Vatikan im Juli 1933 abgeschlossen und im Januar 1934 ein Nichtangriffspakt mit Polen eingegangen, der in Europas Staaten ein ähnlich großes Erstaunen hervorrief wie im Sommer 1939 der deutsch-sowjetische Nichtangriffspakt, hatte doch erst im Dezember 1933 Polen ein zweites Mal in diesem Jahr Frankreich zu einer Faustpfandpolitik (die Besetzung deutscher Territorien, damit Deutschland zur Einhaltung des Versailler Vertrags gezwungen wurde) gedrängt. Beide Verträge förderten Hitlers Kriegsziele, verbargen aber seine wirklichen Absichten. Im Herbst 1933 verließ die deutsche Delegation die Genfer Abrüstungskonferenz. Zu groß war die Gefahr geworden, dass die bereits in der Weimarer Republik begonnene, geheime Aufrüstung Deutschlands bekannt wurde. Anschließend zogen die Deutschen aus dem Völkerbund aus. Die Großmächte schauten tatenlos zu, so wie sie auch schon den Austritt Japans aus dem Völkerbund im März 1933 hingenommen hatten, als Tokio zu Recht des Angriffskriegs auf China angeklagt worden war. Der Aggressor blieb von Sanktionen verschont, zweifellos eine interessante Erfahrung für Hitler.

Deutschlands Beziehungen zu Österreich und Italien verschlechterten sich zunächst. Im Verlauf eines dilettantischen Putsches der SS-Standarte 89 verlor der austrofaschistische Bundeskanzler Engelbert Dollfuß im Juli 1934 sein Leben. Die blutig niedergeschlagene Nazi-Revolte hinterließ hunderte von Toten und Verletzten. Benito Mussolini ließ unmissverständlich drohend Truppen am Brennerpass aufmarschieren. Ein bewaffneter Konflikt schien nicht ausgeschlossen, die Gefahr einer Intervention der Großmächte in greifbare Nähe gerückt. Als herauskam, dass deutsche Nationalsozialisten als Drahtzieher hinter dem Putsch gesteckt hatten, war die Blamage für Hitler perfekt. Er soll angeblich getobt haben, aber auch angesichts des größten Fehlschlags für seine Zielsetzungen und der tiefsten Isolation Deutschlands, prophezeite er in kleinem Kreis, wie Goebbels am 28. Juli 1934 in seinem Tagebuch vermerkte, Deutschland werde einst der »Herr der Welt« sein.

Schon das nächste Jahr brachte Hitler im Sinne einer Revision des Versailler Vertrages einige Erfolge. Frankreich hatte über das Saargebiet für 15 Jahre ein Mandat erhalten. Danach sollten laut Vertrag die Saarländer in einem Plebiszit über ihre Landeszugehörigkeit entscheiden. Die für Januar 1935 vorgesehene Abstimmung brachte einen überwältigenden Prestigeerfolg für Hitler. Über 90 Prozent der Bevölkerung stimmte für die Rückkehr in das Deutsche Reich. Im Aufwind des Erfolges und weil Tempo und Umfang der Aufrüstung nicht mehr so recht verheimlicht werden konnten, gab er im März 1935 den Aufbau der Luftwaffe, die laut Friedensvertrag an sich nicht hätte existieren dürfen, bekannt. Er verkündete in demselben Monat die Wiedereinführung der allgemeinen Wehrpflicht und die Aufstockung des vom Versailler Vertrag auf 100 000 Mann reduzierten Heeres auf eine halbe Million Soldaten. Die Spitzen der Reichswehr, die Hitler nicht informiert hatte, reagierten zunächst schockiert. Doch die zu erwartenden Proteste der französischen, britischen und italienischen Regierung, die sich eigens im italienischen Stresa im April 1935 trafen, um über Gegenmaßnahmen zu beraten, fielen relativ schwach aus. Auch wenn sie in ihren Erklärungen betonten, Österreichs Bestand verteidigen zu wollen, so waren diese letztlich nichts als Rhetorik ähnlich den nach allen Seiten ausgesandten Friedensbeteuerungen Hitlers. Auch die Verurteilung des deutschen Aufrüstungsprogramms durch den Völkerbund traf einen Hitler kaum. Im Vergleich dazu hätten ihm die Beistandsverträge, die von der sowjetischen, französischen und tschechoslowakischen Regierung im Mai 1935 unterschrieben worden waren, mehr zu denken geben müssen, deutete sich damit doch eine von ihm befürchtete Einkreisung an.

Die schien sich aber nicht anzubahnen. Bereits im darauffolgenden Monat wartete Hitler mit seinem nächsten diplomatischen Coup auf, der die junge Stresafront schon wieder alt aussehen ließ. Er einigte sich im Juni 1935 mit der Seemacht Großbritannien auf ein Flottenabkommen, das der deutschen Marine erlaubte, ihre Flotte auf 35 Prozent der Tonnage, der britischen Flotte auszubauen und zahlenmäßig genauso viele U-Boote wie die Royal Navy zu besitzen. Hitler beschwichtigte damit die Engländer, sicherte ihnen der Vertrag doch eine auf längere Sicht beruhigende Überlegenheit. Hitler konnte einerseits darauf hoffen, dass die Engländer sich nicht einmischten, wenn er auf dem Kontinent eine Vormachtstellung zu erreichen suchte. Andererseits ermöglichte ihm der vertragsgerechte Ausbau der deutschen Flotte, diese bei späteren Verhandlungen als Druckmittel einzusetzen. Für Hitler war der Abschluss des Flottenabkommens ein bedeutender Schritt auf dem Weg zu seinem Ziel, und die Engländer hielten die günstigen Bedingungen umso vernünftiger als ihnen die erstarkenden Seestreitkräfte Japans Sorge zu bereiten begannen.

Bevor aber Japan im Jahre 1937 losschlagen sollte, dramatisierte sich die internationale Lage durch das aggressive Vorgehen Italiens. Italien hatte mit Äthiopien (damals Abessinien), beide Mitglieder des Völkerbundes, noch Rechnungen aus dem 19. Jahrhundert zu begleichen (verlorene Schlacht von Adua) und das Bestreben, sich als Groß- und Kolonialmacht zu etablieren. Im Januar des Jahres 1935 signalisierten die Franzosen, sie würden eine Invasion dulden, England hingegen erklärte sich nicht definitiv. Das genügte Mussolini. Ohne Kriegserklärung ließ Mussolini am 3. Oktober seine Truppen die Grenzen von Eritrea und Somalia überschreiten. Das einzige noch nicht kolonialisierte Land Afrikas mit einer Armee von etwa 250 000 folkloristisch anmutenden Waffenträgern hatte den 500 000 Soldaten Italiens so gut wie nichts entgegenzusetzen. Kriegerische Kampfhandlungen fanden nicht statt. Zum ersten Mal in der Kriegsgeschichte demonstrierte eine Luftwaffe ihre Überlegenheit. Die Italiener bombardierten die Armee Kaiser Haile Selassies in Grund und Boden. Der abessinische Kaiser unternahm eine abenteuerliche Reise nach Genf, wo er in einer bewegenden Rede an den Völkerbund appellierte und die Sympathien der Weltöffentlichkeit auf sich zog. England und Frankreich sahen sich gezwungen zu inter-

venieren. Sie unterstützten die Verhängung von Wirtschaftssanktionen durch den Völkerbund im November 1935.

Italien fühlte sich mit einem Schlage isoliert, es brauchte
einen Bundesgenossen. Mussolini, gedrängt von seinem
Schwiegersohn und späteren Außenminister Graf Galeazzo
Ciano, wandte sich an Hitler um Beistand. Für diesen war es
eine große Chance, Deutschland selbst aus der Isolation zu befreien und nebenbei wieder einmal den Völkerbund auszuhe-
beln. Vor allem aber bot Italiens Bindung an Ostafrika eine gute Gelegenheit, seinen eigenen Einfluss im Südosten Europas,
wo Deutschland die Vormacht anstrebte, zu mehren und seine
dortige Stellung zu festigen. Hitler lieferte Italien sogar Waffen. Da er aber an einem möglichst langen Krieg interessiert
war, unterstützte er den Kriegsgegner sicherheitshalber ebenfalls mit Waffenlieferungen. Hitler lehnte es aber ab, sich an
den Wirtschaftssanktionen gegenüber Italien zu beteiligen. Er
wahrte offiziell Neutralität und ließ die wirtschaftlichen Beziehungen weiterlaufen. Der »Duce« dankte es dem »Führer«
und signalisierte ihm, dass »Stresa« für ihn erledigt sei, er gebe
ihm freie Hand in Bezug auf die Alpenrepublik. Befanden sich
noch vor wenigen Monaten die deutsch-italienischen Beziehungen auf ihrem tiefsten Punkt der Talsohle, so deklarierte
Hitler dies im Juli 1936 in einem Abkommen über die Wiederherstellung freundschaftlicher Beziehungen zu einem »abgeschlossenen Kapitel« und schlug mit der Allianz zu Mussolini
auf seinem Weg in den Krieg ein neues Kapitel auf.

Inzwischen musste Äthiopien den ungleichen Krieg aufgeben. Bei seiner Kapitulation im Mai 1936 zählte es 275 000 Tote,
worunter sich zahlreiche Zivilisten befanden, da Italien etwa
340 Tonnen Giftgas eingesetzt hatte. Mussolini, der lediglich
9000 Mann verloren hatte, proklamierte in Rom das »Impero«,
er befand sich auf der Höhe seiner Macht und Beliebtheit im
italienischen Volk. Der Völkerbund sah zu, wie ab Juli 1936

jedem Land freigestellt wurde, die durch Angriffskrieg her-
beigeführten neuen Verhältnisse in Ostafrika anzuerkennen,
eine politische »Bankrotterklärung«. Italien und Deutschland
gewannen den festen Eindruck, Frankreichs wie Englands
Schwäche habe sich deutlich offenbart. Sie waren davon überzeugt, dass die Luftüberlegenheit, wie sie sich in Abessinien
abgespielt hatte, für künftige Kriege ausschlaggebend sein
würde, d. h. die Seemacht England, die bislang das Mittelmeer
beherrschte, schien nicht mehr so unangreifbar wie bisher.
Deutschland und Italien glaubten, von Frankreich und England nichts mehr befürchten zu müssen und rückten einander
näher. Die internationale Völkergemeinschaft und insbesondere der Völkerbund demonstrierten vor aller Weltöffentlichkeit ihr Unvermögen, imperialem Bestreben auch nur einer
einzigen Nation Einhalt zu gebieten. Der italienische Imperia-
lismus hatte sich in der internationalen Völkergemeinschaft
ungebremst durchgesetzt, wiederum eine interessante Erfahrung für Hitler.

Das alles zusammen motivierte Hitler, seinen nächsten, bedeutsamen Schritt in Richtung Krieg zu tun. Trotz hohen Risi-
kos ließ er am 7. März 1936 deutsche Truppen in das entmilitarisierte Rheinland einmarschieren. Diese Remilitarisierung
war nicht nur ein glatter Bruch des Locarnovertrages von 1925,
der den Frieden zwischen Paris und Berlin sicherer gestaltet
hatte, sondern auch des Versailler Vertrages, nach dessen Bestimmungen das westliche Deutschland von der Schweiz bis
zu den Niederlanden seit 1919 immer noch als entmilitarisierte
Zone galt, wenn auch Ende der zwanziger Jahre die militärischen Einheiten Frankreichs und Großbritanniens abgezogen
worden waren. Doch Hitler setzte für seinen geplanten Krieg
alles auf eine Karte und gewann: Er verfügte nun über ein
Reservoir an Rekruten und Rüstungspotential im Ruhrgebiet
und eine Verteidigungslinie direkt an der französischen Gren-

ze. Paris und London schauten tatenlos zu, aus Fehleinschätzung und letzteres auch aus Desinteresse. Während des Einmarsches der lediglich 3000 Soldaten hielt Hitler im Reichstag eine Rechtfertigungs- und Beschwichtigungsrede, bot jedermann Friedensverträge an, löste theatralisch den Reichstag auf und kündigte Neuwahlen und Volksabstimmung an. Drei Wochen darauf stimmten 99 Prozent der deutschen Bevölkerung für Hitlers Politik im Wohlgefühl erwachender nationaler Größe. Hitler hatte viel riskiert und viel gewonnen.

Im Glanz der Olympischen Spiele wurden die Schatten, die der im Juli 1936 ausgebrochene Spanische Bürgerkrieg warf, nicht so deutlich wahrgenommen, und doch stellte er die Handlungsfähigkeit der Staatengemeinschaft erneut auf den Prüfstand. Berlin und Rom unterstützten die Putschisten unter General Franco vorrangig aus ideologischen Gründen gegen die Verteidiger der Republik, die sich aus sowjetischen Truppen und der internationalen Brigade mit Freiwilligen aus 53 Staaten zusammensetzten. Deutschland schickte Tausende gut ausgebildeter Berufssoldaten mit Flugzeugen, Panzern und Artillerie, die an der Seite der Franquisten in der Luftwaffeneinheit »Legion Condor« kämpften. Hitler trieb auch noch die Furcht vor einem womöglich kommunistischen Spanien an, das sich mit einem Frankreich verbünden könnte, in dem kürzlich die Volksfront mit Hilfe der Kommunisten die Macht erobert hatte. Diese Kombination im Verein mit der Sowjetunion hätte seine Expansionspläne für den Osten ernsthaft blockiert. Ein weiterer Grund für seine Waffenhilfe lag auch darin, dass sich der Wehrmacht eine gute Gelegenheit bot, ihr neues Waffenarsenal (Flak, Jäger und Bomber) in wirklichen Kampfhandlungen zu testen. In diesem Zusammenhang erlebte Ende März 1937 Durango als erste Stadt Europas einen Luftangriff. Noch verheerender fiel das Bombardement Guernicas im April 1937 aus. Insgesamt 43 Flugzeuge, darunter zu erprobende Heinkel-Bomber und Messerschmidt-Jäger, mit einem kleinen Konvoi italienischer Flugzeuge bombardierten das Städtchen mit 7000 Seelen. 50 000 Kilo Brand- und Sprengbomben sowie Tiefflieger mit ihren MGs töteten über 1600 Einwohner und verletzten mehr als 800. Sie hinterließen eine vollkommen zerstörte Stadt. Die republikanische Regierung beauftragte den im Exil lebenden Künstler Pablo Picasso mit einem Gemälde für den spanischen Pavillon der Pariser Weltausstellung. Das Bild machte das baskische Städtchen rund um den Globus bekannt. Es wurde zum Symbol für Brutalität und Grauen moderner Kriege. Die weltweite Empörung, die dieser Angriff ausgelöst hatte, veranlasste die Legion Condor, ihre Täterschaft zu leugnen, hinderte sie aber nicht, nach dem Sieg der Franco-Truppen März 1939 bei deren Siegesparade in Madrid im Mai mitzumarschieren. Der Verlauf des spanischen Bürgerkriegs lieferte Hitler erneut den Beweis für Frankreichs Ohnmacht sowie Englands Tatenlosigkeit und bestärkte ihn in seinem Willen zum eigenen Krieg.

Der barbarische Krieg mit seinen Exzessen, Massakern und Vergewaltigungen, der rund eine halbe Million Menschen das Leben kostete, brachte auch die beiden faschistischen Regierungen einander näher. In einem Geheimabkommen vom Herbst 1936 verbündeten sie sich gegen das republikanische Spanien und vereinbarten, die Expansionsbestrebungen des jeweils anderen zu tolerieren. Das von Mussolini im November 1936 als »Achse« zwischen Berlin und Rom bezeichnete Bündnis wurde im Mai 1939 zum militärischen »Stahlpakt« erweitert. Im November 1936 schloss Berlin den sowohl gegen London wie gegen Moskau gerichteten »Antikominternpakt« mit den Japanern ab. Ein Jahr darauf, im November 1937, traten die Italiener dem Pakt bei und fünf Wochen später aus dem Völkerbund aus.

Wie die beiden europäischen Achsenmächte richtete auch

Japan sein Interesse auf eine Änderung des Status quo. Unter dem Slogan »Asien den Asiaten« gab es vor, eine »Neue Ordnung« in Ostasien anzustreben. Die Achse Berlin–Rom–Tokio bahnte sich auf dem Hintergrund eines von Tokio losgetretenen Krieges an (Juli 1937). Japan überfiel China in der Absicht, ihm seine »Neue Ordnung« vorzugsweise wirtschaftlicher Art zu oktroyieren. Die Chinesen verloren zwar viel Terrain, über 1,5 Millionen Quadratkilometer in Nord- und Mittelchina, verstanden es aber, sich einer totalen Vernichtung zu entziehen. Als Folge erstarrten im Frühjahr 1939 die Fronten. Zunehmend Widerstand erfuhren die Japaner durch Mao Tse-tung und Tschiang Kai-schek, ursprünglich Feinde, die sich aber gegen sie verbündet hatten, und durch die gequälte und massakrierte Bevölkerung selbst. Die offenkundigen Verbrechen Japans, Terror, Bombardements, Massentötungen von Gefangenen, systematische Vergewaltigungen, entsetzten die Weltöffentlichkeit, allein in Nanking fielen 200 000 Menschen im Dezember 1937 grauenhaften Greueltaten anheim, doch kein Staat griff ein und legte dem Aggressor das Handwerk. Für Hitler wiederum eine Lektion, die ihn in der Annahme bestärkte, sich auf dieser Welt jede Bestialität leisten zu können.

Im November 1937 berief er die Oberbefehlshaber der drei Wehrmachtsteile, den Kriegsminister sowie den Außenminister zu sich und erklärte ihnen seine Expansionsziele: bei der nächstbesten Gelegenheit, vielleicht schon 1938, seien Österreich und die Tschechoslowakei zu annektieren, als notwendige Voraussetzung für die kriegerische Auseinandersetzung um die Weltmacht, die er bereits für die Jahre 1943 bis 1945 prognostizierte. Allein der Oberbefehlshaber des Heeres, Werner von Fritsch, und der Oberbefehlshaber der Wehrmacht, Werner von Blomberg, warnten, wie das Protokoll von Oberst Hoßbach belegt, vor den militärischen und politischen Risiken und hielten den Zeitpunkt zu solch expansionistischem Vorgehen für verfrüht. Mit skrupulösen Militärführern sollte sich Hitler bald nicht mehr herumschlagen müssen.

1938, oft als Entscheidungsjahr auf dem Weg in den Krieg klassifiziert, half Hitler ein Zufall, unter den Spitzenmilitärs ein großes Revirement vorzunehmen. Anstelle der Bedenkenträger erhielten willfährige NS-Anhänger ihre Chance. Den Auftakt dazu bot die Heirat Blombergs mit einem 35 Jahre jüngeren »Mädchen aus dem Volke«. Hitler gab zunächst den freundschaftlichen Trauzeugen und dann den moralisch Empörten, als die Nachricht verbreitet wurde, welch unschickliche Vergangenheit diese junge Frau laut Polizeiakte besaß. Der Reichskriegsminister, Oberbefehlshaber der Wehrmacht und Träger des Goldenen Parteiabzeichens, wurde zur Demission gezwungen. In dieser angespannten Situation gefiel es Himmler, Heydrich und Göring, den Oberbefehlshaber des Heeres mittels einer Polizeiakte der Homosexualität zu bezichtigen. Werner von Fritsch wurde sofort seines Amtes enthoben, in das er auch dann nicht zurückkehren durfte, als er vor Gericht einwandfrei beweisen konnte, dass der Kronzeuge, ein Strichjunge, sich schlicht im Namen geirrt hatte. Fritsch meldete sich freiwillig zu einem Regiment, an dessen Spitze er in den ersten Tagen des Polenfeldzuges den Tod fand. Der angeblich ob der schändlichen Vorfälle so deprimierte Hitler erwachte zu neuen Taten und erneuerte die Spitze seiner Wehrmacht. Der Posten eines Kriegsministers wurde gestrichen, Hitler selbst übernahm dessen Aufgaben als Oberbefehlshaber. Die drei Waffengattungen der Wehrmacht wurden dem neugeschaffenen Oberkommando der Wehrmacht (OKW) unterstellt, das der Hitlerbewunderer General Wilhelm Keitel mit dem bezeichnenden Spitznamen »Lakeitel« erhielt. Fritsch wurde durch den labilen General Walther von Brauchitsch ersetzt. Insgesamt wurden 14 Generäle entlassen und dreimal so viel höhere Offiziere versetzt, selbst der Protokollant der oben genannten Besprechung vom 5. November 1937 musste zurücktreten. Der konservative Außenminister verlor sein Amt an den ebenso hitlertreuen wie unfähigen Joachim von Ribbentrop. Als Reichswirtschaftsminister wurde anstelle des bereits im November 1937 demissionierten Hjalmar Schacht der Nazi Walther Funk ernannt. Generaloberst Ludwig Beck stellte sein Amt wegen Hitlers Kriegspolitik zur Verfügung und Joseph Goebbels, Chefpropagandist und Vertrauter Hitlers, der davon nichts ahnte, weinte sich an demselben Tag wegen einer Liebesaffäre bei seiner Mutter aus. Mit dieser ihm auf Gedeih und Verderb ergebenen Mannschaft vermeinte Hitler für seinen Krieg gut gerüstet zu sein. Solch personelle Umstrukturierung legte den Grundstein für Hitlers Alleinherrschaft auf den Gebieten der Militär-, Außen- und Wirtschaftspolitik. Umgeben von unterwürfigen Jasagern gab es keinen mehr, der ihn hätte zurückhalten können.

Für den geplanten großen Krieg galt es zunächst, den Kontinentalblock abzurunden und zu sichern. Mussolinis Zusage an Hitler, er habe freie Hand im Südosten Europas, isolierte Österreich außenpolitisch und ermöglichte es Hitler, nach dem Desaster von 1934 in der Österreichfrage erneut aktiv zu werden. Hitler fühlte ohnehin sein Alter, auch sorgte er sich um seine Gesundheit, private Gründe für ein schnelles Zusteuern auf einen Krieg, wozu sich auch noch ein wichtiges rüstungspolitisches Motiv gesellte: der Rüstungsvorsprung Deutschlands würde bald von den anderen Mächten aufgeholt sein. Hitler glaubte handeln zu müssen, wenn er sich seine Chance wahren wollte.

Österreich musste unter diesen Aspekten Deutschland angegliedert werden. Nach dem Ersten Weltkrieg hätte sich das inzwischen bis zur Lebensunfähigkeit verkleinerte Österreich gern mit Deutschland vereinigt, allein der Friedensvertrag von St. Germain untersagte dies. Für eine Angliederung sprachen auch wirtschaftliche und geostrategische Gründe. Österreich besaß im Übermaß, was Deutschland fehlte: Rohstoffe, Facharbeiter, Gold und Devisen, seine Grenzen kreisten die Tschechoslowakei ein und boten den Zugang zum Südosten. Nicht zuletzt schien ein neuer aufsehenerregender Coup am besten geeignet, die momentane Krise in der Wehrmachtführung, die Hitler für seine Kriegsplanung nicht gebrauchen konnte, zu beheben. Am 12. Februar 1938 bestellte Hitler den österreichischen Bundeskanzler Kurt von Schuschnigg auf den Obersalzberg, sein Feriendomizil in den Berchtesgadener Alpen, um ihn massiv unter Druck zu setzen. Unter schweren Anschuldigungen verlangte Hitler die Beteiligung von österreichischen Nationalsozialisten an der Regierung, wenige Tage später willigte der glücklos zwischen Sozialdemokraten und illegalen Nationalsozialisten agierende Schuschnigg ein. Der nationalsozialistische Rechtsanwalt Arthur von Seyß-Inquart wurde Innenminister, doch der Kanzler versuchte die Souveränität seines Landes durch ein Plebiszit zu wahren. Hitler reagierte auf diesen »Verrat« am Berchtesgadener Abkommen hypernervös und zwang Schuschnigg ultimativ, die Volksabstimmung zu verschieben und selbst zurückzutreten, währenddessen die Wehrmacht den Einmarsch mehr improvisierte denn plante. Dem Rücktritt half Göring mit unverhohlener Drohung nach, und auf einen fingierten Hilferuf des Büros der österreichischen Nationalsozialisten um Entsendung von Soldaten und das gleichzeitig von Mussolini ausgesandte Signal, er werde stillhalten, marschierten deutsche Truppen am Morgen des 12. März 1938 in Österreich ein. Statt auf den erwarteten Widerstand stießen sie auf begeisterte, Blumen streuende Menschenmassen.

Nachdem die Wehrmacht Hitler versicherte, dass nichts zu befürchten sei, ließ er sich in Begleitung seiner SS-Leibstandarte von seiner Geburtsstadt Braunau durch ganz Österreich bis nach Wien kutschieren. Überall das gleiche Bild, jubelnde Massen. Sie bewogen ihn auf dem Weg dorthin, alte Pläne zu verwerfen und Österreich sofort dem Deutschen Reich anzuschließen. Am 13. März 1938 wurde in Wien das Wiedervereinigungsgesetz zugleich mit dem Berliner Gesetz über den »Anschluss Österreichs an das Deutsche Reich« beschlossen. Die Republik Österreich hatte aufgehört zu existieren und ihre 6,5 Millionen Menschen bewohnten von nun an sieben Jahre lang die sogenannte Ostmark im neu geschaffenen Großdeutschland. Den Anschluss verkündete Hitler 250000 jubelnden Österreichern, die sich am 15. März vor der Wiener Hofburg auf dem Heldenplatz versammelt hatten, um ihren neuen »Führer« zu feiern. Die Annexion Österreichs, wiederum ein Coup ohne Blutvergießen, löste im gesamten Deutschland eine Welle der Begeisterung aus. Hitlers Popularität kletterte auf nie geahnte Höhen. Doch in ihrem Schatten radikalisierte sich der Antisemitismus, setzte die Verfolgung von politischen Gegnern in Österreich ein, und es begann die Plünderung des europäischen Kulturerbes.

Mit der Annexion Österreichs gab sich ein Hitler aber nicht zufrieden. Auf dem Weg in den Krieg mit dem Osten lag ein Hindernis, die Tschechoslowakei. Die müsse »von der Landkarte verschwinden«, erklärte er am 28. Mai 1938 in aller Offenheit seinen Generälen und Vertretern des Auswärtigen Amtes. Zwei Tage später hieß es in seiner »Weisung für die einheitliche Kriegsvorbereitung der Wehrmacht«, dass die Tschechoslowakei »in einer militärischen Aktion zu zerschlagen« sei. Und so geschah es.

Hitler wich mit diesem Entschluss erstmals von seiner Politik der Revision ungerechter Bestimmungen des Versailler Friedensvertrages ab, ein verhängnisvoller Schritt.

Die Tschechoslowakei startete nach ihrer künstlichen Staatsgründung aufgrund des Friedensvertrags von 1919 mit unverhältnismäßig günstigen Voraussetzungen trotz der vielen Minderheiten, darunter vor allem die drei Millionen Volksdeutschen. Erst durch die Wirtschaftskrise verschlechterte sich Anfang der dreißiger Jahre die wirtschaftliche Situation, vor allem die der Sudetendeutschen, rapide. Sie begannen sehnsuchtsvoll nach dem Reich zu schielen, wo wegen der Rüstungsproduktion Vollbeschäftigung herrschte. Die Sudetendeutsche Partei unter der Leitung von Konrad Henlein erhielt bald von den inzwischen zur Macht gelangten Nationalsozialisten politische und finanzielle Unterstützung. Um die Stimmung für unerfüllbare Autonomieforderungen anzuheizen, begann ab Frühjahr 1938 aus dem Propagandaministerium ein nicht enden wollender Schwall von Greuelnachrichten zu fließen, vor allem über angebliche Gemetzel der Tschechen an volksdeutschen Kindern und Frauen. Henleins Partei ließ sich obendrein durch den Anschluss Österreichs erstmals zu Gewalttaten reizen. Damit sollte eventuell tschechische Polizei zum Eingreifen verleitet werden, was wiederum einen Grund zum militärischen Einschreiten geliefert hätte. »Heim ins Reich« hieß die Kampagne, mittels derer die innenpolitische Stabilität der Tschechoslowakei ins Wanken geriet. Die propagandistisch herbeigeführte »Sudetenkrise«, systematisch verschärft, wuchs zu einer internationalen Krise heran, in der eine reale Kriegsgefahr steckte. Hitler förderte die Eskalation mit wiederholten Forderungen nach Abtretung der Sudetengebiete an Deutschland.

Angesichts drohender Kriegsgefahr reiste der englische Premierminister Chamberlain am 15. September zu Hitler auf den Obersalzberg, um mit ihm gemeinsam eine Lösung des sudetendeutschen Konflikts zu finden. Dort forderte Hitler, dass die Prager Regierung gezwungen werde, der Abtrennung der Gebiete, in denen überwiegend Deutsche lebten, zuzustimmen. Hitlers erpresserisches Vorgehen schien Erfolg zu haben. Den erzwungenen »Lösungsvorschlag« legte Chamberlain dem deutschen Diktator, den er eigens zu diesem Zweck vom 22. bis 24. September in Bad Godesberg aufsuchte, auf ein goldenes Tablett, in der festen Annahme, dieser müsse damit saturiert und der Vorwand zu einem militärischen Angriff nun hinfällig sein. Wider Erwarten überschüttete Hitler ihn aber mit neuen, unerfüllbaren Forderungen. Hitler wünschte keine diplomatische Lösung, Hitler wollte Krieg. Das machte er auch in seiner Rede zwei Tage danach, am 26. September 1938, deutlich. Am 1. Oktober, so drohte er öffentlich, werde er einmarschieren.

Am Abgrund eines Krieges hintertrieb Göring die seiner Meinung nach unnötige Kriegslüsternheit seines Chefs in einer Frage, die ohnehin im wesentlichen zugunsten Deutschlands schon entschieden war. Er organisierte hinter seinem Rücken schnell für den 28. September eine Konferenz und den Text eines Abkommens. Offiziell wurden auf Initiative Mussolinis die Regierungschefs von Großbritannien, Frankreich und Italien zu einer Konferenz nach München einberufen. Das dabei unterschriebene »Münchener Abkommen«, wonach Deutschland den Zuschlag auf das sudetendeutsche Territorium erhielt, wurde am 30. September der tschechoslowakischen Regierung oktroyiert. Tags darauf marschierten deutsche Truppen, wie angekündigt, in den sudetendeutschen Teil der Tschechoslowakei ein, den künftigen »Reichsgau Sudetenland«.

Während für Hitler das »Münchener Abkommen« ein retardierendes Moment auf seinem Weg in den Krieg bedeutete, atmete Europa erleichtert auf. Nach seiner Rückkehr präsentierte Chamberlain jubelnden Landsleuten ein Papier, in dem Hitler bedenkenlos zugesichert hatte, nie wieder mit England Krieg führen zu wollen. In Deutschland sollen die Leute vor Freude geweint haben.

Das »Münchener Abkommen« lud auch weitere Staaten zur Nachahmung ein. Polen forderte am 30. September 1938 die Abtretung des Teschener Ländchens im Norden der Tschechoslowakei, wo überwiegend polnisch gesprochen wurde, und ließ am 2. Oktober seine Truppen einmarschieren. Ungarn erhob ebenfalls Ansprüche auf im Süden gelegene Gebiete, wo eine ungarische Mehrheit lebte. Mit italienischer Hilfe wurde eine Vereinbarung durchgesetzt, wonach Ungarn ein Gebiet mit etwa einer Million Menschen als Zuschlag erhielt. Das war weniger als sie ursprünglich gefordert hatten, weshalb Hitler den Ungarn etwaige militärische Aktionen zu weiteren Gebietseroberungen untersagte. Bei diesen Regelungen glänzten Franzosen sowie Engländer durch Abwesenheit, was deutlich demonstrierte, dass im Südosten Europas die Achsenmächte herrschten. Ungarn trat dem Antikominternpakt bei, Rumänien offerierte Deutschland seine Freundschaft, die Judenverfolgungen nahmen nach der Initialzündung der Novemberpogrome in den kleineren Nationen Ostmitteleuropas zu, alles Zeichen für eine panisch betriebene Umorientierung. Über Jahre hatte Frankreich versucht, diese kleineren Staaten als Schutzwall gegen deutsche Expansionsgelüste zu unterstützen. Das Münchener Abkommen bereitete solchen Versuchen ein Ende.

Die Appeasement-Politiker Englands und Frankreichs zahlten einen hohen Preis, aber sie waren des guten Glaubens, damit den Frieden erfolgreich gesichert zu haben. Sie hatten die Rechnung aber ohne den Wirt gemacht. Drei Wochen später konterkarierte Hitler bereits das ungeliebte Abkommen. Er wies die Wehrmacht an, sich für die »Erledigung der Rest-tschechei« bereitzumachen, ein halbes Jahr später setzte er dies innerhalb von wenigen Stunden um.

In der Rumpfrepublik verschlechterten sich die Beziehungen von Slowaken, vor dem Versailler Vertrag von Ungarn regiert, und Tschechen, vor 1919 zu Österreich gehörig. In der

Fehlannahme, dass die Slowaken die Absicht hegten, ihre Unabhängigkeit zu erklären, befahl die Prager Regierung am 10. März die Besetzung Bratislavas durch ihre Truppen. Hitler erkannte darin sofort die unerwartete Chance, die ihm in München abgerungenen Kompromisse über Bord zu werfen. Slowakische Führer wurden kurzerhand nach Berlin geflogen und vor die Wahl gestellt: entweder Unabhängigkeitserklärung unter dem Schutz des Deutschen Reichs oder Annexion durch Ungarn. Das slowakische Parlament rief am 14. März 1939 die Unabhängigkeit der Slowakei aus, die tags darauf nolens volens Deutschland um Schutz vor den Tschechen bat, wobei deutsche Kanonenboote auf der Donau vor den Regierungsgebäuden Bratislavas ihre drohende Wirkung ausgeübt hatten. Dieser sogenannte Schutzvertrag machte die Slowakei zum ersten Satelliten von Hitler-Deutschland.

An demselben Tag, dem 14. März 1939, bestellte Hitler den Staatspräsidenten und den Außenminister der Prager Regierung nach Berlin, wo er sie nach dem »Modell Schuschnigg« unbarmherzig unter Druck setzte. Die brutale Lüge, deutsche Truppen seien auf dem Weg nach Prag, das sofort bombardiert würde, ließ den kranken Staatspräsidenten nicht nur physisch zusammenbrechen. Als er seinen Schwächeanfall halbwegs überwunden hatte, befahl er telefonisch seinen Truppen, nicht auf die heranmarschierenden Deutschen zu schießen und unterschrieb am 15. März, um 4 Uhr morgens, ein Dokument, das die Auflösung der Tschechoslowakei besiegelte. Die Zerschlagung wurde noch zu derselben Stunde in Angriff genommen. Um 6 Uhr überschritten deutsche Militäreinheiten die Grenze zur Tschechoslowakei, um 9 Uhr standen sie in Prag. Im Gegensatz zum Anschluss Österreichs und der Einverleibung des Sudetenlandes fehlten jubelnde Massen. Hitler ließ sich ins menschenleere Prag fahren, wo er auf dem Hradschin gemeinsam mit seinem Innenminister den Erlass über das »Reichsprotektorat Böhmen und Mähren« fertigstellte. Das Deutsche Reich hatte sich erstmals Territorien einverleibt, die jenseits seiner nationalstaatlichen Grenzen lagen, doch weder England noch Frankreich schritten ein. Hitlers Politik von Erpressung und Drohung trug zweifellos Früchte. Zusätzlich fielen wiederum bedeutende Rüstungspotentiale an das Reich, dieses Mal auch noch eine vollständige moderne Armeeausrüstung. Aber allein die Skoda-Werke, die zu Europas größtem Rüstungsunternehmen werden sollten, stellten einen Gewinn dar, ganz zu schweigen von den Goldreserven. Die Bank of England ließ fast 23 Tonnen Gold vom Londoner Konto des tschechoslowakischen Staates an die neuen Besatzer in Prag transferieren.

Aus dem ereignisreichen März 1939 ist noch die Annexion der Karpato-Ukraine mit gerade einmal zwölf Prozent Ungarisch Sprechenden der insgesamt nur halben Million Einwohner erwähnenswert. Die Verärgerung der Ungarn über das Slowakei-Debakel versuchte Hitler auszugleichen, indem er sie ermunterte, sich als Ersatz für die ihnen entgangene Slowakei an der karpato-ukrainischen Region der Tschechoslowakei schadlos zu halten. Die Regierung in Budapest ließ sogar am 16. März 1939 Truppen zur slowakischen Grenze marschieren, bis ihnen von deutscher Seite Einhalt geboten wurde. Am 20. März bestellte Ribbentrop den Außenminister von Litauen nach Berlin ein, um ihm nach dem inzwischen bekannten Muster unter Druck zu setzen. Die ultimative Forderung nach Abtretung des Memelgebietes wurde angesichts der Drohung, Litauens Hauptstadt Kaunas zu bombardieren, erfüllt und der entsprechende Übergabevertrag am 23. März 1939 unterzeichnet. Deutsche Streitkräfte besetzten – wiederum kampflos – noch an demselben Tage das Memelgebiet.

Am 21. März 1939 unterbreitete Hitler Warschau erneut ein relativ moderates Angebot. Im wesentlichen ging es um die bekannten Forderungen: Anerkennung der Westgrenze Polens, Rückkehr von Danzig in das Reich, Verkehrslinien durch den Korridor nach Danzig und Partnerschaft im Falle eines Angriffs auf die Sowjetunion. Als Polen dieses am 26. März ablehnte, befahl Hitler am 3. April seiner Generalität, den »Fall Weiß« für den Angriff auf Polen auszuarbeiten, der für den 1. September geplant wurde. Von nun an ging es unaufhaltsam auf einen Krieg zu. Am 28. April kündigte Hitler den Nichtangriffspakt mit Polen und das Flottenabkommen mit England. Im Glauben, dass Briten und Franzosen sich von einem Dreimächtepakt mit Italien und Japan beeindrucken und vom Krieg abhalten lassen würden, schloss Berlin mit Rom am 22. Mai 1939 den bereits erwähnten Stahlpakt, einen Vertrag mit dem üblichen Getöse zelebriert, aber von geringem Wert, weil Italien für einen Krieg noch zu schwach war. Japan zögerte, dem Pakt beizutreten. Es erfuhr im August eine gewaltige militärische Niederlage durch Stalins Armee in einer mongolisch-mandschurischen Grenzregion. Die Japaner zeigten sich der Roten Armee nicht gewachsen und mussten strategisch umdenken. Der Waffenstillstand im September bedeutete das Ende ihrer Planungen für eine Nordexpansion.

In der Zwischenzeit schlug die Nachricht über den Abschluss eines deutsch-sowjetischen Nichtangriffspaktes wie eine Bombe ein. Der am 23. August 1939 unterschriebene, Kommunisten wie Nationalsozialisten gleichermaßen irritierende Hitler-Stalin-Pakt diente dem »Führer« als Zweckbündnis, mit dessen Hilfe er Polen leichter besiegen konnte. In einem geheimen Zusatzprotokoll teilten die Diktatoren Polen und das gesamte Ostmitteleuropa untereinander auf. Unmittelbar vor dem Angriff auf Polen jagte ein Täuschungsmanöver das andere, die letzten Erpressungsversuche, Ultimaten und Mobilmachungen fanden statt, dann eine letzte Verschiebung des Invasionstermins vom 26. August auf den 1. September, vielleicht ein letzter Versuch Hitlers, um das britisch-französisch-polnische Bündnis doch noch zu torpedieren, und zum Abschluss der Täuschungsserie der von der SS fingierte »polnische Überfall« auf den Sender Gleiwitz sowie einige ebenso vorgetäuschte Grenzverletzungen als Vorwand für einen deutschen Einmarsch. Zu dieser Inszenierung gehörte Hitlers berüchtigte Verkündung am Vormittag des 1. September im Reichstag, seit 4.45 Uhr werde »zurückgeschossen«. Der Zweite Weltkrieg war eröffnet. Er begann mit einer Lüge und endete mit noch nie dagewesenen Verbrechen.

II. Die einzelnen Feldzüge bis zum großen Krieg

1. Überfall auf Polen, Kriegseintritt von Großbritannien und Frankreich

Am 1. September 1939 befand sich Hitler am Ziel, was aber in seiner eigentlichen Bedeutung von kaum jemandem erkannt werden konnte. Vordergründig hatte es den Anschein, als nutze Hitler lediglich die für ihn vorteilhafte Situation. Im Grunde stand sein Krieg aber von Beginn an auf zwei ideologischen Grundpfeilern: Rassismus und Lebensraum. Wie er Anfang des Jahres in seiner Reichstagsrede (30. Januar 1939) wortwörtlich prophezeit hatte, zielte sein Krieg auf die »Vernichtung der jüdischen Rasse«. Das steht bereits in seiner Kampfschrift von 1925 zu lesen, ebenso wie das zweite Ziel, die Eroberung von Raum im Osten. Beide Ziele bilden das Fundament, von dem aus Hitler der Griff nach der Weltmacht möglich schien. Deutschland sollte nach Hitlers Vorstellung hinter Großbritannien, Frankreich und Japan den vierten Rang in der Weltherrschaft einnehmen. 79 Monate lang bereitete er den Krieg mit einer ebenso gewagten wie erfolgreichen Revisions- und Aggressionspolitik vor, von einer europäischen Staatengemeinschaft im wesentlichen tatenlos toleriert (»Appeasement-Politik«). Mit dem Überfall auf Polen folgten 68 Monate Krieg. Was mit risikoverliebter Kriegslust begann, endete in furioser Kriegswut.

Diesem Krieg lag zwar eine geschlossene Weltanschauung zugrunde, doch ihm fehlte ein entsprechendes einheitliches Strategiekonzept. Bei Beginn des Krieges existierte an strategischen Planungen nicht viel mehr als der »Fall Weiß«, der Operationsplan für den Angriff auf Polen. Mit der Ausrüstung der Wehrmacht stand es auch nicht zum besten. Zwar galt die Wehrmacht allgemein als gut gerüstet, vor allem die Panzer-Verbände und die motorisierten Divisionen. Insofern ermöglichte dies eine gänzlich neue, bewegliche Kriegführung, die alten Kriegstaktiken überlegen zu sein schien. Doch die Schnelligkeit der Aufrüstung brachte auch Nachteile mit sich. Auch befand sich die Wehrmacht immer noch im Aufbau, deren Vollendung nach Hitlers Befehlen erst für das Jahr 1942 geplant war. Nur etwa die Hälfte der Heeres-Divisionen war rundum einsatzfähig. Auch die Ausrüstungsvorräte der Wehrmacht lagen unterhalb der vom Oberkommando des Heeres geforderten Grenze. Der Vorrat an kriegswichtigen Rohstoffen reichte höchstens für ein Jahr. Bei der starken Abhängigkeit Deutschlands von Lieferungen aus dem Ausland bedeutete das eine konkrete Gefahr. Ludwig Beck, Generalstabschef des Heeres, schätzte diese so hoch ein, dass er vor Hitlers expansionistischer Kriegspolitik schon 1938 warnte. Als einer der wenigen hatte er erkannt, dass Deutschland einen Weltkrieg oder auch »nur« europäischen Krieg gegen überlegene Wirtschaftsmächte nicht gewinnen konnte. Um seiner Warnung Nachdruck zu verleihen, trat er – wie oben erwähnt – im August 1938 zurück. Ein spektakulärer Fall, der die absolute Ausnahme blieb. Auch ein Jahr später nach Einverleibung der Ressourcen Österreichs und der Tschechoslowakei blieben Bevorratung und Ergänzung knapp. Über allem Zweifel stand aber die exzellente Erstschlagkraft der Truppe, die Polen zum Verhängnis werden sollte. Innerhalb von drei Wochen war der Polenfeldzug entschieden, nach zwei weiteren Wochen definitiv zu Ende.

Es traten 1,5 Millionen deutsche gegen annähernd gleich viele polnische Soldaten (1,3 Millionen) an, doch blieben die Verteidiger im Grunde chancenlos. Bereits am ersten Tag vernichtete die überlegene deutsche Luftwaffe die Fliegerverbände Polens, zumeist noch bevor diese überhaupt in die Luft abheben konnten, auf dem Boden ihrer Flugplätze. Damit beherrschten die deutschen Flieger bereits am zweiten Tag den Luftraum über Polen. Sie konnten dadurch die Nachrichten- und Verkehrsverbindungen zerstören, was den Aufmarsch der polnischen Truppen erheblich behinderte. Mit entsprechender operativer Unterstützung aus der Luft durchbrachen die schnellen motorisierten deutschen Angriffskeile die polnischen Linien. Am 8. September erreichte der vorausgeeilte Panzerverband unter General Hoepner die Stadtgrenze von Warschau. Er schrieb am 6. September an seine Frau, er erlebe »wunderbare Situationen«. Ähnlich äußerte sich General Weichs in einem Brief unter demselben Datum an seinen Schwager, er lebe in dem »erhebenden Gefühl«, einen »großen Sieg erfochten zu haben«, der Feldzug sei »wunderbar« und die deutsche Wehrmacht die beste der Welt.

In solche Kriegseuphorie mischte sich unmittelbar nach Beginn der Kampfhandlungen ein Wermutstropfen. Am Abend des 1. September forderten Großbritannien und Frankreich in gleichlautenden Noten, die deutschen Truppen seien aus Polen abzuziehen, andernfalls würden sie, die bereits mobil gemacht hätten, Polen militärisch zu Hilfe kommen. Mussolini beeilte sich, nach dem Vorbild der Münchener Konferenz eine Viermächtekonferenz zur Lösung der deutsch-polnischen Probleme und anderer aus dem Versailler Vertrag entstandener Konflikte vorzuschlagen. Ihn trieb weniger die Liebe zum Frieden als das subjektive Interesse, seine eigene militärische Impotenz nicht vor aller Welt offenbaren zu müssen. Hitler, der Zeit gewinnen und möglichst viele militärische Tatsachen geschaffen haben wollte, aber auch die Entschlusskraft der Westmächte durch Friedenshoffnungen zu schwächen gedachte, sagte seine Entscheidung für den Mittag des 3. September zu. Frankreich war an sich bereit, mit seiner Kriegserklärung bis zu diesem Termin zu warten. Doch Großbritannien forderte nachdrücklich und kompromisslos den Rückzug der deutschen Truppen, und so konnte sich Frankreich dieser Forderung schlechterdings nicht verschließen.

Am 3. September 1939 überbrachte der britische Botschafter das Ultimatum der deutschen Regierung, das für 11 Uhr den Kriegszustand ankündigte, falls die Kampfhandlungen bis dahin nicht eingestellt seien. Das analoge Ultimatum Frankreichs traf mittags ein und setzte den Kriegszustand für 17 Uhr fest. Hitler war einer Fehlkalkulation aufgesessen. Er hatte im Grunde den Krieg bereits verloren, so die neuere Forschung. Entgegen Hitlers Annahme und Voraussage befand er sich am dritten Tag »seines« Krieges im Kriegszustand mit den mächtigsten Staaten der damaligen Welt, wobei allein Großbritannien ein Viertel derselben durch Kolonien und Dominions beherrschte. Darüber hinaus hielten die wirtschaftlich potenten USA zu ihrem ehemaligen Mutterland, was bald eine kriegsentscheidende Rolle spielen sollte. Der als regional begrenzt geplante kriegerische Konflikt weitete sich bereits am dritten Tag zu einem europäischen Krieg aus und zu einem von allen, auch von den Spitzenmilitärs und selbst von Hitler gefürchteten Zweifrontenkrieg. Angesichts dieser Gefahren blieb für die Wehrmacht und ihren »Führer« nur eine Chance: der rasche Erfolg. Ein konzentrierter Vernichtungsfeldzug sollte in kürzester Zeit den Gegner schlagen, bevor ein Blockade- und Abnutzungskrieg einsetzen konnte. Aus diesem militärischen Vorgehen leitete sich dann später das bekannte Konzept ab, das in der Militärdoktrin als »Blitzkrieg« Schule machte.

Der vom Volksmund als »18-Tage-Krieg« bezeichnete Feldzug profitierte in nicht zu unterschätzender Weise vom Stillhalten der Westmächte. Hitler, im ersten Moment von der Bündnistreue Englands schockiert, fasste sich bald und prophezeite Goebbels, es werde im Westen zu einem »Kartoffelkrieg« kommen. Tatsächlich verharrten die Westmächte in der

Defensive, obwohl sich die Hauptmasse des deutschen Heeres im östlichen Einsatz befand. Das hatte vielfältige Gründe. Frankreich wollte Frieden, was in der kommunistischen Parole: »Mourir pour Dantzig? – Non!« plastisch zum Ausdruck kam. Auch waren die schrecklichen Erfahrungen aus dem Ersten Weltkrieg, in dem besonders England seine jugendliche Elite verloren hatte, noch sehr lebendig, und die generelle Überschätzung des Gegners tat ihr übriges. Das mündete in dem alten Führungsprinzip, hinter dem Schutzgürtel der Maginotlinie erst einmal abzuwarten. Ihm lag vor allem auch die vom Oberbefehlshaber der alliierten Landstreitkräfte bevorzugte Strategie zugrunde, die auf einen langen Krieg mit allmählicher Zermürbung des Gegners abzielte. Während die Polen in heroischem Widerstand untergingen, nutzten die Westmächte die Zeit, ihre Schlagkraft gegenüber Deutschland zu vergrößern. Ein Zweifrontenkrieg fand nicht statt. Der Sitzkrieg, »drôle de guerre«, wie die Franzosen ihn nannten, begann.

Wenn die deutschen Truppen in Windeseile vorwärts marschieren konnten, so beruhte das unter anderem auch darauf, dass die polnischen Streitkräfte eine völlig ungeschützte Verteidigungslinie aufgebaut hatten. Sie ermöglichte eine äußerst erfolgreiche Umfassungsbewegung durch die Heeresgruppe Nord von Pommern und Ostpreußen aus und durch die Heeresgruppe Süd von Schlesien und der Slowakei aus, was zu einem raschen Sieg der deutschen Truppen über die polnischen Armeen westlich der Narew-Weichsel-Linie führte. Eine weitere große Zangenbewegung sollte die im Osten Warschaus stehenden polnischen Armeen einschließen.

Der Umfassungsring war geschlossen, Warschau umzingelt, die polnische Regierung nach Rumänien entwichen, da griffen die Sowjets am 17. September in das Kriegsgeschehen ein, getreu dem Hitler-Stalin-Pakt und des öfteren von deutscher

Seite ermuntert, um die im Geheimprotokoll vom August 1939 festgelegten Interessengebiete zu besetzen. In Ostasien war Mitte September die militärische Entscheidung gegen die Japaner gefallen, d. h. die Sowjets konnten nun einen Zweifrontenkrieg ausschließen und ihrerseits im Westen angreifen. Darüber hinaus lag ihnen sehr daran, vor der Weltöffentlichkeit nicht als Aggressoren und Mitschuldige am Untergang Polens zu erscheinen. So pflegten sie sogar noch bis zum 8. September Verhandlungen, als sie plötzlich zu argumentieren begannen, der polnische Staat existiere nicht mehr, infolgedessen seien die polnisch-sowjetischen Verträge ungültig geworden. Sie könnten sich nicht mehr neutral verhalten und müssten den in Polen lebenden Weißrussen und Ukrainern ihren Schutz angedeihen lassen. Den Westmächten kam diese Argumentationsweise zupasse, wollten sie sich doch nicht einen weiteren Kriegsgegner schaffen.

Nach schweren Bombardements, die hohe Verluste unter Zivilisten bewirkten, kapitulierte am 27. September 1939 Warschau. Bereits am darauffolgenden Tag teilten sich die beiden totalitären Diktatoren ihre Beute. Deren Außenminister schlossen an diesem Tag einen Grenz- und Freundschaftsvertrag, der die Demarkationslinie zwischen den von Sowjets bzw. von Deutschen besetzten Teilen Polens endgültig festlegte. Das Deutsche Reich verzeichnete einen Landgewinn von 90 000 Quadratkilometern mit annähernd 10 Millionen Einwohnern, der seine Ostgrenze um 450 km nach Osten verschob. Dabei handelte es sich vor allem um West- und Zentralpolen, während Moskau Ostpolen, ein nur geringfügig größeres Territorium mit ebenfalls etwa 10 Millionen Menschen, zugeschlagen bekam. Westpolen wurde dem Deutschen Reich als »eingegliederte Gebiete« Westpreußen und Wartheland (spätere Bezeichnung Reichsgaue »Danzig-Westpreußen« und »Wartheland«) einverleibt. Aus dem Rest polnischen Territoriums wurde staatsrechtlich eine Art neuer Kolonie, das Generalgouvernement, konstruiert aus 98 000 Quadratkilometern mit 12 Millionen Einwohnern. Dort wurden vor allem deportierte Juden und andere Verfolgte konzentriert, dort fanden vorzugsweise die Rekrutierung und Ausbeutung von Zwangsarbeitern statt.

Nachdem die Festung Modlin und der Kriegshafen Hela kapituliert hatten, war der Feldzug am 6. Oktober 1939 endgültig beendet. In der älteren Literatur finden sich mitunter zusammenfassende Bemerkungen über den »Glanz« dieses Sieges (nur 11 000 deutsche Gefallene gegenüber 70 000 gefallenen Polen). Der Glanz verblasst, wenn man sich die erdrückende Übermacht zweier rücksichtsloser Angreifer gegen einen jungen Staat vergegenwärtigt, dem die westlichen demokratischen Partner vertragsbrüchig ihre Hilfe versagten. Sein Amt übertrug der polnische Staatspräsident von Rumänien aus dem in Paris lebenden Senatspräsidenten Raczkiewicz, der dort am 30. September die Exilregierung unter General Sikorski etablierte. Von verschiedenen Staaten anerkannt, setzte sie mit eigenen, aus Exilpolen aufgestellten Truppen den Kampf gegen das Deutsche Reich fort.

Am 6. Oktober 1939 richtete Hitler in einer Rede im Reichstag einen scheinbaren »Friedensappell« an die englische Adresse, in dem er noch von einem polnischen Reststaat sprach. Wenn England nicht annehme, drohte der siegestrunkene »Führer«, werde Deutschland bis zum Sieg kämpfen, einen November 1918 werde es in der deutschen Geschichte nicht mehr geben. Doch er wartete die Entscheidung des Angesprochenen, die am 12. Oktober erfolgte, gar nicht ab, sondern errichtete durch Erlass vom 8. Oktober die oben genannten neuen Reichsgaue aus nahezu der Hälfte der besetzten Gebiete. Somit verlief nun die deutsche Grenze durch rein polnisch bewohntes Territorium.

Am 7. Oktober 1939 wurde Heinrich Himmler zum »Reichs-kommissar für die Festigung des deutschen Volkstums« er-nannt. In dieser Funktion leitete er in den von der Wehrmacht besetzten Gebieten eine rigorose Germanisierungs- und Aus-rottungspolitik ein. Polnische Historiographie belegt neuer-dings die Parallelen in der Sowjetisierung durch die Geheim-polizei Stalins. Die Gewaltpolitik lieferte vor allem die grauen-haften Phänomene, die dem Polenfeldzug den besonderen, unverwechselbaren Charakter verliehen und als Modell für die weitere ideologisierte Kriegführung dienten. Einen Tag vor dem Abschluss des Paktes mit Stalin im August 1939 schärfte Hitler der versammelten Mannschaft von höheren Befehlsha-bern der Wehrmachtsteile, den Stabschefs und den Amtschefs der OKW ein, den Krieg brutal unter Aufbietung äußerster Härte, ohne Mitleid und mit dem Ziel der Vernichtung Polens zu führen. Hitlers militärischer Führungsequipe musste damit klar geworden sein, dass der Diktator einen Krieg jenseits der bisher gültigen Normen anstrebte, doch keiner der Militärs protestierte. Dies geschah erst und dann auch nur in ver-schwindend geringem Maße, als die Verbrechen offenkun-dig geworden waren. So prangerte zum Beispiel der Oberbe-fehlshaber Ost, Generaloberst Johannes Blaskowitz, das »Ab-schlachten« von »Juden und Polen« an, was ihn, nebenbei bemerkt, seinen Posten kostete. Sechs Einsatzgruppen der Si-cherheitspolizei und eine »Einsatzgruppe zur besonderen Ver-wendung« folgten den siegreichen Truppen und deportierten oder ermordeten sogenannte »reichs- und deutsch-feindliche Elemente«, d.h. Juden, Geistliche, Adelige und Intellektuelle, massenhaft und nach Belieben. Bei all diesen verbrecherischen Handlungen behielt die Wehrmacht nicht die weiße Weste, wie sie jahrzehntelang nach Kriegsende glauben machen woll-te. Nicht nur die SS, auch Angehörige der Wehrmacht miss-handelten Gefangene sowie unschuldige Zivilisten, zogen brandschatzend und plündernd durch das Land, hinterließen abgefackelte Synagogen, niedergebrannte Dörfer und vergewaltigte Frauen. Der polnische Feldzug und die darauffolgende deutsche Besatzungsherrschaft bildeten den Auftakt für die Zerstörung des alten Europas und dessen herkömmlicher Kriegführung. Sie zeigten bereits alle Elemente des kommenden Weltanschauungskriegs.

Noch bevor der Krieg gegen Polen beendet war, drängte Hitler die Generalität zum nächsten. Bereits am 27. September, Warschau hatte gerade kapituliert, teilte er den Oberbefehlshabern der Wehrmachtsteile unter Umgehung des OKH seinen Entschluss mit, noch im Jahre 1939 im Westen den Krieg zu eröffnen und den Bruch der Neutralität Belgiens, der Niederlande und Luxemburgs in Kauf zu nehmen. Hitler kümmerte sich um die Reaktion Chamberlains auf seinen »Friedensappell«, wie oben erwähnt, erst gar nicht, sondern erteilte bereits am 9. Oktober die Weisung, Vorbereitungen zur frühestmöglichen Offensive im Westen zu treffen. Doch trotz des spektakulären militärischen Erfolgs im Osten konnte sich die Generalität nicht für einen Krieg im Westen begeistern. Keinesfalls wollten sie nochmals in den Verruf der Neutralitätsverletzer wie im Ersten Weltkrieg geraten. Der Oberbefehlshaber des Heeres sollte mit fachlichen und moralischen Argumenten Hitler vom Entschluss zur geplanten Westoffensive abhalten. Am 16. Oktober bestimmte Hitler gegen die Bedenken seiner Generale als Angriffstermin die Tage vom 15. bis 20. November. Den Angriffstermin musste Hitler bis zum 7. Mai noch einige Male verschieben. Zuvor dehnte sich der Krieg aber erst in den Norden aus. Über den Nebenschauplatz Skandinavien rollte eine sowjetische und eine deutsche Offensive, der Winterkrieg der UdSSR gegen Finnland und das Unternehmen »Weserübung« gegen Dänemark und Norwegen.

2. Skandinavisches Intermezzo: die Kriegshandlungen in Finnland, Dänemark und Norwegen

Während Hitler vorerst tatenlos nach Westen blickte, machte Stalin im Osten kurzen Prozess. Anfang November wurden die weißruthenischen und ukrainischen Teile Polens den entsprechenden Sowjetrepubliken angegliedert. Die gewaltvolle Annektierung verlief mit den üblichen grausamen Begleiterscheinungen. Mörderische Aktionen gegen die Intelligenz und Oberschicht, brutale Umsiedlungsaktionen oder die Ermordung von Gefangenen (4000 wurden allein bei Katyn erschossen, was jahrzehntelang geleugnet wurde) rundeten das Bild der zügig vollzogenen Sowjetisierung ehemals polnischer Gebiete ab. Stalin kombinierte diese Absicherungsstrategie mit dem Abschluss von sogenannten Beistandspakten. Unter erheblichem politischem und militärischem Druck wurden sie den baltischen Staaten abgenötigt. Estland räumte angesichts der an seinen Grenzen stehenden Roten Armee militärische Stützpunkte für die Sowjets in seinem Lande ein. Ähnliche Verträge wurden zu Beginn des Oktobers mit Lettland und Litauen abgeschlossen, in denen sie sich verpflichten mussten, keine gegen die Sowjetunion zielenden Koalitionen mit anderen Staaten einzugehen.

An Finnland sollte das gleiche Exempel statuiert werden, doch Finnland weigerte sich. Stalins Lösung des Problems hieß Krieg. Die Sowjets fingierten einen Grenzzwischenfall und nahmen ihn zum Anlass anzugreifen. Ein ungleicher Krieg begann: die Rote Armee trat mit 1,2 Millionen Mann gegen 200 000 finnische Verteidiger an. Die schlecht ausgerüsteten Finnen kämpften mit »bewundernswerter Tapferkeit«, so wird unisono in der Literatur berichtet, gegen den sowjetischen Koloss. Sie gewannen alle Sympathien der Welt, aber nicht den Kampf. Ihnen eilte auch niemand zur Hilfe. Der Völkerbund, dem Finnland die sowjetische Aggression vortrug, verurteilte diese uneingeschränkt, aber er hatte längst alle Autorität verloren. Zwar planten die Westmächte einen Eingriff über Nordnorwegen (Narvik), doch das Unternehmen schlug bereits im Planungsstadium fehl, weshalb Edouard Daladier sein Amt als Ministerpräsident aufgeben und an Paul Reynaud abtreten musste. Dieser Plan hätte die Finnen ohnehin nicht gerettet. Sie mussten letztlich im März 1940 den Diktatfrieden von Moskau hinnehmen, der sie große Teile Kareliens (10 Prozent ihres Territoriums) kostete und 400 000 Finnen zur Flucht zwang. Das Schauspiel vom ungleichen Kampf zwischen David und dem Riesen Goliath, der sich so schwer getan hatte, verleitete Militärexperten in aller Welt zur Unterschätzung der Roten Armee, was sich im Falle Hitlers verhängnisvoll auswirken sollte.

Hitlers Blick richtete sich aber erst nach Norden auf Skandinavien. Der finnisch-sowjetische Krieg löste die nicht unbegründete Furcht aus, dass die Westmächte im Norden des Deutschen Reiches eine Front eröffnen könnten. Aus militärstrategischen, aber auch aus rüstungswirtschaftlichen Gründen machte die deutsche Marineleitung Hitler in einem Vortrag am 10. Oktober 1939 darauf aufmerksam. Die Vorteile einer Besetzung Norwegens lagen offensichtlich auf der Hand: Beherrschung der Zugänge zur Ostsee, Sicherstellung der Rohstoffimporte aus Schweden, leichtere Handelskriegführung gegen die Seemacht Großbritannien, d. h. vor allem kürzere Wege für die im Atlantik operierenden U-Boote. Umgekehrt betrachtet traten die Nachteile zutage, die eine Besetzung der norwegischen Häfen durch die Engländer ergeben hätte. Hitler aber beschäftigte die Planung zum Westfeldzug mehr, und er wollte im Norden erst aktiv werden, wenn sich konkrete Schritte der Alliierten in Richtung Skandinavien erkennen lassen konnten. Als dies Mitte Dezember eintrat, befahl er dem

OKW, den Angriff auf das neutrale Dänemark und das gleichfalls neutrale Norwegen (Fall »Weserübung«) vorzubereiten.

Am 9. April 1940 überfiel die deutsche Wehrmacht das kleine Land Dänemark. Es leistete keinen Widerstand und so verlief seine Besetzung innerhalb eines einzigen Tages gänzlich reibungslos. Das okkupierte Land sah sich gezwungen, seine Armee zu demobilisieren und seine Ressourcen dem Besatzer zu überantworten. Gleichzeitig startete Deutschland eine riskante Aktion zur Besetzung von sieben norwegischen Landungsköpfen, die bis auf eine Ausnahme auch überraschend glatt verlief, aber nicht vollends glückte wie im Falle Dänemarks. Zur selben Zeit begann nämlich die alliierte Aktion »Wilfred« zur Besetzung norwegischer Häfen in völliger Unkenntnis des tollkühnen Unternehmens der Deutschen. Die *Home Fleet* leistete im Hafen von Oslo ernsthaften Widerstand. Ein schwerer Kreuzer, die »Blücher«, wurde schlichtweg versenkt, die »Lützow« erlitt schweren Schaden, andere Schiffe mussten beidrehen. Doch anderentags hatte die deutsche Luftwaffe die norwegischen Festungen besiegt, die Schiffe konnten einfahren. Sämtliche geplanten Landungen waren somit gelungen. Doch die norwegische Regierung stimmte im Gegensatz zur dänischen dem sogenannten bewaffneten Schutz durch deutsches Militär nicht zu, sondern zeigte sich zum militärischen Widerstand entschlossen. Volle zwei Monate zogen sich die militärischen Kämpfe gegen die Westmächte und Norwegen hin. Die Deutschen stießen auf erbitterten Widerstand, ihre Kriegsmarine musste schwere Verluste einstecken, bei Narvik verlor sie die meisten (10 von 14) ihrer Kreuzer, und den Alliierten gelang es gemeinsam mit den Polen, den wichtigen Hafen Narvik zurückzuerobern (28. Mai 1940). Es schien, als drohte den Deutschen dramatisches Scheitern, da mussten die britischen und französischen Einheiten wegen des von Hitler begonnenen Westfeldzugs abgezogen werden. Daraus folgte die Kapitulation der norwegischen Armee (10. Juni 1940). Wieder einmal hatte Hitler Glück gehabt, seiner Wehrmacht war eine Niederlage erspart geblieben.

Die Frage, ob es sich dabei um einen Scheinsieg handelte, wird oft bejaht. Zum einen erlitt die deutsche Kriegsmarine gravierende Verluste (ein Drittel der Flotte), wovon sie sich nicht mehr erholen sollte. Zum anderen erforderte die Sicherung der langen norwegischen Küste eine große Anzahl von Kräften (etwa 350 000 Mann), die an anderen Kriegschauplätzen fehlten. Ganz zu schweigen von der Tatsache, dass Deutschland sich weitere Feinde gemacht hatte. Auch die norwegische Regierung ging ins Exil und setzte dort ihren Kampf an der Seite der Westmächte fort.

3. Vom »Sitzkrieg« zum Bewegungskrieg und zum Waffenstillstand mit Frankreich

Während des skandinavischen Zwischenspiels verlor Hitler die Westfront keinen Moment aus den Augen. Aber selbst nach den militärischen Triumphen im Polenkrieg erfreute sich die von Hitler geplante Westoffensive, die wiederholt den Bruch der Neutralität der Beneluxländer billigend in Kauf nahm, keiner Popularität. Seiner Dynamik und Entschlusskraft standen Zweifel und Vorsicht der Generalität gegenüber. Unter den militärischen Experten machte sogar das Wort von einem »Wahnsinnsangriff« die Runde, wieder würde man zum stigmatisierten Außenseiter der gesamten Welt werden. In der höchsten Generalität breitete sich eine kritische bis krisenhafte Stimmung aus. Weltkriegserfahrene Generäle fürchteten die erneute Ächtung durch die Westmächte und die harten Friedensbedingungen im Falle einer Niederlage, die für die meisten außer Zweifel stand. In ihren Schubläden lag nichts an operativer Planung als nur eine Neuauflage des alten Schlieffenplans, mit dem sie bereits im Ersten Weltkrieg elendiglich gescheitert waren. In der Furcht vor einem neuerlichen Ausbluten des Heeres an der Westfront und in gehörigem Respekt vor der Militärkraft Frankreichs, fraglos die größte auf dem Kontinent, bestand ihre Strategie in defensivem Abwarten. Ihre Hoffnung richtete sich auf eine diplomatische Lösung des ohnehin ruhig verlaufenden Sitzkrieges. Wie Goebbels zu berichten wusste, stürzten Franzosen, wenn wirklich einmal eine Kanone versehentlich losgegangen sei, aus ihren Bunkern und riefen: »o, pardon«. Je länger über den Schwerpunkt des Angriffs beraten wurde, desto mehr verloren die Generäle alle Hoffnung, dass Hitler ihre Warnungen beherzigen würde. Und wenn sie den Krieg im Westen schon nicht verhindern konnten, so wollten sie ihn doch wenigstens so lange wie möglich hinausschieben. Vom 27. September 1939 sollte es bis zum 10. Mai, dem tatsächlichen Angriff, zu 29 Verschiebungen, darunter auch solche, die in ungünstigen Wetterlagen begründet waren, kommen, eine wahrlich stattliche Summe an kriegsretardierenden Entscheidungen für einen tatendurstigen Feldherrn. Innerhalb dieser gewonnenen Zeitphase entwickelte sich aber ein Umdenken der Heerführung, das zu einer strategischen Wende führte, was den vorläufigen Sieg im Westen möglich machen sollte.

Die Generäle, die einen Sieg über Frankreich und England nicht für möglich gehalten und vor einem Angriff vehement gewarnt hatten, resignierten bis spätestens Mitte November angesichts der Entschlossenheit Hitlers. Nach dem missglückten Attentat durch Georg Elser zeigte sich Hitler mehr denn je von dem Gedanken besessen, die »Vorsehung« habe ihn verschont und für Höheres ausersehen. Unter diesen Konditionen machte seine Ansprache vor der gesamten militärischen Führung, die er für den 23. November 1939 in die Reichskanzlei geladen hatte, entsprechend Eindruck. Sein dort manifestierter

»unabänderlicher Entschluss« zum Angriff auf den Westen und unverhohlen geäußertes Misstrauen gegenüber seinen Generälen ließen diese endgültig in Resignation verfallen. Trotz ihrer anhaltenden Zweifel am Erfolg einer Westoffensive wollten sie nun unter Beweis stellen, wie unbegründet des Diktators Vorwürfe gewesen seien.

Nachdem sich Hitler im Strategischen durchgesetzt hatte, beschränkte sich die Generalität auf die operativen Fragen. Für sie, in ihrer Eigenschaft als militärische Professionelle, galt nun das oberste Gebot, den Krieg, den sie nun einmal nicht verhindern konnten, dann doch zu gewinnen. Hier kam der operative Plan Erich von Mansteins, Generalstabschef der Heeresgruppe A, ins Spiel, den viele im OKH und viele der Frontkommandeure als zu riskant bekämpften und den viele nach seiner erfolgreichen Anwendung als genial feierten, wenn sie nicht sogar einen Anteil daran für sich reklamierten (so z. B. Halder). Der später als Sichelschnitt bekannt gewordene Plan sah im wesentlichen vor, einen Keil, vor allem mittels schneller Panzerdivisionen, zwischen die gegnerischen Truppen bis zum Atlantik zu treiben. Die Chance zu seinem Gelingen lag in der geographisch unerwarteten Stoßrichtung, die den Gegner überrumpeln musste. Sie sollte durch die unwegsamen Ardennen, mit ihren langgestreckten Tälern und engen Bergstraßen erfolgen, was jeder professionellen Kriegsstrategie Hohn sprach. Manstein, von seinen Vorgesetzten kaltgestellt, gelang es schließlich am 17. Februar 1940, seinen Plan Hitler persönlich vorzutragen. Der Plan kam Hitlers Vorstellungen entgegen, auch wenn er entgegen der Legende nicht in Gänze realisiert wurde. Unabhängig davon bestand Bedarf an einer Neuplanung, weil am 10. Januar ein deutsches Flugzeug mit Unterlagen zur Offensive an Bord im belgischen Mechelen notlanden musste. Sicherheitshalber ging man davon aus, dem Feind seien, auch wenn der Pilot das meiste davon vor seinem

Verhör vernichten konnte, wichtige Informationen über den geplanten Angriff bekannt geworden. Damit war fast ein halbes Jahr nach Kriegsbeginn neben der strategischen endlich auch die operative Entscheidung gefallen.

Der Krieg im Norden dauerte noch an, als der Diktator bereits den nächsten anzettelte. Der am 10. Mai 1940 erteilte Befehl zur Westoffensive wandelte den »Sitzkrieg« in einen Bewegungskrieg um. Er sah ein Vorgehen in zwei voneinander unabhängigen Schritten vor: »Fall Gelb« und »Fall Rot«. Unter der erstgenannten Tarnbezeichnung war die Vernichtung der alliierten Truppen in zwei die Neutralität der Beneluxstaaten brechenden operativen Bewegungen in Nordfrankreich, Belgien und den Niederlanden zu verstehen, was zu einer weiträumigen Umfassungsschlacht führen sollte. Zu Beginn des Westfeldzuges standen dem Angreifer zahlenmäßig überlegene Feinddivisionen gegenüber. Am Morgen des Angriffstages erhielten die überfallenen Länder Schreiben, in denen sie des Neutralitätsbruchs bezichtigt wurden. Luxemburg kapitulierte am selben Tage. Die vorderste belgische Verteidigungslinie, an der die Deutschen aufgehalten werden sollten bis französische und britische Hilfe kam, brach bereits am ersten Tag zusammen. Die Niederlande kapitulierten nach fünf Tagen. Inzwischen war der englische Premier Chamberlain, der ohnehin wegen des Fehlschlags in Norwegen im Kreuzfeuer der Kritik gestanden hatte, zurückgetreten. Winston Churchill, lange Jahre heftiger Gegner der Chamberlainschen Appeasement-Politik, übernahm das Ruder des politischen Kriegsschiffes und steuerte es unbeirrbar durch schwere See zum Sieg. Churchill kann als der vielleicht einzige Gegenspieler Hitlers von Format betrachtet werden, der sich durch ihn keinen Augenblick blenden ließ und ihn von Anfang an hartnäckig bekämpfte. In seiner ersten Rede als Premier am 13. Mai 1940 stimmte er seine Landsleute auf einen langen Krieg ein, der ihnen »Blut,

Mühsal, Tränen und Schweiß« abverlangen, letztlich aber auch den Sieg bescheren werde. Am 11. Mai 1940 beschloss die britische Regierung den strategischen Bombenkrieg, der in seiner neuartigen Radikalität die deutsche Zivilbevölkerung in ihrem Lebensnerv treffen und in gewisser Weise auch zur Niederlage des deutschen Reichs beitragen sollte.

Die Luftwaffe eröffnete den Angriff auf die »Festung Holland« am 10. Mai mit Bombardements, die binnen kurzem deren Luftstreitkräfte außer Gefecht setzten. Das ermöglichte ein Absetzen von Fallschirm- und Luftlandetruppen. Was im Fall der Hauptstadt Den Haag misslang, konnte an den wichtigsten Brücken handstreichartig mit Erfolg durchgeführt werden und gewährleistete den Zu- und Übergang für die herbeieilenden Panzerverbände der Heeresgruppe B vom Süden her auf Holland. Diese waren bereits am Abend des 12. Mai zur Stelle und schnitten damit die niederländischen Truppen von ihren Verbündeten ab. Tags darauf, am 13. Mai, begann der Kampf um die Festung »Holland«. Um schneller in den Besitz der tapfer verteidigten Stadt zu kommen, wurde Rotterdam unter Androhung schwerer Bombardements zur Übergabe aufgefordert. Noch während der laufenden Kapitulationsverhandlungen verwüsteten deutsche Luftstreitkräfte, die angeblich der Gegenbefehl nicht mehr erreicht hatte, die Altstadt von Rotterdam und töteten zahlreiche Zivilisten. Den Alliierten diente dieses Bombardement unter Anprangerung seiner außerordentlichen Brutalität zur Rechtfertigung, nunmehr ihrerseits mit Luftangriffen auf deutsche Städte zu beginnen. Wie erwähnt, sah nach nur fünf Tagen die militärische Lage für die Niederlande hoffnungslos aus, und am 15. Mai 1940 unterzeichnete deren Oberbefehlshaber die Kapitulationsurkunde. Die nicht sehr hohen Verluste hielten sich auf beiden Seiten in etwa die Waage. Die Holländer beklagten fast 2900 Tote und beinahe 7000 Verwundete, die Deutschen 2100 Gefallene und

2700 Verwundete. Zwei Tage zuvor flohen Königin Wilhelmina und die niederländische Regierung ins Exil nach London, um von dort aus den Krieg auf der Seite der Alliierten fortzuführen.

In der Zwischenzeit überfiel die Heeresgruppe B auf der Linie von Roermond bis Lüttich Belgien und drang ins Landesinnere ein, unter anderem auch durch erstmals in der Kriegsgeschichte verwendete lautlose Lastensegler, die Luftlandetruppen in das Feindesland transportierten. Die Überraschung gelang ihnen, und sie setzten das für die Verteidigung wichtige und starke Fort Eben Emael außer Gefecht. Bereits am Abend des ersten Angriffstages entstanden Brückenköpfe jenseits der Maas und des Albert-Kanals, die es dem Panzerkorps Hoepner ermöglichten, einen entsprechenden Flankenstoß vorzunehmen, um eine feindliche Verteidigungsfront an der Dyle zu unterbinden. Andere Truppen rückten in Richtung Antwerpen vor. Alle diese operativen Vorgänge sollten dem Gegner einen Angriffsschwerpunkt vortäuschen, den es in Wirklichkeit nicht gab. Dass dieses Täuschungsmanöver in vollem Umfang glückte, konnten die Deutschen dann erkennen, als sie am 15. Mai an der Dyle-Front auf hartnäckigen Widerstand stießen.

Nach dem operativen Konzept des Generalleutnants Manstein sollte parallel zu dieser Offensive im Norden der eigentliche Vorstoß, von dem es abzulenken galt, durch die Ardennen erfolgen, dort, wo der Gegner wegen der unwegsamen Berge und Täler ihn am wenigsten erwartete. Eben dieses schwer passierbare Gelände machte auch dem Angreifer zu schaffen. Die Enge des Übergangs wirkte wie ein Nadelöhr. Über 40 000 Panzer und Fahrzeuge stauten sich zur längsten Blechschlange Europas. Französische Flugaufklärer sahen das, konnten sich aber keinen Reim darauf machen. So verpassten sie die einzigartige Chance, sämtliche Panzereinheiten der deutschen Wehrmacht mit einem Schlag auszuschalten. Bald aber nahm die Offensive durch Luxemburg und die Ardennen entgegen der Warnungen einiger bedeutender Generäle an Tempo zu. Am dritten Tag hatten die Panzerverbände bereits 100 Kilometer durch schwierigstes Berggelände zurückgelegt und konnten an drei verschiedenen Stellen, u. a. bei Sedan, die Maas überqueren. Im operativen Zusammenwirken mit der Luftwaffe durchbrachen sie die gefürchtete Maginot-Linie. In der Tat hatte der Gegner nirgendwo den Hauptangriff weniger erwartet als hier. Die dort liegende französische 9. Armee setzte sich vor allem aus Reservedivisionen zusammen, bar jeglicher Waffen, die gegen Panzer hätten eingesetzt werden können. Angesichts der Massen von Panzern und Flugzeugen und des Sirenengeheuls der Stukas flohen die Franzosen in wilder Panik westwärts. Die 9. Armee war völlig geschlagen und den französischen Nachbararmeen wollte es nicht gelingen, die entstandene Frontlücke zu schließen. Die deutschen Panzerverbände setzten ihren Vormarsch – immer unter Mithilfe von Luftkriegsverbänden, insbesondere von Sturzkampfbombern – in einer bis dahin nicht gekannten Geschwindigkeit fort, so dass die eigenen Infanteriedivisionen Mühe hatten, Schritt zu halten bzw. nachzukommen. Es war vor allem Guderian, der auf das Nachrücken starker Infanterieverbände nicht warten wollte und entgegen der Auffassung von Hitler und der Generalität aus dem Brückenkopf von Sedan heraus in einem einzigen Zug seine Panzer zur Küste vorstoßen ließ. Das muss von solch dynamischer Wucht gewesen sein, dass andere Panzerverbände mitgerissen wurden. Hitler soll angeblich mitunter nicht mehr gewusst haben, wo sich seine Panzer befanden und versucht haben, sie zum Halten zu bringen. Aber auch dem französischen Oberkommando bot sich angesichts dieses Tempos kaum eine Chance, ihre zurückweichenden Armeen zu sammeln, eine neue Front zu bilden oder sie gar zu einem Gegenangriff zu organisieren.

Die Franzosen entschieden sich am 16. Mai gemeinsam mit den Engländern für die Aufgabe der Dyle-Stellung und den Rückzug an die Schelde-Linie, um eine drohende Umzingelung von Süden her zu vermeiden. Sowohl Hitler als auch Churchill erkannten, dass die deutsche Südflanke in ihrer Länge höchst gefährdet war. Der englische Premier, von der sich bietenden Chance alarmiert, eilte nach Paris. Dort musste er aber von General Gamelin erfahren, dass für den gebotenen militärischen Angriff der Südflanke keine schnellen Verbände mehr zur Verfügung stünden. Die Mehrheit sei in die deutsche Falle geraten. Der deutsche Erfolg wirkte lähmend wie eine Schockstarre. So wurde General Weygand, ruhmreicher Generalstabschef aus dem Ersten Weltkrieg, am 18. Mai als Retter aus der Not von Syrien eingeflogen, um Gamelin als Oberbefehlshaber zu ersetzen. Dieser versuchte den Plan seines Vorgängers zu realisieren, nämlich durch eine Zangenbewegung die deutschen Panzerspitzen von den ihnen nachfolgenden Infanteriedivisionen durch zwei aufeinander abgestimmte Angriffe im Norden wie im Süden zu trennen und einzukreisen. Er scheiterte auf der ganzen Linie. Im Süden bei Péronne hatten die Deutschen ihre Abwehrfront zügiger aufgebaut, als es den Franzosen möglich war, neue Kräfte heranzuschaffen. Zu derselben Zeit, am 20. Mai 1940, erreichte die offenbar durch nichts aufzuhaltende Panzergruppe Guderian die Kanalküste im Nordwesten von Abbéville. In den Aufzeichnungen eines französischen Sergeanten vom 25. Mai liest sich das so: »Eine Schreckensbotschaft jagt die andere. In der Gegend von Cambrai, Abbéville, Calais ist alles in deutscher Hand. Das Meer allein hält die Deutschen zurück, weiterzumarschieren.« Guderians Panzergruppe war in 10 Tagen 240 km vorgestürmt und hatte in der kurzen Zeit das Unmögliche Wirklichkeit werden lassen: Sie trennte die alliierten Truppen in zwei Teile und machte damit den »Sichelschnitt« perfekt. Ein Chefdiplomat im britischen Außenministerium vertraute die dort herrschende Stimmung seinem Tagebuch an: Sie seien erledigt, nur ein Wunder könne sie nun noch retten. Genau das sollte sich wenige Tage später einstellen.

Vorerst kam es aber für Franzosen und Briten noch dicker. Während des zweiten Besuchs in Paris am 22. Mai plante Churchill gemeinsam mit seinen französischen Gastgebern eine Gegenoffensive, stattdessen sahen sich am Abend des 23. Mai 250 000 Soldaten bei Dünkirchen, wohin sich die alliierten Truppen zurückgezogen hatten, in einem schnell enger werdenden deutschen Netz gefangen. Die Spitzen des deutschen Panzerverbandes Kleist näherten sich Dünkirchen sehr rasch. Am nächsten Morgen maß ihre Entfernung bis zu diesem letzten Hafen, der den Alliierten noch verblieben war, nur noch 25 km. Dem Gegner den Todesstoß zu versetzen, dieses Ziel schien zum Greifen nah und nur noch eine Frage von Tagen zu sein. Britischerseits stellte man sich darauf ein, unter den gegebenen Umständen nicht mehr als 45 000 Soldaten evakuieren zu können. Für die Briten hieß das im Klartext, einen Waffenstillstand akzeptieren zu müssen, denn sie konnten auf keine nennenswerten Reserven zurückgreifen. Einer deutschen Invasion, die ihnen, wie sie mit Sicherheit annahmen, bevorstand, sahen sich viele Briten schutzlos ausgeliefert. Von einem Unterhausabgeordneten wissen wir, dass er sich sogar Selbstmordpillen für den Tag X hatte besorgen lassen. Ende Mai glaubten die Briten in ihrer Mehrheit, das Expeditionskorps sei verloren. Sie befanden sich auf ihrem absoluten Tiefpunkt im Großen Krieg. In dieser prekären Lage fassten Churchill und die Mehrheit seiner Regierung nach langen kontroversen Debatten am 28. Mai 1940, dem Tag der Kapitulation Belgiens, den Entschluss zur kompromisslosen Fortführung des Kriegs, einer der großen Wendepunkte im Zweiten Weltkrieg. Die europäische Landkarte sähe heute vermutlich anders aus, hätte sich Churchill im Sommer 1940 wie Stalin im Sommer 1939 mit Hitler arrangiert.

An diesem 28. Mai notierte der oben zitierte französische Sergeant in Reims deprimiert zur Lage: »Durch den Mund von Paul Reynaud haben wir heute eine traurige Nachricht erhalten. Der König der Belgier hat im Felde seinen Truppen befohlen, die Waffen niederzulegen. Ein in der Geschichte nie dagewesener Fall. Das Schicksal von Dünkirchen und Calais ist besiegelt. Unsere Armeen, die französische und englische, befinden sich jetzt in übler Lage.« Doch es kam anders. Am 24. Mai 1940, als die Truppen sich nur noch ein paar Kilometer von Dünkirchen entfernt aufhielten, stattete Hitler dem Hauptquartier seines Oberbefehlshabers West, Generaloberst Gerd von Rundstedt, einen Besuch ab. Dessen bereits erteilten Befehl, die siegreichen Panzer zu stoppen, um angeblich die Infanterie aufschließen lassen zu können, bekräftigte Hitler mit dem folgenreichen Haltebefehl vom 24. Mai 1940. Er wurde erst nach Tagen aufgehoben. Die darin liegende Absurdität, die viele Generale bereits damals erkannten, wurde Gegenstand einer bis heute anhaltenden Diskussion. Zeitweilig nahmen Forscher an, der Anhaltebefehl beruhte unter anderem auch darauf, dass Hitler seinem Oberbefehlshaber der Luftwaffe Göring den Vortritt ließ, der aus Prestigegründen an der glorreichen Vernichtung des Gegners teilhaben wollte und großmäulig versprach, den Feind aus der Luft zu schlagen. Ob Hitler oder Rundstedt die Schuld für den Befehl trug, darüber herrschen heute noch kontroverse Meinungen. Einige Forscher behaupten, Hitler sei es allein um die willkürliche Wahrung seiner Macht und die Durchsetzung seines Führungsanspruchs gegenüber der Heeresleitung zu tun gewesen. Wie auch immer die Lösung des Rätsels Dünkirchen lauten mag, es bleibt eine Tatsache, dass der Befehl die Rettung fast des gesamten Expeditionskorps ermöglichte. Churchill nannte es das »Wunder von Dünkirchen«.

Bis zum 4. Juni 1940 wurden rund 200 000 britische und 120 000 französische Soldaten – ohne ihre Ausrüstung – nach England evakuiert. Die geretteten Soldaten bildeten dann den Löwenanteil der britischen Heimatverteidigung gegen eine eventuelle deutsche Invasion und im Juni 1944 der britischen Streitkräfte, die gemeinsam mit ihren amerikanischen Verbündeten die Invasion in der Normandie durchführten. Hitler versuchte seine glatte Fehlentscheidung hinterher zu verbrämen, indem er vorgab, er hätte den englischen Gegner durch Schonung für einen milden Frieden weich stimmen wollen. Das widersprach dem Geist seiner nächsten Weisungen, die darauf abhoben, den Feind auf dem Kontinent vernichtend zu schlagen. Das »Wunder von Dünkirchen« wurde mitunter trotz aller operativen Erfolge der Deutschen im Westfeldzug im Verein mit der davon unabhängig gefällten Entscheidung der Engländer, bis zum Schluss rücksichtslos zu kämpfen, im Grunde bereits als ein Wendepunkt im Krieg interpretiert.

Mit der Einnahme von Dünkirchen am 4. Juni 1940 war »Fall Gelb« abgeschlossen und tags darauf begann »Fall Rot«, die Einkesselung der französischen Truppen von der schweizerischen Grenze entlang der Weygand-Linie in Richtung Norden bis nach Sedan. Gleichzeitig drangen deutsche Truppen an den Küsten vor. Die Entscheidung in der sogenannten »Schlacht um Frankreich« fiel nach wenigen Tagen. Die Front wurde durchbrochen und die französischen Truppen flohen auf verstopften Straßen unter ständigem Beschuss der deutschen Luftwaffe. Dennoch gelang es rund 200 000 Soldaten der verschiedensten Nationen (Großbritannien, Frankreich, Belgien, Polen und der Tschechoslowakei) und rund 50 000 Zivilisten, auf Schiffen zu entkommen. Die französische Regierung flüchtete am 10. Juni von Paris nach Tours, wo sie die Kriegser-klärung Italiens erreichte. Vier Tage später, am 14. Juni, nah-men die Deutschen von Paris, inzwischen zur offenen Stadt erklärt, Besitz. An allen weiteren Fronten rückten deutsche Truppen siegreich vor. Für den Gegner schien die militärische Lage aussichtslos zu sein, der Zusammenbruch Frankreichs unabwendbar. England verweigerte die dringend benötigte Entlastung aus der Luft und eine Bitte an den amerikanischen Präsidenten Roosevelt um stärkeres Engagement für eine Fort-setzung des Krieges von Afrika aus (einer der Befürworter war General de Gaulle, Unterstaatssekretär im Verteidigungsmi-nisterium) schlug ebenso fehl. Am Abend des 16. Juni trat Rey-naud zurück und der neue Ministerpräsident Marschall Pétain suchte sofort um einen Waffenstillstand nach.

Der Krieg sollte abschließend auch noch symbolisch als ein Akt der Wiedergutmachung beendet werden. Deshalb ließ Hitler die Waffenstillstandsverhandlungen in demselben Sa-lonwagen im Wald von Compiègne am 21. Juni 1940 stattfin-den, in dem die Deutschen am 11. November 1918 den Waffen-stillstand nach dem Ersten Weltkrieg entgegenzunehmen hat-ten. Wie es große Teile der Bevölkerung damals empfanden, war damit die »Schmach« abgegolten.

Am 22. Juni unterzeichneten Sieger und Besiegte das Ab-kommen, wonach etwa zwei Drittel Frankreichs, der Nor-den Frankreichs mit Paris und die Kanal- und Atlantikküs-te, unter deutscher Besetzung blieben. Die französischen Streitkräfte wurden demobilisiert. Waffen und Kriegsmateri-al mussten zum Teil ausgeliefert werden. Frankreich mit Re-gierungssitz im mondänen Kurort Vichy (Auvergne) verblieb ein 100 000-Mann-Heer wie Deutschland nach dem Versailler Vertrag, doch wurden ihm für seine Kolonien weitaus größere Truppenkontingente zugesagt. Die Flotte, soweit nicht Teile davon für die französischen Kolonien freigegeben waren, wurde interniert. Während die Sieger die Auslieferung sämtlicher deutscher Kriegsgefangener forderten, sollten die französischen Gefangenen in deutscher Hand bleiben. Alles in allem relativ moderate Waffenstillstandsbedingungen, die vor allem darauf abzielten, dass Frankreich seine Kolonien gegenüber England verteidigen konnte.

Wie richtig Hitler kalkuliert hatte, zeigte sich bereits Anfang Juli, als die Engländer an der afrikanischen Küste ankernde französische Schlachtschiffe (bei Oran und Dakar) angriffen und zum Teil stark beschädigten, damit sie keinesfalls in deutschen Besitz übergehen konnten. Die Regierung unter Pétain brach daraufhin die diplomatischen Beziehungen zu England ab. Die deutsche Kriegführung gegen Frankreich entsprach mehr der herkömmlichen und setzte sich krass ab gegenüber dem in Polen erkennbar gewordenen Vernichtungskrieg. Dennoch ließ auch die baldige Annexion (August 1940) von Elsass und Lothringen (und auch Luxemburgs) bereits die ersten negativen Zeichen am Firmament deutscher Vorherrschaft in Frankreich erkennen. Je häufiger und heftiger Hitler die kollaborationswillige Pétain-Laval-Regierung vor den Kopf stieß und seine Kriegführung immer brutalere Formen annahm, umso mehr Franzosen scharten sich um General de Gaulle. Er war im Juni 1940 nach London emigriert, um von dort aus mit seinem »Nationalkomitee der Freien Franzosen«, von den Engländern als französische Exilregierung anerkannt, allmählich den Schwerpunkt für Frankreichs Résistance zu bilden.

Am 25. Juni trat der Waffenstillstand in Kraft. Hitler hatte die politische Landkarte Europas verändert. In weniger als sechs Wochen war die größte Militärmacht des Kontinents geschlagen. Der Blutzoll fiel dafür im Vergleich zum Ersten Weltkrieg relativ gering aus: etwa 27 000 Tote, über 18 000 Vermisste, über 100 000 Verwundete auf der deutschen Seite. Demgegenüber zählte Frankreich 100 000 Tote, 200 000 Verwundete und 1,9 Millionen Gefangene. Vielen galt die deutsche Wehrmacht als unbesiegbar und Hitler als ein militärisches Genie. Der »größte Feldherr aller Zeiten« ordnete Reichsbeflaggung von zehn Tagen und Glockengeläut von sieben Tagen an.

4. Stimmungshoch für Hitlers Kriegspolitik, erste Niederlage in der Luftschlacht gegen England

Mit dem Sieg über Frankreich stand Hitler im Zenit seiner Popularität. Goebbels nannte ihn wiederholt das »größte Genie«, das Deutschland je hervorgebracht hätte, und er sprach wohl Millionen Deutschen aus der Seele, wenn er naiv-stolz gestand, es sei eine Ehre, ihm dienen zu dürfen. Nachdem Hitler in wenigen Wochen vollbrachte, was das deutsche Heer vier Jahre lang im Ersten Weltkrieg vergeblich versucht hatte, genoss er gottähnlichen Status. Das war neu. Zwar brachte das Volk Hitler bereits zu seinem 50. Geburtstag im Frühjahr 1939 höchste Verehrung entgegen. Sie gründete aber vor allem in den zahlreichen außenpolitischen Erfolgen, die er nach hochriskanten Manövern ohne Kriegsfolgen für sich und Deutschland verbuchen konnte. Viele ahnten, so werde es wohl nicht weitergehen, beharrten aber trotzig darauf, dass »General Unblutig« die »Vorsehung« auf seiner Seite haben werde. Während die Bevölkerung in weiten Teilen an dem Glauben festhielt, Hitler wahre den Frieden, befahl er in Wahrheit die Vorbereitung zum Angriff auf Polen.

Im September 1938, ein Jahr vor Kriegsbeginn, glaubte Hitler schon ganz nah an »seinem« Krieg zu sein. Doch die Regierungschefs von Italien, Großbritannien und Frankreich machten ihm in letzter Minute einen Strich durch die Kriegsrechnung. Sie konnten auf der Münchener Konferenz den Krieg gerade noch verhindern. Auch Goebbels kommentierte das

Abkommen erleichtert, man könne doch wegen irgendwelcher Modalitäten keinen Weltkrieg vom Zaune brechen. Die Länderchefs seien in ihren Hauptstädten begeistert empfangen worden, stellte er fest, niemand wolle Krieg. Auch der deutschen Bevölkerung attestierte der Propagandachef eine überwältigende Friedenssehnsucht, was er durch einen von Hitler veranlassten Testversuch erhärtet sah. Damit empfing Goebbels ein deutliches Signal, in einer seiner propagandistischen Hauptaufgaben, das deutsche Volk positiv auf Krieg einzustimmen, versagt zu haben. Es lag also noch eine große Aufgabe vor ihm, denn wenige Stunden nach Abschluss des friedensrettenden Abkommens teilte Hitler dem noch friedensseligen Propagandisten seinen »unerschütterlichen Entschluss« mit, die Tschechei zu vernichten. Als Hitler dann seinen Krieg vom Zaune brach, sorgte sich Goebbels im Verein mit Göring um einen tiefen Stimmungseinbruch in der Bevölkerung. Den konnten sie durch Propaganda allein nicht verhindern, auch nicht mit einer sorgfältigen Camouflage des wirklichen Aggressors. Eine Reihe flankierender sozialer Maßnahmen schien geeignet, die deutsche Bevölkerung so halb bei Laune zu halten: angefangen von der Anhebung der Unterstützungssätze für Soldatenfrauen, Schnapsversorgung an der Front, genaueste Beobachtung und Sicherung der Ernährungslage in der Heimat und an der Front bis zu Sonderzuteilungen an Weihnachten. Begeisterung für den Krieg und Auslöschen aller Zweifel an dessen Sinn sollten nicht nur durch geistige Kriegführung allein, sondern auch durch materielle Zugeständnisse erwirkt werden. Auf der Höhe von Hitlers Kriegsglück schien das überflüssig geworden zu sein. Erstmals huldigte das Volk in dem »Gottgesandten« auch dem Kriegsherrn mit Fortune.

Das sollte bald eine Änderung erfahren. Das Glück blieb Hitler nicht treu, wie sich in dem aussichtslosen Unterfangen einer Invasion auf die britische Insel bzw. der Luftschlacht gegen England zeigte. Ende Juni, am Tag des Waffenstillstands mit Frankreich, erklärte ein siegestrunkener Hitler einem von der »Größe der Stunde« ergriffenen Goebbels, er schwanke zwischen Krieg oder Frieden, wenn er an das Empire denke, das möglichst erhalten bleiben müsse. In der Tat gab sich Hitler kurzfristig einem Wunschdenken hin, hoffte er doch insgeheim, England werde in Anbetracht von Deutschlands gewonnener Hegemonialstellung auf dem Kontinent von sich aus bei ihm um Frieden nachsuchen, eine der auffallenden Fehlinterpretationen Hitlers. In der Erwartung eines Verhandlungsangebots verschob er sogar die Siegesfeier im Reichstag. Als diese am 19. Juli endlich stattfand, auf der Göring zum Reichsmarschall und zwölf Generäle zum Generalfeldmarschall befördert wurden, richtete Hitler einen »letzten Appell an die Vernunft« Englands, den Krieg zu beenden. Doch Churchill dachte nicht daran, sich der Willkür des deutschen Despoten auszuliefern, vielmehr hatte er, wie oben erwähnt, bereits im Mai 1940 das Kabinett darauf eingeschworen, trotz der Verluste auf dem Kontinent ganz allein gegen Hitler-Deutschland weiterzukämpfen, um dessen gewaltsame Herrschaft über weite Teile Europas wieder rückgängig zu machen und die alte »balance of power« wiederherzustellen. Zur Fortsetzung des Krieges besaß er die volle Unterstützung der britischen Bevölkerung. Für beide, Hitler wie Churchill, handelte es sich im Grunde jetzt schon um einen totalen Krieg, ging es doch nicht mehr um einen Kompromiss, sondern um Sieg oder Untergang. Die Ablehnung des »Appells« erfolgte drei Tage später in einer Rede des Außenministers Halifax.

Zu diesem Zeitpunkt rechnete auch Hitler nicht mehr mit einem Einlenken seines einstigen Wunschpartners, mit dessen Rückendeckung er, wie er 1925 niedergeschrieben hatte, im sowjetischen Großreich sein »deutsches Indien« errichten wollte. Hitler wies bereits am 2. Juli 1940 die Wehrmacht an,

Pläne für eine Invasion Großbritanniens vorzubereiten und erteilte am 16. Juli die grundlegende Weisung zu einer Landungsoperation, erforderlichenfalls zur Besetzung von ganz England. Das traf die Wehrmachtsteile völlig unvorbereitet, hatten sie doch niemals an eine Landung auf der Insel gedacht. Ihre Planungen liefen stets darauf hinaus, England notfalls mit einem Wirtschaftskrieg, der die Zufuhrwege zur See blockieren sollte, in die Knie zu zwingen. Nun sollten sie binnen kürzester Zeit, innerhalb eines Monats, bis Mitte August die Vorbereitungen zu einem großangelegten Landungsmanöver abgeschlossen haben. Sie waren sowohl in punkto Planung als auch in der Materialbeschaffung völlig überfordert. Objektive Gründe zwangen Hitler, den jeweiligen Abschlusstermin für die Vorbereitungen bzw. den eigentlichen Invasionstermin immer wieder zu verschieben, um ihn am 12. Oktober endgültig auf das Frühjahr 1941 zu verlegen. Das Unternehmen »Seelöwe« wurde damit in aller Stille zu Grabe getragen, eine für den gesamten Verlauf des Zweiten Weltkriegs außerordentlich weitreichende Entscheidung.

Einer der wichtigsten Gründe, die Invasion zu vertagen, lag in der Tatsache, dass die deutsche Luftherrschaft über dem Kanal und über Südengland nicht errungen werden konnte, eine absolut notwendige Voraussetzung für den Erfolg eines Landeunternehmens. Zur personellen und materiellen Reorganisation und Erneuerung benötigte man etwa sieben Wochen. Diese Zeit vom Ende des Westfeldzugs bis zum Beginn des verschärften Luftkrieges nutzte England fieberhaft zur Verbesserung seines Verteidigungssystems. Churchill ging sogar so weit, im äußersten Notfall Giftgas gegen deutsche Landungstruppen einzusetzen. Entlang der Verteidigungszone wurden Flak und Sperrballons, aber auch mehr als 50 Radarstationen eingerichtet. Bei letzteren handelte es sich um eine Erfindung der Funkmesstechnik, die den Deutschen nicht bekannt war und ihnen noch viel Sorgen bereiten sollte. Damit konnten die Engländer aus größerer Entfernung als die Deutschen frühzeitig Richtung und Anzahl der angreifenden Flugzeuge erkennen und die erfassten Daten an die Gefechtsstände weiterleiten. Ihre Jagdabwehr kannte somit die Absichten des Angreifers und konnte sich taktisch sinnvoll auf ihn einstellen. Eine überraschende Vernichtung gegnerischer Flugzeuge, die sich noch am Boden befanden – eine beliebte Taktik der Deutschen in den bisherigen Feldzügen –, rückte für sie künftig in den Bereich des Unmöglichen. Darüber hinaus gelang es dem englischen Nachrichtendienst ULTRA, Funksprüche der deutschen Luftwaffe (ein Jahr später auch der deutschen Kriegsmarine) zu entschlüsseln, was erst vier Jahrzehnte später, nach Öffnung gewisser Geheimakten, bekannt wurde. Die Deutschen ahnten damals nichts davon, sie konnten sich nur über so manchen operativen Überraschungscoup der Briten wundern.

Bevor der Nachrichtendienst ULTRA für die deutsche Kriegsmarine zum Verhängnis wurde, bereitete der deutsche U-Boot-Krieg der britischen Seekriegführung noch einiges Kopfzerbrechen. Im Vergleich zur ersten Phase der Atlantikschlacht, von Kriegsbeginn bis zum Norwegenfeldzug, in der die gegnerischen Verluste etwa 1,3 Millionen Bruttoregistertonnen (BRT) umfassten, konnte die Kriegsmarine in der zweiten Phase der Atlantikschlacht von Juli 1940 bis März 1941 vor allem durch die neu hinzugewonnenen Häfen in Westfrankreich von den verkürzten Anfahrtswegen zu den Operationsgebieten profitieren. Die von Hitler befohlene verschärfte Luft- und Seekriegführung schloss ab Mitte August 1940 auch den uneingeschränkten U-Boot-Krieg ein. Ziel war eine möglichst lückenlose Blockade Englands, die sich zunächst, auch mit der Unterstützung italienischer U-Boote, seit September vom Mittelmeer nach Bordeaux verlegt, recht erfolgreich anließ. So gelang es den U-Booten, von September 1940 bis März

1941 eine stattliche Anzahl von feindlichen Schiffen zu versen-
ken. Insbesondere in den Herbstmonaten 1940 schossen sie
aus Geleitzügen eine hohe Anzahl von Schiffen heraus. Dennoch konnten im U-Boot-Krieg aufgrund unzureichender
Luftaufklärung nicht alle Chancen genutzt werden. Als die
Marineleitung im März 1941 fünf deutsche U-Boote mit einem
Mal verlor, verlegte sie, in der Annahme, der Gegner besitze
neuartige Abwehrmittel, das Operationsgebiet weg von der
riskanten Nähe zur englischen Küste. Das bedeutete das Ende
dieser Phase in der Atlantikschlacht, in der italienische und
deutsche U-Boote innerhalb von einem halben Jahr 410 Schiffe
(mit nahezu 2,2 Millionen BRT) versenkten, bei einem vergleichsweise geringen Verlust von 14 deutschen U-Booten.

Dazu lassen sich noch die durch Kreuzer, Schlachtschiffe
u. a. verursachten Verluste hinzurechnen. In der Bilanz lagen
Englands Verluste höher als die Tonnage seiner Neubauten.
Das führte im Herbst und Winter zwar zu einschneidenden
Versorgungsengpässen und lehrte auch die Briten das Fürch-
ten. Doch der Zufuhrkrieg allein konnte sie nicht in die Knie
zwingen. Dazu, so berechneten Experten, hätte England mo-
natlich ein Verlust von mindestens einer Dreiviertel Million
BRT zugefügt werden müssen, was nur einige wenige Male im
Jahre 1941 erreicht wurde.

Versuche, Hitler davon zu überzeugen, die Kräfte auf den
Ausbau der so erfolgreichen U-Boot-Flotte zu richten und alles
zu tun, England niederzuringen, bevor ein neuer Kriegsschauplatz eröffnet werde, stießen bei ihm auf taube Ohren. Er ließ
sich längst von der Vorstellung leiten, England werde nur friedenswillig, wenn es nicht mehr auf die Sowjetunion militärisch zählen könne. Sein Fazit daraus hieß, die SU müsse aus
dem Kriegsspiel ausscheiden. Seine Einstellung fand er in der
Luftschlacht um England, die parallel dazu und für die Deutschen negativ verlief, bestätigt.

Am 1. August 1940 erteilte Hitler den Befehl, die englische Luftwaffe mit allen Mittel schnellstmöglich zu besiegen. Bald nach Beginn der Großangriffe am 13. August auf Südengland stellte sich deren Aussichtlosigkeit heraus. Die britischen Jäger kämpften geschickt und verbuchten zumeist höhere Abschusszahlen als die deutschen. Sie wichen häufig dem Luftkampf aus und stürzten sich auf die unbeweglicheren, schlecht bewaffneten Bomber. Den zunehmend entnervten deutschen Jägern gelang es nicht, wie befohlen, die englischen zu vernichten. Anfangs gab es für die britische Luftwaffenführung ausreichend Grund für die Befürchtung, ihre Luftüberlegenheit im Süden von London an die Deutschen abgeben zu müssen. England war im letzten Quartal des Jahres 1940 aufgrund der Barkäufe von Waren und Gütern in Amerika so gut wie zahlungsunfähig, und die englische Luftwaffe näherte sich durchaus der erwarteten Krisensituation, als die deutsche Luftkriegführung genau zu diesem Zeitpunkt ihr operatives Ziel änderte und auf das britische Industriepotential richtete. Zusätzlich begann ein Wettlauf in gegenseitigen Vergeltungsschlägen auf die jeweilige Hauptstadt, der eine gewisse Eigendynamik entfaltete. Mit dem Vorsatz, die englischen Städte »auszuradieren«, wurde in der Nacht zum 6. September ein weiterer Abschnitt in der Luftschlacht mit Tag- und Nachtangriffen eröffnet. Die Deutschen hatten den Luftkampf zur Vorbereitung einer Invasion aufgegeben und versuchten, in einem weiteren Sinn Wirtschaftskraft und Verteidigungswillen der Engländer zu brechen. Doch unter der Hand entwickelte sich der Kampf um die Lufthoheit auch in Richtung Luftterror gegen die Zivilbevölkerung. Allmählich zeichnete sich die Überlegenheit der Briten in der Luftkriegführung deutlicher ab. Allein in der sogenannten »Battle of Britain« am 15. September, die den Höhepunkt der Luftschlacht über London markierte, verloren die Deutschen etwa doppelt so viele Flugzeuge wie die Briten (56 deutsche gegenüber 26 britischen Maschinen). Und die weiteren Aussichten standen sehr schlecht, denn die deutsche Luftwaffe hatte die Produktionsmöglichkeiten der Engländer gewaltig unterschätzt. Im Jahre 1940 produzierten die Engländer statt der prognostizierten 180–200 im Schnitt tatsächlich um die 470 Jagdflugzeuge pro Monat. Hinzu kamen die Verhandlungen Churchills mit Roosevelt Ende 1940 über ein *Lend-and-Lease-*(Leih- und Pacht-)Gesetz, wonach Waffen auf Kredit gekauft werden konnten.

Schließlich konnten ab dem 16. September Tagesgroßangriffe aufgrund der schlechten Wetterlage nicht mehr geflogen werden und der Luftkrieg verlagerte sich auf nächtliche Attacken, was für die Deutschen insofern Vorteile versprach, als die englische Nachtjagd noch in den Kinderschuhen steckte. Den Auftakt für diese ein halbes Jahr während Phase in der Luftschlacht um England bildete das Bombardement der Industriestadt Coventry am 15. November 1940. 450 Bomber töteten 550 Menschen. Damit knüpften die Nazis zum einen an Guernica an und setzten zum anderen ein weiteres unheilvolles Fanal für die Grausamkeit des kommenden Luftterrors. Die Phase endete mit dem großen Luftangriff auf London am 10. Mai 1941. In dieser Nacht starben doppelt so viel Engländer wie in Coventry. Der Verteidigungswille der Engländer schien aber keinesfalls gebrochen, nicht einmal geschwächt zu sein. Während die Deutschen wegen des bevorstehenden Feldzugs gegen die Sowjetunion ihre verbliebenen Flugzeuge in den Osten verlegten, verfügte die britische Luftkriegführung über so viele Flieger, dass sie einen guten Teil nach Afrika abzog für den dort von den Italienern losgetretenen Krieg. Hitler brach die Luftschlacht über England ab. Die Deutschen zählten bis März 1941 mehr Tote als im gesamten Norwegenfeldzug. Ihren Auftrag, England an den Friedensverhandlungstisch zu schießen, konnte die deutsche Wehrmacht nicht erfüllen. Sie musste die erste, in ihrer Tragweite meist unterschätzte Niederlage einstecken und zur Kenntnis zu nehmen, dass sie in vielerlei Hinsicht rüstungstechnisch nachgelassen hatte und dem Gegner nicht mehr überlegen war.

Daraus zog Hitler eine folgenschwere Konsequenz: Wenn er England nicht auf direktem Wege militärisch schlagen könne, dann eben auf indirektem. In seiner Vorstellung konnte England um die Wiederherstellung der »balance of power« auf dem Kontinent nur mit der Hilfe eines Verbündeten, eines »Festlandsdegens«, kämpfen, der ihm aus der Hand geschlagen werden müsse. So absurd es heute wirken mag, Hitler glaubte ernsthaft, den Kontinentalkoloss Sowjetunion in einem Blitzkrieg besiegen und damit England »friedensbereit« machen zu können. Unabhängig davon drängte es Hitler, sich endlich seinen ideologischen Wunschtraum zu erfüllen: die Gewinnung von Lebensraum im Osten. Der Vernichtungsfeldzug gegen die »Untermenschen« lockte ihn mehr als alle anderen operativen Maßnahmen, die für einen Sieg vernünftigerweise hätten ergriffen werden müssen.

Da der Angriffstermin für seinen Hauptkrieg aus verschiedenen Gründen ohnehin erst im Frühjahr 1941 möglich war, versuchte Hitler, England in einem diplomatischen Krieg zu zermürben. Er arbeitete an einem euro-asiatischen »Kontinentalblock«, der von Spanien bis Japan, von Vichy-Frankreich bis zu den südosteuropäischen Staaten eine Phalanx bilden sollte mit dem Ziel der Isolierung Englands. Aber sämtliche Bemühungen Hitlers, Franco, Pétain und andere zu einer Front gegen England zu überreden, schlugen fehl.

5. Mussolinis Kriege

Am 10. Juni 1940, wenige Tage vor dem aus nationalsozialistischer Sicht fulminanten Sieg Hitlers über Frankreich, verkündete dessen Achsenpartner Benito Mussolini vom Balkon seines Amtssitzes in Rom den Eintritt Italiens in den Krieg. Die Aussicht, fette Beute auf billige Weise einstreichen zu können, war sicher ein Motiv für diesen Schritt, ein anderes, vielleicht ebenso wichtiges, mag die Erneuerung seines Machtanspruchs innerhalb der Achse gewesen sein. Italien ritt mit dem Kriegseintritt in eine militärische Katastrophe, von der es sich nie wieder erholen sollte. Dass es dazu kommen konnte, kostete Mussolini viel zungenfertige Überredungskunst, denn Volk und König liebten den Frieden. Viele Italiener waren auf die ihrer Meinung nach kriegswütigen Deutschen nicht gerade gut zu sprechen.

Mussolini richtete von Beginn seiner Karriere als Faschist sein Interesse auf Krieg und Expansion. Aber sein Land war arm und das Militär entsprechend schlecht gerüstet. Dennoch wagte er den Krieg in Abessinien und gewann ihn, wenn auch unter Anwendung von unvorstellbarer Brutalität gegenüber den hoffnungslos unterlegenen Äthiopiern. Es war im Grunde ausschließlich Mussolinis Krieg und seine Popularität kletterte im Jahre 1936 auf ihren Höhepunkt. Die Verherrlichungspropaganda um Mussolini konnte es mit der um Hitler durchaus aufnehmen. Dann begann sich das Blatt zu wenden. Er, der sich Hitler überlegen fühlte, sozusagen als dessen Seniorpartner galt, verlor im Vergleich mit ihm immer mehr an Reputation. Während Hitler von einem außenpolitischen Erfolg zum anderen eilte, erlitt Mussolini in Francos Spanien (Guadalajara) im März 1937 ein erbärmliches Debakel. Auf der Münchener Konferenz 1938 musste er mit der Rolle des Friedensvermittlers vorliebnehmen, schlicht und einfach, weil der Zustand der

italienischen Armee eine aktive, kriegsbereite Rolle nicht zuließ. Als er in seine Heimat zurückkehrte, feierten ihn die Italiener zu seinem Ärger als europäischen Friedensretter. Er musste ähnlich wie Hitler zur Kenntnis nehmen, dass weite Teile
seines Volkes keinen Krieg wünschten und dem deutschen
Achsenpartner misstrauische Antipathie entgegenbrachten.
Bald sollte sich die Berechtigung solcher Animosität erneut
herausstellen. Ein halbes Jahr nach dem Münchener Abkommen, im März 1939, besetzte Hitler – wie oben berichtet – den
Rest der Tschechoslowakei. Der deutsche Diktator fegte damit
die Friedensvermittlung Mussolinis einfach vom Tisch, natürlich wie üblich ohne seinen Achsenpartner vorher ins Bild
gesetzt zu haben. Erst als die Annexion abgeschlossen war,
schickte Hitler eine Botschaft an Mussolini. Seit Mitte der dreißiger Jahre musste Mussolini zur Kenntnis nehmen, dass er im
faschistischen Konzert der Diktatoren allenfalls nur noch die
zweite Geige spielen durfte. Er empfand das aber als so uner-
träglich, dass er dem Vorschlag seines Schwiegersohnes und
Außenministers Graf Ciano folgte und zu einer Art Satisfaktion schritt. Um das italienische Volk für die Demütigungen zu
»entschädigen«, annektierten die beiden Anfang April das ohnehin stark unter italienischem Einfluss stehende Königreich
Albanien, das sich Ciano zu seinem »Großherzogtum« machte,
selbst unter faschistischen Aggressoren ein windiges Unternehmen.

Darüber hinaus bewirkte die Annexion eine britische Garan-
tieerklärung für Griechenland und Rumänien durch Großbritannien. Dies wiederum hatte eine noch engere Anlehnung
Italiens an Hitler-Deutschland zur Folge. Am 22. Mai 1939 unterschrieben Hitler und Mussolini den erwähnten »Stahlpakt«,
wonach sich die Partner gegenseitig Unterstützung im Falle eines Krieges zusagten. Damit lieferte sich Italien auf Gedeih
und Verderb Hitler aus, auch dann, wenn dieser nach persönli-

chem Belieben irgendeinen Krieg vom Zaune brechen sollte. Und tatsächlich befahl Hitler der deutschen Wehrmacht nur 24 Stunden nach der Vertragsunterzeichnung, sich für den Krieg gegen Polen vorzubereiten. Bereits im Juli schöpften die Italiener Verdacht, dass es womöglich bald zum Krieg kommen sollte. Graf Ciano wurde zu Hitler auf den Obersalzberg einbestellt und ins Bild gesetzt. Angewidert kehrte der italienische Außenminister nach Rom zurück. Zum wiederholten Mal hatte Hitler die Italiener über seine wirklichen Absichten im unklaren gelassen. Dringlichst riet er von einem Kriegsabenteuer ab. Deutschland habe seiner Meinung nach Italien belogen und betrogen und wolle es in den Krieg ziehen. Als die italienische Regierung von dem sensationellen Nichtangriffspakt mit der Sowjetunion informiert wurde, legte König Viktor Emanuel sofort sein Veto gegen Mussolinis Kriegskurs ein.

Mussolini fügte sich und stellte seinen Wunsch, Italien in den Krieg zu führen, vorerst zurück. Aber er empfand es als demütigend, einem Partner, der ihn in so kurzer Zeit in die Ecke gedrückt und als Möchtegerngroßmacht bloßgestellt hatte, kurz vor Kriegsbeginn 1939 gestehen zu müssen, dass er nicht kriegsbereit sei. Hitler hatte innerhalb von sechs Jahren geschafft, was er in siebzehn Jahren nicht vermocht hatte. Diesen Tiefschlag versuchte er in seinem Antwortschreiben an Hitler insofern für sich abzumildern, als er eine unerfüllbar große Liste von Kriegsgütern und Rohstoffen übersandte, die er benötige, bevor er an einen Kriegseintritt denken könne. Hitler versicherte sein Verständnis, müsse aber bedauern, im übrigen könne er mit den Gegnern – Polen, Franzosen, Engländern – gut alleine fertig werden. Das traf den kriegslüsternen Mussolini hart. Er musste mehr als ein dreiviertel Jahr warten bis er Gelegenheit erhielt, die vermeintliche Schmach vom August 1939 kompensieren zu können.

Die Chance, so glaubte er, bot ihm Hitlers Frankreichfeldzug. Sein strategisches Konzept lief darauf hinaus, in dessen Rahmen einen »Parallelkrieg«, einen »Krieg im Krieg« zu führen, wodurch ganz nebenbei auch die verlorene Ehre wiederhergestellt werden könnte. Er war von dem Gedanken geradezu besessen, Italien habe nur eine Option: an der Seite Deutschlands in den Krieg zu ziehen. Nach seinem Treffen mit Hitler am Brenner Mitte März 1940 fühlte er sich in seiner Absicht bestärkt und begann, seine Regierungsumgebung in diesem Sinne zu bearbeiten. Noch intensivere Überzeugungsarbeit musste er bei seinen Militärführern leisten. Diese beurteilten die italienischen Kriegschancen absolut negativ, unabhängig von der Lage des Schauplatzes (Frankreich, Mittelmeer, Libyen oder Abessinien). Sie warnten eindringlich vor jeglicher Zusammenarbeit mit der deutschen Wehrmacht. Die Auffassungen zwischen der italienischen Militärelite und dem »Duce« konnten konträrer wohl kaum sein, selbst noch im April, Mai 1940. Auch das italienische Volk konnte einem Krieg an der Seite Deutschlands nicht das geringste abgewinnen. Mit der Invasion Dänemarks und Norwegens, erst recht mit den spektakulären Erfolgen der deutschen Wehrmacht in Westfrankreich vollzog sich aber selbst bei den Militärs allmählich ein Meinungswandel. Dieser fand seinen beinahe abrupten Abschluss durch den triumphalen Vormarsch der deutschen Wehrmacht. Er veränderte das Bild der europäischen Landkarte so radikal, dass die Partner Italien, aber auch Japan strategisch umdachten.

Angesichts des Zusammenbruchs Frankreichs erwarteten die Italiener die baldige Niederlage Großbritanniens. Die gewaltigen deutschen Erfolge blendeten sie dermaßen, dass selbst die Gegner, Zweifler und Zauderer sich von der Kriegslust eines Mussolini anstecken ließen und ihren Widerstand aufgaben. Die Aussicht auf schnellen Ruhm und Kriegsgewinn verführte sogar das italienische Volk, das zum ersten und einzigen Mal Ende Mai 1940 Kriegsbegeisterung erkennen ließ. Der Diktator fällte die Entscheidung zum Krieg vollkommen allein. Es waren keine Besprechungen oder Beratungen vorausgegangen. Auch der deutsche Partner hatte ihn nicht gedrängt. Aber er stand zum Zeitpunkt der Entscheidung (Ende Mai 1940) keineswegs isoliert da, sondern er konnte sich von einer Welle der Zustimmung getragen fühlen. Die noch Widerstrebenden wollten nicht abseits stehen und gaben ihren Widerstand auf, sie schickten sich ins angeblich Unvermeidliche. Mussolini teilte Hitler den Kriegseintritt des bis dahin »nichtkriegführenden« Italien für den 5. Juni mit, doch Hitler verschob den Termin aus strategischen Gründen auf den 10. Juni. Damit traten 1,7 Millionen italienische, schlecht vorbereitete Soldaten in den Krieg, was sie bald allesamt bitter bereuen sollten. Der Achsenpartner brachte darüber hinaus 2350 Flugzeuge und eine durchaus stattliche Marine (darunter 4 Schlachtschiffe, 125 Zerstörer/Torpedoboote und 113 U-Boote) mit. Er hatte lediglich ein paar bedeutungslose Luftangriffe auf Malta, Südfrankreich und Korsika geflogen, war also so gut wie gar nicht militärisch hervorgetreten, als Frankreich am 17. Juni um Waffenstillstand bat. Zu diesem Zeitpunkt kam Mussolini auf die Idee, den Franzosen, die ohnehin schon am Boden lagen, militärisch hinterherzutreten und sie in den französischen Alpen anzugreifen. Doch die italienische Offensive brach beim ersten kleinen französischen Widerstand in sich zusammen. Das musste offensichtlich so beschämend gewesen sein, dass Mussolini im Gegensatz zu den Deutschen keinen weiteren Aufwand bei der Unterzeichnung des Waffenstillstandes wünschte. Dieser fand zwei Tage nach dem deutschen, am 24. Juni, statt.

Über den Ausgang dieses Waffengangs war Mussolini bitter enttäuscht, aber auch das italienische Volk. Des »Duces« Psyche verlangte dringend Genugtuung, und so entwickelte Mussolini eine nicht mit dem Achsenpartner abgestimmte Strategie. Er beabsichtigte, von seinem Kolonialgebiet Libyen aus das unter britischer Herrschaft stehende Ägypten anzugreifen. Um die Briten aus Ägypten verjagen und Suez besetzen zu können, befahl er Marschall Balbo mit seinen Truppen von Libyen nach Alexandria, 600 Kilometer quer durch die Wüste zu marschieren. Doch dieser starb gleich zu Beginn, sein Flugzeug wurde bei Tobruk versehentlich abgeschossen – von den eigenen Leuten. Während Mussolini im Juli Hitler prophezeite, er werde Ende des Monats in Ägypten sein, erfand der Nachfolger Balbos, Graziani, eine Ausrede nach der anderen, um nicht weiter vorstoßen zu müssen trotz des noch vorhandenen Vorsprungs gegenüber den Engländern. Er ließ im September 1940 etwa 100 Kilometer auf ägyptischen Boden vorrücken, auch den Stützpunkt Sidi Barrani einnehmen, er ließ sich aber nicht von Mussolini dazu überreden, weiter in Richtung Alexandria zu marschieren. Hitlers Angebot, deutsche Truppen für die Eroberung Ägyptens zu entsenden, lehnte er aus gekränkter Eitelkeit ab. Ihm lag daran, unter Beweis zu stellen, dass italienische Verbände es ohne fremde Hilfe schafften. Die Zwischenzeit nutzte Großbritannien, um seine Truppen in Afrika zu verstärken.

Mussolinis Expansionsgelüste richteten sich nun auf den Balkan, konkret auf Jugoslawien und auch auf Griechenland. Nach der Annexion Albaniens behielt Griechenland stets ein wachsames Auge auf Italien. Als im Sommer 1939 Spannungen zwischen den beiden Ländern aufflackerten, wies Mussolini am 16. August 1939 seinen Heerführer Badoglio an, einen Plan zur Invasion Griechenlands zu erstellen. Die Beziehungen zwischen beiden Ländern normalisierten sich, und der Plan blieb in der Schublade liegen. Nach Italiens Kriegseintritt gewannen die alten Pläne neue Aktualität. Doch Hitler warnte mehrmals und eindringlich vor verfrühten Aktionen. Er fürchtete einen Brand auf dem Balkan und teilte dies offensichtlich auch Ciano am 7. Juli 1940 mit. Ciano mag das aber nicht ganz so strikt an Mussolini weitergegeben haben, der ohnehin nur verstehen wollte, dass Hitler ihm zugestand, mit Jugoslawien nach Belieben verfahren zu können. So liefen also die Planungen für einen Überfall auf Jugoslawien trotz der Warnung Hitlers während des Monats Juli weiter. Am 11. August gab er dem zaudernden Badoglio Anweisung, die Konzeption für die Offensive bis zum 20. September abgeschlossen zu haben. Zu derselben Zeit reiften die Pläne zum Angriff auf Griechenland. Dahinter steckte Ciano, der sich eine Erweiterung seiner Herrschaftssphäre von Albanien aus, das er sowieso wie sein persönliches Besitztum beherrschte, auf Griechenland ausmalte. Es bedurfte wohl keiner großen Kunst, Mussolini davon zu überzeugen, dass Griechenland sich als leichte Beute anbiete, nachdem Italien in Frankreich keinen Ruhm hatte ernten können und in Nordafrika mit laufenden Verzögerungen gerechnet werden musste. Frust und Wut Mussolinis münzte Ciano geschickt in Angriffslust auf die ohnehin verachteten Griechen um. Bereits am folgenden Tag legte der »Duce« die Richtlinien für den Feldzug, dessen Beginn er auf Ende September ansetzte, fest.

Als die Deutschen Wind davon bekamen, dass die Griechen Widerstand notfalls bis zum Untergang leisten wollten, versuchten sie, die sich abzeichnenden Probleme im Keim zu ersticken. Sie wollten zum einen die Öllieferungen aus Rumänien keiner Gefährdung ausgesetzt sehen und zum anderen Briten und Russen vom Balkan fernhalten. Ein unbedachter italienischer Angriff auf Jugoslawien konnte die Sowjets auf den Kriegsschauplatz rufen und eine Aggression gegen Griechenland die Briten »zur Hintertür« hereinkommen lassen. So beließ es Hitler nicht mehr bei Warnungen gegenüber Ciano wie am 20. Juli, sondern er fuhr Mitte August schärferes diplomatisches Geschütz auf. Mussolini musste zumindest nach außen hin dem Druck nachgeben. Im Falle Jugoslawiens gab er auch tatsächlich die Offensivplanung auf, im Falle Griechenlands traf das nicht zu. Doch vorerst wurden diesbezügliche Pläne eingefroren, denn der Krieg in Nordafrika besaß absoluten Vorrang. Es war auch bereits die Hälfte des Heeres demobilisiert, weil die Soldaten dringend als Erntehelfer gebraucht wurden. Die deutsch-italienische Situation entspannte sich und infolgedessen verlief die Begegnung der beiden Diktatoren am 4. Oktober 1940 am Brenner völlig reibungslos.

Wenige Tage später hatte sich die Lage grundlegend geändert. Die Stationierung deutscher Truppen in Rumänien versetzte ihrem guten Verhältnis einen argen Stoß. Wie Mussolini aus der Zeitung erfuhr, hatten es die Deutschen geschafft, sich von dem neuen Diktator Antonescu eine Einladung für den Einmarsch militärischer Truppen zu besorgen. Wegen der rumänischen Ölfelder konnte die Bedeutung des Vorgangs kaum unterschätzt werden. Aber das Erdöl Rumäniens besaß auch für Italien hohe Priorität. Mussolini versuchte unverzüglich, eine vergleichbare Einladung für italienische Truppen zu erwirken, scheiterte aber. Er tobte, die Demütigung verlangte Satisfaktion. Impulsiv beschloss er, Griechenland anzugreifen und Hitler vor vollendete Tatsachen zu stellen. Einmal wenigstens sollte der konkurrierende Faschist, der ihn so erbarmungslos überrundet hatte, von einem Coup seinerseits aus der Presse erfahren müssen. Aber Wut und Rache sind schlechte Ratgeber, und so wirkte sich auch dieser Entschluss katastrophal aus. Er sollte den Niedergang und die Absetzung Mussolinis einleiten, eine Entwicklung, die einer gewissen Gerechtigkeit Bahn schuf. Aber sie sollte auch, und das war verheerend, unzählige unschuldige Opfer auf beiden Seiten fordern.

Als Mussolini auch noch erfuhr, dass er eine Offensive in

Ägypten frühestens in zwei Monaten starten könne, rückte für ihn der Angriff auf Griechenland an die erste Stelle. Er teilte seinen einsam gefassten Entschluss dem Chef des Generalstabs Badoglio am 13. Oktober mit und legte den Angriffstermin auf den 26. des Monats fest. Am 15. Oktober hielt er eine Besprechung mit einigen seiner Militärspitzen ab, die als eine der dilettantischsten des gesamten Zweiten Weltkrieges gilt. In völliger Unterschätzung der Militärkraft Griechenlands und unfähig, komplexe militärische Abläufe zu verstehen, setzte der »Duce« seinen Willen durch, im Glauben an seine eigene Unfehlbarkeit. Keiner der Militärexperten widersprach, alle redeten sie ihm nach dem Munde. Hinter seinem Rücken äußerten sie zwar Kritik an dem Unternehmen, gaben sich aber mit einer zweitägigen Verschiebung des Angriff bereits zufrieden. Letztlich gingen auch sie von einem leicht zu erringenden Sieg aus. Wie Mussolini erwarteten sie beim ersten Schlag den Zusammenbruch der griechischen Armee.

Die Wirklichkeit sah anders aus. Einzig und allein Hitler konnte er düpieren. Als dieser am 28. Oktober in Florenz eintraf, teilte ihm Mussolini gut gelaunt mit, dass Italien eben im Morgengrauen Griechenland überfallen habe. Hitler soll vor Wut geschäumt, es aber vor Mussolini verborgen haben. Indessen zeichnete sich bereits in den ersten Stunden ein beginnendes Desaster ab. Die italienischen Truppen versanken im Morast und kamen schon nach einer Woche zum Stillstand, nach einer weiteren Woche hatten die tapfer kämpfenden Griechen die Angreifer fünfzig Kilometer hinter die albanische Grenze zurückgeworfen. Beim militärischen Griff nach der Weltmacht entpuppte sich Italien als Zwerg. Die Schwachstelle des Achsenbündnis wurden allen offenbar. Hitler hatte Italiens militärische Macht total verkannt. Aber es blieb nicht allein bei dem Fehlschlag auf Griechenland. In Nordafrika entwickelten sich die kriegerischen Auseinandersetzungen noch fataler.

Dort trieben die Briten bis Januar 1941 die Italiener über 300 Kilometer vor sich her, quer durch die Wüste. Ägypten bzw. Suez waren verloren und über 100 000 Italiener wanderten in die Gefangenschaft, Mussolinis »Parallelkrieg« war am Ende und Hitler sah sich im Frühjahr 1941 gezwungen, deutsche Truppen genau dorthin zu schicken, wo Mussolini sie nun gerade nicht haben wollte. Aber sein Stern war ohnehin im Sinken, während Hitler mit Mussolinis Abenteuer in Afrika wie in Griechenland von seinem Hauptkrieg auf Nebenschauplätze abgelenkt wurde. Vor allem wurden ganze Divisionen, die er für seinen Krieg gegen die SU eingeplant hatte, auf den Balkan abgezogen und dort geschwächt.

6. Deutsche Militärhilfe für Italien, der Krieg gegen Jugoslawien und Griechenland sowie in Nordafrika

Die katastrophale militärische Entwicklung in Griechenland, aber auch der drohende Verlust Libyens, zwang den »Duce«, kurz vor Weihnachten 1940 ein Hilfegesuch an seinen Achsenpartner zu richten. Seinen Traum von einer römischen Mittelmeermacht musste er aufgeben, aus dem »Parallelkrieger« war ein Bittsteller geworden. Von nun an glitt Mussolini immer tiefer in die Abhängigkeit Hitlers, obwohl beide nach außen hin den Schein von Gleichberechtigung wahrten. Aber selbst der Krieg in Afrika, sein ureigener Krieg, entwickelte sich von 1941 an immer mehr zu einer Auseinandersetzung zwischen England und Deutschland.

Hitler befahl bereits am 13. Dezember 1940 (Unternehmen »Marita«), Vorbereitungen für einen Krieg gegen die nordgriechische Küste und nötigenfalls gegen das gesamte griechische Festland zu treffen. Damit beabsichtigte Hitler, nicht nur der erbetenen Entlastung des Achsenpartners nachzukommen, sondern vor allem einer eventuellen Bombardierung der kriegswichtigen Ölfelder Rumäniens durch die Briten zuvorzukommen. Letztlich bestand sein Hauptanliegen darin, die Gefahr einer zweiten Front auf dem Kontinent, die durch die Briten drohte, auszuschließen und eine gewisse deutsche Dominanz im östlichen Mittelmeer und auf dem Balkan herzustellen, alles Teilziele für Hitlers großes Ziel, den Ostfeldzug, für den Hitler am 18. Dezember 1940 seine Weisung erteilte.

Jugoslawien, das noch Mitte Februar einen Beitritt zum Dreimächtepakt abgelehnt hatte, gab keine Genehmigung für den Durchmarsch deutscher Truppen durch sein Territorium. So musste dieser durch Ungarn nach Südrumänien – beide Staaten waren im November 1940 dem Dreimächtepakt beigetreten – erfolgen, um in Bulgarien aufmarschieren zu können. Bulgarien zögerte, für den Aufmarsch irgendwelche Hilfsdienste zu leisten. Es trat erst kurz vor dem Einmarsch der deutschen Truppen, am 1. März 1941, dem Dreimächtepakt bei, ohne aktiv am Krieg partizipieren zu müssen. Bulgarien stellte lediglich einige Divisionen an der türkischen Grenze auf und Hitler vergaß nicht, die Türkei schriftlich zu beruhigen, dass die Maßnahmen nicht gegen sie gerichtet seien.

Inzwischen erbat die griechische Regierung von der englischen neben der Luftunterstützung nun auch die Entsendung von Landstreitkräften nach Griechenland. Im Laufe des Monats März erreichten drei britische Divisionen das griechische Festland, ohne von den Angriffen der italienischen Flotte ernsthaft behindert worden zu sein. Währenddessen setzte Hitler das zwischen den Kriegsparteien lavierende Jugoslawien, dessen Prinzregenten Paul er auf dem Obersalzberg massiv bedrängt hätte, stark unter Druck, weil er in der langgestreckten Flanke Jugoslawiens einen Unsicherheitsfaktor für sein Griechenlandunternehmen erblickte. Schließlich vollzog die jugoslawische Regierung am 25. März unter bestimmten Bedingungen und gegen die allgemeine Stimmung im Lande den

Beitritt zum Dreimächtepakt. Als aber Hitler von der Unterzeichnung des Pakts in Wien am 28. März 1941 nach Berlin zurückkehrte, war die jugoslawische Regierung bereits gestürzt, der Prinzregent außer Landes gejagt und eine deutschfeindliche Demonstration im Gange. Der erpresste Pakt war hinfällig, auch wenn die neue Regierung versprach, die deutschfreundliche Politik der Vorgängerin fortzusetzen, Hitler fühlte sich brüskiert. Seine empfindliche Diktatorenpsyche wollte einen Prestigeverlust nicht hinnehmen, und er ordnete am 30. März 1941 die Zerschlagung von Jugoslawiens Militär und Staat an. Er fühlte sich wohl wegen des vorgesehenen Angriffstermins auf die Sowjetunion zeitlich unter Druck und meinte, sich keine langwierigen Verhandlungen mit Jugoslawien leisten zu können. Durch die Zwischenfeldzüge verlor er ohnehin summa summarum vier Wochen Zeit. In der neueren Forschung rangiert dieses Argument hinter den Vorteilen einer operativen Umplanung, die in der Vorbereitung des Balkanfeldzugs für das Unternehmen »Barbarossa« getroffen wurde.

Bulgarien ließ sich weiterhin trotz in Aussicht gestellten Landgewinns nicht auf eine Kriegsbeteiligung ein, Ungarn hingegen wohl. Die deutsche Wehrmacht traf ihre Kriegsvorbereitungen in erstaunlicher Schnelligkeit. Am 6. April eröffneten schockartig und natürlich ohne Kriegserklärung massive Bombardements auf Belgrad und die Verkehrsnetze den Kampf. Aus allen Richtungen, aus Österreich, Ungarn und Bulgarien rückten die Achsenstreitkräfte (Deutschland, Italien und Ungarn) in Jugoslawien ein. Am 10. April nahmen sie Agram ein, wo sich mit deutscher und italienischer Hilfe der angeblich unabhängige Staat Kroatien bildete und die kroatischen Truppen ihren Kampf beendeten. Das bedeutete für die jugoslawische Armee eine zusätzliche Schwächung. Zwei Tage später, am 12. April, fiel die Hauptstadt kampflos. Die bedingungslose Kapitulation erfolgte nach 12 Tagen blitzartigen Kriegsgeschehens am 18. April.

Ein Infanterist, der hinter den motorisierten Einheiten hermarschierte, notierte unter dem 18. April wohl das, was viele andere auch dachten: »Wir hören von der Kapitulation der jugoslawischen Armee ... Wieder war es so schnell und blitzartig geschehen wie in Polen, in Belgien oder Frankreich. Blitzkrieg und Blitzsieg. Begnüge dich, deutsche Führung! Renne nicht weiter! Schicke uns wieder heim! ... Es genügt! Laß ab von weiterem. Europa liegt dir zu Füßen, die Welt hält den Atem an.«

Auf mehr als 330 000 Jugoslawen wartete das Los der Gefangenschaft. Die Regierung und ihr minderjähriger König Peter ergriffen die Flucht. In London bildete er eine Exilregierung. Unterdessen hielten sich die Sieger an Jugoslawien schadlos. Sie teilten es unter sich auf. Deutschland nahm sich den nordslowenischen Teil (Untersteiermark, Kärnten, Krain), Italien den südslowenischen mit Montenegro. Für Bulgarien, Ungarn und Albanien fiel auch noch etwas vom Kuchen ab, vor allem als auch noch Griechenland zur Verteilung anstand. Doch die politische und territoriale »Neuordnung« des Balkans durch die Achsenmächte war nicht von langer Dauer. Es entwickelten sich bürgerkriegsähnliche Zustände, die sich auch nicht mit Gewalt »befrieden« ließen. Bald setzten anhaltende, für permanente Unruhe sorgende Partisanenkämpfe ein, die letztlich im Befreiungskrieg Titos mündeten. In ihm versank eine ganze deutsche Heeresgruppe. Der Zwischenkrieg auf dem Balkan trug Hitler nicht nur einen vorübergehenden Machtzuwachs ein, sondern auch große Risiken und langfristige Nachteile.

Zeitgleich mit dem Überfall auf Jugoslawien griff am 6. April 1941 die 12. Armee von Bulgarien aus Nordgriechenland an. Ebenso wie die jugoslawische Armee konnte auch die griechische mit dem Angreifer an bloßer zahlenmäßiger Mannschaftsstärke gleichziehen, doch beide waren ihm im operativen Bereich extrem unterlegen. Zunächst hielt die griechische Metaxas-Linie den heftigsten Attacken stand. Sie wurde aber über jugoslawisches Gebiet umgangen, wodurch es gelang, die in Ostmazedonien stehende 2. griechische Armee zu umzingeln. Bereits drei Tage nach dem Angriff am 9. April mussten etwa 60 000 Soldaten ihre Waffen niederlegen. Am 21. April kapitulierten 16 griechische Divisionen, die von der deutschen 12. Armee in Zusammenarbeit mit italienischen Kräften hinter dem Pindos-Gebirge gestellt wurden. Da sich die Italiener gekränkt und zurückgesetzt fühlten, musste die Kapitulation nach zwei Tagen unter italienischer Mitwirkung in Saloniki wiederholt werden. Deutschland und Italien teilten sich das Land, Bulgarien durfte Nordgriechenland besetzten. Auch hier entstanden bald Partisanenkämpfe, die anhaltende Unruhen nach sich zogen.

Die Engländer entgingen der Einschließung durch rechtzeitigen Rückzug in eine neue Stellung. Sie konnten überdies einen Großteil (80 Prozent) ihres Expeditionskorps, das sie im Einvernehmen mit der griechischen Regierung von Griechenland abzogen, evakuieren. Mit großem Geschick entzogen sich die Engländer immer wieder den nachdrängenden Deutschen. Schließlich retteten die Briten bis zum 29. April 50 000 Mann, die nach Kreta bzw. Ägypten abzogen, wenn auch unter Zurücklassung sämtlichen Kriegsmaterials. Die griechische Regierung und König Georg II. setzten sich ins Londoner Exil ab. Der Feldzug gegen Griechenland war ebenso blitzartig wie der gegen Jugoslawien zu Ende gegangen bei sehr geringen Eigenverlusten. Über 220 000 Griechen und mehr als 20 000 Engländer gerieten in Gefangenschaft, erstere wurden bald wieder freigelassen. Sämtliche größeren Inseln Griechenlands mit Ausnahme von Kreta hielten die Achsenmächte besetzt.

Um eventuelle Luftangriffe der Briten auf rumänische Ölfelder definitiv auszuschließen, befahl Hitler bereits am
25. April die Besetzung Kretas durch ein gefährliches triphibi-
sches Unternehmen (Fall »Merkur«), das sich vom 20. Mai bis
zum 1. Juni 1941 auf der Insel abspielte. Riskant war es nicht zuletzt deshalb, weil 42000 britische und griechische Verteidiger
14000 Aggressoren gegenüberstanden. Diese ungewöhnliche
Aktion konnte nur aufgrund der absoluten Luftherrschaft der
Deutschen in diesem Operationsgebiet gewagt werden. Die
damit beauftragte Luftflotte sollte mittels Lastenseglern und
Fallschirmspringern einen Hafen und drei Flugplätze mit einem Schlag erobern, damit anschließend Transportmaschinen
landen und weitere Waffen über See herantransportiert werden konnten. Wie üblich kannten die Briten über ULTRA die
wichtigsten Angriffsdaten, nutzten sie aber nicht, um ihr Ge-
heimnis der Entschlüsselung weiterhin zu wahren. Der als
Überraschungsangriff geplante Coup schlug ohnehin fehl. Die
Luftlandetruppen wurden inmitten der gegnerischen Streitkräfte abgesetzt und aufgerieben. Einen Abend lang geriet das
Unternehmen in ernste Gefahr, aber es konnte sich doch ein
kleiner Teil gelandeter Verbände halten, bis am nächsten Tag
weitere Luftlandedivisionen unter großen Verlusten abgesetzt
wurden. Die Deutschen eroberten den ersten Flugplatz Kretas.
Da der Nachschub durch die Marine auf starke Behinderung
stieß, wurden deutsche Luftstreitkräfte herbeigeholt. So entstand die erste »See-Luft-Schlacht« im Zweiten Weltkrieg. Sie
setzte dem britischen Alexandria-Geschwader ernsthaft zu,
erschütterte seine Seeherrschaft aber nicht im Kern. Nach der
Eroberung von Westkreta entschlossen sich die Briten zur
Evakuierung ihrer Truppen, wobei das Alexandria-Geschwader weitere Schiffe verlor. Doch die Engländer retteten auf
diese Weise über die Hälfte ihrer Soldaten, 15000 Tote oder
Gefangene blieben zurück. Etwa 4000 Tote beklagten die

Deutschen, hohe Verluste im Vergleich zum gesamten Balkanfeldzug. Mit dem vollständigen Verlust der Transportflugzeuge war aber vor allem auch das Ende der deutschen Fallschirmtruppe besiegelt. Darin lag ganz offensichtlich der Hauptgrund, weshalb Hitler es nicht wagte, den britischen Stützpunkt Malta, der eine so wesentliche Rolle für den Nachschub an das Deutsche Afrikakorps spielte, ebenfalls durch ein Luftlandeunternehmen niederzukämpfen. Trotz der herben Niederlage erzielten die Engländer damit einen nicht unwesentlichen indirekten Erfolg.

Um dem schwachen italienischen Achsenpartner an der nordafrikanischen Front militärisch unter die Arme zu greifen, wurde im Dezember 1940 das X. Fliegerkorps nach Sizilien verlegt. Dort sollte es Maltas Funktion als britischen Stützpunkt eindämmen, die Transporte zur See nach Libyen sichern und Flughäfen in Ägypten angreifen. Trotz gewisser Anfangserfolge deutscher Sturzkampfflieger gegen britische Kriegsschiffe gelang es letztlich nicht, Malta den Briten aus den Händen zu winden, und so blieb es mit seinen britischen Zerstörern, U-Booten und Fliegern für den Achsennachschub eine ständige Gefahr im weiteren Kriegsverlauf. Am 1. Januar 1941 kam innerhalb dieses Hitlerschen Hilfsprogramms für Italien ein Panzersperrverband nach Tripolis unter dem Befehl von Generalleutnant Erwin Rommel, Favorit Hitlers und der Propaganda. In der neueren Forschung wird er kritisch reflektiert. Bald sollte sich dieser flexible, aber auch zu unkonventionellen Kampfmethoden neigende General als »Wüstenfuchs« einen Namen machen. Er griff entgegen der Weisung der Wehrmachtsführung und entgegen der Auffassung von General Gariboldi, dem neuen italienischen Oberbefehlshaber in Libyen, Ende März 1941 die Engländer an. Damals waren die Briten bereits durch die Abgabe einiger Heeres- und Luftwaffenverbände nach Griechenland dezimiert, weshalb Rommel sie im Verein mit italienischen Einheiten schnell zurückzudrängen vermochte. Ihm gelang die Rückeroberung der Cyrenaika. Er drang in Ägypten ein, besetzte Sollum und den strategisch bedeutsamen Halfaya-Pass. Den geschlagenen Engländern glückte aber wenigstens der Rückzug auf den Hafen Tobruk, wo sie sich am 1. April 1941 einigelten. Sie hielten mehreren Eroberungsversuchen erfolgreich stand, was dem Afrikakorps einige Kraft abforderte, bis die Engländer durch neuen Nachschub aufgefrischt im Mai und Juni bei Sollum Schlachten zum Entsatz von Tobruk eröffneten. Nach einigem Hin und Her konnte Rommel sie nicht zuletzt mittels einer im Mai neu eingetroffenen Panzerdivision abwehren. Damit hatten die Deutschen die kritische Situation in Nordafrika für den italienischen Bündnispartner vorerst bereinigt.

Die Italiener hingegen verloren definitiv Italienisch-Ostafrika. Nachdem sie es erst im August 1940 in strategisch verblendeter Absicht erobert hatten, schafften die Italiener es nicht, dem ab 1941 aus dem Sudan und von Kenia heraus erfolgten britischen Angriff standzuhalten. Haile Selassie, der nach der Niederlage im grausamen Abessinienkrieg 1936 ins Exil verbannte Kaiser, konnte am 5. Mai 1941 wieder in sein Land zurückkehren. Vierzehn Tage darauf kapitulierten die italienischen Verbände.

Nach Beginn der Russlandoffensive konnte Rommel kaum noch auf Verstärkungen hoffen, auch seine Nachschublage wurde zusehends problematischer, da das X. Fliegerkorps ab Mai 1941 von Sizilien nach Griechenland kommandiert wurde, um dort anstelle der nach Russland abgeordneten Luftwaffenverbände die Kontrolle über die Ägäis auszuüben. Großbritanniens wichtigster Stützpunkt Malta entpuppte sich wieder als Nachschubbedrohung. Englische Kreuzer versenkten bis zu 70 Prozent (November 1941) des Nachschubs für die Achsenpartner in Nordafrika. Bemerkenswerte Erfolge, die unter anderem auch darauf beruhten, dass es den Engländern gelungen war, den entsprechenden italienischen Funkverkehr zu entschlüsseln. Im starken Kontrast hierzu konnte die britische Ägyptenarmee beachtlich verstärkt werden. Das Deutsche Afrikakorps besaß nur noch etwa die Hälfte an Panzern und war auch in der Luft eindeutig unterlegen, als am 18. November 1941 die Briten eine Gegenoffensive eröffneten (Operation »Crusader«), um es definitiv zu vernichten. Mit Beginn der russischen Gegenoffensive vor Moskau im Dezember musste das Afrikakorps die Cyrenaika aufgeben und sich auf die Gazala-Linie zurückziehen. Beide Seiten erlitten große Verluste an Material, aber die Deutschen und Italiener auch um die 33 000 Gefangene und Tote, während die Verluste der Briten sich auf etwa 17 000 Mann bezifferten. Aber auch die Briten litten unter Erschöpfung und setzten die Kämpfe nicht fort. Ende November standen die Kämpfe an der nordafrikanischen Front unentschieden.

Die Lage der deutschen und italienischen Truppen musste verbessert werden. Ab November 1941 wurden deshalb deutsche U-Boote ins Mittelmeer befohlen und ab Dezember deutsche Fliegerverbände sogar von der instabilen Ostfront nach dem südlichen Italien und nach Libyen verlegt und als neugebildete »Luftflotte 2« eingesetzt. Durch deutsche U-Boote und italienische Zwerg-U-Boote erlitt die britische Alexandria-Flotte bis Jahresende schwerste Schiffsverluste, die nicht so schnell ersetzt werden konnten. Ende Dezember begannen permanente Bombardements auf Malta, die so massiv waren, dass die Briten ihren Flottenstützpunkt nicht mehr halten konnten. Das bedeutete sofortige Verbesserung der Nachschublage für Rommels Truppen. Ihre Versorgung mit Lebensmitteln, Munition, Ausrüstung und Benzin erlaubte neues Planen für offensives Vorgehen.

III. Vom europäischen zum globalen Krieg

1. Überfall auf die Sowjetunion, der gescheiterte Blitzkrieg

Noch im Siegesrausch vom scheinbar triumphalen Erfolg des Westkriegs konfrontierte Hitler Ende Juli 1940 die Militärführung mit seinem »unabänderlichen« Entschluss, einen Krieg im Osten führen zu wollen. Überlegungen eines Feldzugs gegen die Sowjetunion als Präventivmaßnahme, wie sie jahrzehntelang durch die Forschung geisterten, können weder für diesen frühen Zeitpunkt noch für einen späteren bewiesen werden. Man kann sie also getrost vergessen. Hitlers Absicht gründete auf einer Mischung aus rassistischer Ideologie und politisch-militärischer Strategie. Seit Beginn seiner sogenannten Machtübernahme 1933 hatte er bei verschiedenen Reden in internen Kreisen immer wieder anklingen lassen, sein politisches Ziel, der deutschen »Herrenrasse« zur kontinentalen Hegemonie von Weltgeltung zu verhelfen, sei nur über die Eroberung territorialen Lebensraums im Osten und durch die damit einhergehende Vernichtung der dortigen »Untermenschen«, der Bolschewisten, Juden und Slawen, zu erreichen. Am 21. Juli 1940 beauftragte Hitler das OKH mit ersten Planungen, am 31. Juli setzte er auf dem Obersalzberg die Führungskräfte von Wehrmacht, Heer und Marine von seiner Entscheidung in Kenntnis, Russland im Frühling 1941 zu »erledigen«, wie es der Generalstabschef des Heeres, Generaloberst Halder in seinem Kriegstagebuch ausdrückte. War Hitler vor dem Angriff auf den Westen auf Kritik vieler Führungsgenerale gestoßen, so regte sich bei der nunmehrigen, ungleich waghalsigeren Angriffsplanung über all die Monate, die sie zu ihrer Realisierung benötigte, kein Widerstand. Zu hell leuchtete ihnen das »Führer-Genie« Hitlers und zu hoch schätzten sie nach dem gloriosen Erfolg im Westen ihre eigene Stärke ein und zu niedrig die

Kampfkraft des Gegners. Ein Nimbus von Unbesiegbarkeit machte sich breit. Auch war lange Zeit nicht mehr die Rede davon, und Termin wie Verwirklichung verharrten in einer gewissen Schemenhaftigkeit bis Ende des Jahres. Interesse und Planungen der Führungscrew konzentrierten sich ganz auf das »strategische Dilemma«, das ihnen England im zweiten Halbjahr 1940 bereitete.

Erst im Dezember liefen die Vorbereitungen langsam an, Hitlers berüchtigte Weisung Nr. 21 (Fall »Barbarossa«) datiert vom 18. Dezember 1940, wie im vorangegangenen Kapitel bereits erwähnt. Sie bildete die Grundlage für die mehrmals revidierte Aufmarschanweisung des OKH vom 31. Januar 1941, wodurch die militärische Vorbereitung eigentlich erst in Gang gesetzt wurde und bald in ihre entscheidende Phase trat. Ab März hielt es Hitler für angebracht, immer wieder auf die ideologische Seite des Ostkrieges hinzuweisen, der eine »Auseinandersetzung zweier Weltanschauungen« sein werde, bei der die »jüdisch-bolschewistische Intelligenz« auf der Strecke bleiben müsse. In diesem Sinne setzte Generalfeldmarschall von Brauchitsch die Oberbefehlshaber der für »Barbarossa« eingesetzten Heeresgruppen und Armeen sowie die Panzergruppenführer ins Bild, bevor Hitler in der Neuen Reichskanzlei am 30. März 1941 einem erwählten Kreis von höchsten Truppenbefehlshabern unmissverständlich die Besonderheiten des kommenden Krieges einschärfte. Jedem der Anwesenden, falls er es nicht ohnehin wusste, musste nun klar sein, dass Hitlers Hauptkrieg nicht nur aus dem strategischen Engpass heraushelfen sollte. Er kündigte einen radikal und rücksichtslos zu führenden rasseideologischen Krieg an, der ohne jedes Beispiel sei. Als Ziel erklärte er die völlige Zerschlagung der Sowjetunion, die Deutschland nur noch als Kolonie zur Ausbeutung (als deutsches »Indien«) dienen solle. Der »Vernichtungskampf« mache es erforderlich, dass auch die Wehrmacht sich an der Ermordung des politischen Feindes, der Kommissare, und der Entrechtung der Zivilbevölkerung beteilige. Hitler forderte von seinen Frontkommandeuren nichts weniger als den Verzicht auf ihre traditionellen Werte und Normen. Soweit überliefert, beugten sich die Generäle dem Diktat Hitlerscher Kriegführung und deren unfassbaren sittlich-moralischen Zumutungen ohne jedes Widerwort, ohne jegliche Empörung. Hitler konnte augenscheinlich mit ihrer Zustimmung zu seiner spezifischen Kriegsmixtur aus Kreuzzug und Raubzug rechnen. Sie bewiesen es nicht zuletzt dadurch, dass sie die entsprechenden, ganz im Sinne Hitlers liegenden Weisungen vom Janusgesicht des Krieges Zug um Zug nach unten weitergaben. Sie alle wollten bei dem riskanten Hasardspiel mit von der Partie sein, keiner wollte abseits stehen oder gar den Warner mit dem Odium des Defätisten abgeben.

Dabei hätten die Planungen für den Ostfeldzug gerade wegen ihrer eklatanten Planlosigkeit der kritischen Warnung bedurft. Das traf vor allem auf die Phase nach den ersten großen Grenzschlachten zu. Wie danach vorzugehen sei, darüber herrschte große Ungewissheit. So wie der operative Schwerpunkt nach der Eröffnungsphase eine große Unbekannte blieb, so bestand auch keine Gewissheit über die Stärke der Roten Armee bzw. deren mögliche Reaktionen. So unglaubwürdig es klingen mag, es lagen auch keine konkreten Informationen bzw. Planungen über die eigene Versorgung vor. Umso sicherer gab man sich, was die Kürze des Feldzuges anbelangte. Sämtliche bisherigen Kriege (Polen, Norwegen, Dänemark, Niederlande, Belgien, Luxemburg, Frankreich, Jugoslawien und Griechenland), in konventioneller Kriegführung geplant, führten zu unerwartet schnellen Siegen, sogenannten Blitzsiegen. Der Ostfeldzug war der erste geplante Blitzkrieg. Infolgedessen glaubten Hitler und seine Entourage mitsamt den Generälen an einen erneuten Blitzsieg. Goebbels hielt in seinem Tagebuch fest, Hitler sei der festen Überzeugung, in vier Wochen den Sieg errungen zu haben. Goebbels, der militärische Laie, wollte nicht nachstehen und wettete auf zwei Wochen, genau die Zeitspanne, die Halder, der Militärexperte, voraussagte. So dachten sie fast alle an den Fronten, eine alte Metapher von dem »Koloss auf tönernen Füßen« aus dem Ersten Weltkrieg feierte fröhliche Urständ.

Die Unterschätzung der Roten Armee, die Hitler mit den Entscheidungsträgern im OKH und OKW und den meisten damaligen Militärexperten ganz Europas teilte, hatte auch mit der Säuberung Stalins zu tun, der die fähigsten Offiziere zu Zehntausenden zum Opfer gefallen waren. Sie alle glaubten, die Wirkung solchen Mordens, das einer »Enthauptung« der Roten Armee glich, hätte sich bei der Blamage der Sowjets im Krieg gegen das kleine Finnland 1939/40 deutlich gezeigt. Der Fehlkalkulation sowjetischer Kampfkraft entsprach die unrealistische Einschätzung der enormen Entfernungen im sowjetischen Operationsraum, dessen mangelhaften Straßen- und Schienennetzen. Man stellte sich nicht die Frage, ob unter den gegebenen Umständen die Versorgung der Truppe möglich sein werde. Ganz zu schweigen davon herrschte überall ein gravierender Mangel an Personal wie an Material. Improvisationen und Notbehelfe regierten bereits die Planungen vor dem realen Angriff. Der Vorrat an Geräten reichte nur für drei Monate, der an Munition nur für zwölf Monate, eine Ersatzausrüstung der Truppe an Material oder Personal war nicht vorhanden, eine Winterausrüstung nicht geplant. Und nicht zuletzt schien nur ein Fünftel des deutschen Heeres für eine Blitzkriegstrategie, die eine hohe Qualität von Menschen- und Materialpotential als absolute Bedingung voraussetzte, geeignet zu sein. Das Gros der Heeresverbände, die an der Ostgrenze zum Angriff antraten, glich eher den Armeen im Ersten Weltkrieg als den in den Medien propagierten modernen Truppen.

Da Hitlers Ostheer zum großen Teil mit der erbeuteten Ausrüstung und Bewaffnung aus den verschiedenen gewonnenen Feldzügen ausgestattet wurde, machte es in Teilen den Eindruck eines »europäischen Militärmuseums«. Nur wenige Soldaten gehörten motorisierten Verbänden an, die meisten marschierten per pedes in die Weiten Russlands.

Aufgrund der vorliegenden Planung, für die vor allem Halder und Paulus verantwortlich zeichneten, sollte die Rote Armee in ihrem Kern und in ihrer Masse westlich von Dwina und Dnepr im Spätherbst 1941 vernichtet sein und Russland seine Rüstungsproduktionsstätten und kriegswichtigen Ressourcen verloren haben. Laut Weisung Nr. 21 musste die Wehrmacht bis zum Winterbeginn 1941 eine Front erreichen, die in der Nord-Süd-Achse vom Weißen bis zum Kaspischen Meer verlaufen sollte, etwa 1500 bis 2000 Kilometer weiter östlich von der Ausgangslinie vom Angriffstermin am 22. Juni. Das hielt der Generalstab für realistisch, wenngleich östlich der Dwina-Dnepr-Linie schlechte Verkehrswege und fehlende Transportmittel weder große operative Bewegungen noch eine ausreichende Versorgung der Offensivkräfte zuließen. Angesichts solcher auffallenden Mängel bereits in der Planungsphase wirkt der Optimismus von Generalität und »Führer« krankhaft voluntaristisch. Ihre strategische Annahme, der Gegner müsse nach dem ersten Stoß zusammenbrechen, andernfalls drohe das Desaster, erscheint in hohem Maße unprofessionell.

Während die strategischen Planungen zu wünschen übrig ließen, wurden planmäßig rechtliche und verwaltungsmäßige Schritte eingeleitet, die zu einer spezifischen Rechtlosigkeit und Amoralität des Ostfeldzuges führen sollten, wesentliche Charakteristika eines Vernichtungskriegs. Dazu zählen insbesondere die Gesetze, die später zu Recht als »verbrecherische Befehle« gebrandmarkt wurden. Willfährige Militärs und Juristen arbeiteten dem Diktator zu, indem sie dessen Absicht zu brutalster Gewalt gegen Zivilisten noch vor Beginn des Ost-kriegs in Befehle umsetzten, die Kriegsverbrechen staatlicher-seits legitimierten. So sollte völkerrechtswidriges Vorgehen gegen die sowjetische Zivilbevölkerung insofern schützend abgesichert werden, als Straftaten feindlicher Zivilpersonen gegen die deutsche Truppe von dieser selbst bestraft wurden und nicht wie üblich durch ein Kriegsgericht, oder aber auch, indem Verbrechen von Soldaten an der sowjetischen Zivilbe-völkerung nicht kriegsgerichtlich verfolgt werden mussten (Kriegsgerichtsbarkeitserlass).

Kaum jemand machte sich über die Wirkung solcher Befehle Gedanken, und wenn, dann nicht auf recht- oder völkerrecht-lichem Gebiet. Zum Beispiel erkannte Generalfeldmarschall von Bock die Wirkung des Kriegsgerichtsbarkeitserlasses ganz offensichtlich, wenn er im Kriegstagebuch festhielt, dass die-ser »praktisch jedem Soldaten das Recht gibt, auf jeden Rus-sen, den er für einen Freischärler hält – oder zu halten vorgibt –, von vorne oder von hinten zu schießen«. Darin kam eindeutig seine Sorge um die Disziplin seiner Soldaten zum Ausdruck und nicht die um den Verlust eines vom Völkerrecht garantier-ten Rechtsschutzes sowjetischer Bürger.

Ebenso völkerrechtswidrig waren die harmlos klingenden »Richtlinien für die Behandlung politischer Kommissare«, kurz der »Kommissarbefehl« Hitlers, vom 6. Juni 1941, wonach Kriegsgefangene, die als politische Kommissare eingeschätzt wurden, sofort erschossen werden sollten. Gerade dadurch traf die Wehrmacht beim Fall »Barbarossa« für den Teil, der den Ostkrieg zum rasseideologischen Vernichtungskrieg wer-den ließ, ein gewichtiges Quantum Mitschuld. Des weiteren nahm die Wehrmacht offenen Auges in Kauf, dass Millionen von Kriegsgefangenen aufgrund chronischer Unterversorgung den Tod finden würden. Auch dies zählt zu den Kriegsverbre-chen, ebenso wie sich die Wehrmacht damit abfand, dass die

Bevölkerung im eroberten Land hungern, ja Hungers sterben würde, weil die Truppe sich selbst aus dem Land versorgen musste. Wirtschaftsgeneräle nahmen, wie in einer Besprechung mit Staatssekretären vom 5. Mai 1941 dokumentiert wurde, den Hungertod von »zig Millionen Menschen«, das heißt Zivilisten, billigend in Kauf. Solch parasitäre Ernährungspolitik führte, so sieht es die neuere Forschung, die Institution Wehrmacht tief in die Verstrickung mit Massenmord und Holocaust. Als im OKH-Befehl vom 3. April 1941 die Befehlsgewalt im Operationsgebiet geregelt wurde, hielt sich die Wehrmacht hingegen auffallend zurück. Der Befehl legte fest, dass Verwaltung und Nutzung des eroberten Landes nicht Aufgabe des Heeres sein werde. Hitler, so muss das interpretiert werden, beabsichtigte aus seiner Sicht, das Heer zu schonen, indem er ihm nicht die Aufgaben eines »kolonialen Raubkrieges« übertrug, ebenso wenig wie die polizeilichen Maßnahmen des »rasseideologischen Vernichtungskrieges«. Doch die obersten Armeeführer zeigten kein großes Interesse daran, dass ihnen ihre gewohnten Kompetenzen eingeschränkt wurden und zum Teil an SS und Polizei oder auch den Wirtschaftsstab Ost übertragen wurden.

Wie auf rechtlichem, so bewegte sich Hitler auch auf politischem Gebiet planvoller als auf dem operativ-strategischen. Er bemühte sich um Finnland wie um Rumänien, das eine sollte die nördliche, das andere die südliche Flanke abdecken. Beide kamen Hitler entgegen, beide litten noch unter der erzwungenen Abtretung eines Teils ihrer Gebiete aus dem Jahr 1940. Um Italien, Ungarn und die Slowakei brauchte Hitler nicht zu werben, sie drängten ihm ihre Kampfkraft regelrecht auf.

Stalin selbst bemühte sich im Frühjahr 1941, die Handelslieferungen exakt einzuhalten, was im Gegensatz zum zweiten Halbjahr 1940 Hitler nun auch tat, um seine wahren Absichten zu kaschieren und den sowjetischen Diktator hinter das Licht zu führen. Aus diesem Motiv heraus offerierte er Stalin im November 1940 den Beitritt zum Dreimächtepakt. Stalin zog auch seine Anerkennung der Exilregierungen von Griechenland, Jugoslawien, Norwegen und Belgien zurück, um keinen Anlass zu deutscher Verärgerung zu bieten. Er hatte aus seiner Sicht gute Erfahrungen mit dem nationalsozialistischen Partner gemacht, von dem er zwei Fünftel Polens erhielt, ohne militärisch etwas riskiert zu haben. Warum sollte er Hitler auf einmal misstrauen, wie es ihm die auf ULTRA beruhenden Informationen Englands und die eigenen empfahlen? Die Aufmarschstellungen auf der deutschen Seite blieben ihm nicht verborgen. Er beantwortete sie aber lediglich mit einigen Truppenverstärkungen an der Grenze, was keinesfalls als Kriegsvorbereitung interpretiert werden kann. Die Forschung hat die Präventivkriegsthese längst begraben. Bereits im Dezember 1940 las er die ihm zugespielte Weisung Nr. 21 (»Barbarossa«) Wort für Wort. Sogar den exakten Angriffstermin der Deutschen erfuhr er beizeiten. Der paranoid misstrauische Stalin reagierte nicht. Was dachte Stalin damals wirklich? Die Frage beschäftigte ganze Historikergenerationen. So viel kann als sicher gelten: Der rote Diktator vertraute dem braunen Diktator für einen historischen Moment zu lang, immer noch einer der größten Irrtümer in der Weltgeschichte. In Erfüllung des Wirtschaftabkommens vom 10. Januar 1941 rollten Stalins Lieferzüge noch pflichtschuldigst über die Grenze, als deutsche Angriffsspitzen sie schon überschritten hatten.

Ohne Kriegserklärung und unter Vertragsbruch marschierten am 22. Juni 1941 frühmorgens deutsche Landser in die Sowjetunion ein. Hitlers Hauptkrieg begann. Er bildete den Mittelpunkt des Zweiten Weltkriegs und führte die deutsche Wehrmacht zu höchstem Siegestaumel und in die tiefsten Niederlagen. Den etwa 3 Millionen Wehrmachtsangehörigen mit ihren rund 690 000 Soldaten verbündeter Nationen standen zu Beginn rund 2,9 Mio. Rotarmisten gegenüber. Unter militärischen Gesichtspunkten galt der gewaltige Überraschungsschlag als voller Erfolg. Stalin verkroch sich auf seine Datscha, in der Erwartung, verhaftet zu werden. Sein Verteidigungsminister musste das militärische Heft in die Hand nehmen. Er befahl alte Taktiken, die Chaos verbreiteten. Im Hinterland der einbrechenden Front zeigten sich schon die ersten Auflösungserscheinungen, als Stalin die militärischen Zügel wieder aufnahm. Görings Luftwaffe, die gleich am Eröffnungstag an die 1800 gegnerische Maschinen, in ihrer Überzahl noch am Boden ihres Heimathorstes stehend, auf einen Schlag zerstört hatte, beherrschte den Luftraum, bombte den vorstoßenden Keilspitzen des Heeres den Kampfraum am Boden frei und vereitelte sowjetische Versuche zum Gegenangriff. Eliteverbände und Panzergruppen durchbrachen in effektiver Zusammenarbeit mit der Luftflotte die Frontlinien und stießen weit in sowjetisches Hinterland vor.

Alle drei Heeresgruppen – Nord unter Generalfeldmarschall von Leeb, Mitte unter Generalfeldmarschall von Bock und Süd unter Generalfeldmarschall von Rundstedt – kamen rasch vorwärts. Der Gegner wich schnell zurück. So gelang es nur der Heeresgruppe Mitte, den Gegner in zwei Umfassungsschlachten bei Białystok und Minsk im Juni nahezu gänzlich einzuschließen und am 9. Juli zu schlagen. Wenn auch viele sowjetische Soldaten entkommen konnten, so fielen doch über 320 000 Gefangene in deutsche Hand. Nicht nur Halder glaubte, der Zusammenbruch Russlands stände unmittelbar bevor. Es schloss sich der schnelle Vorstoß auf Smolensk an, das am 16. September eingenommen wurde. Der Kessel in der Nähe dieser Stadt wurde schon früher geschlossen und brachte, obwohl auch hier wieder große Teile sowjetischer Truppen fliehen konnten, die Gefangenschaft von über 310 000 Rotarmisten ein. Nun glaubten selbst führende Generäle unter den Alliierten, dass der Krieg im wesentlichen entschieden sei. In dieser Kriegseuphorie befahl Hitler der Heeresgruppe Mitte anzuhalten. Das löste große Kontroversen aus, stand sie doch nur noch 360 Kilometer vor Moskau.

Eine weitere Kesselschlacht glückte der Heeresgruppe Süd erst am 8. August bei Uman, die mit der Gefangennahme von 100 000 Angehörigen der Roten Armee endete. Nach ihrem Durchbruch der Stalin-Linie bestritt sie erfolgreich mehrere Einschließungsschlachten, bei denen unvorstellbar viele Rotarmisten in Gefangenschaft marschierten. Allein bei den Kesselschlachten von Roslawl und Smolensk machten die Deutschen an die 350 000 sowjetische Gefangene. Die Heeresgruppe Nord (unter Generalfeldmarschall von Leeb) drang bis Ende August an den äußeren Verteidigungsring Leningrads vor, ohne durch Zangenbewegungen dem sowjetischen Gegner auch nur annähernd vergleichbare Verluste beibringen zu können. Am 13. September schloss sich der Ring um Leningrad. Das Armee-Oberkommando Norwegen unter Generaloberst von Falkenhorst kam unterdessen, selbst mit der Hilfe seiner finnischen Verbündeten, nur langsam voran und sollte seine gesetzten Ziele, den Hafen Murmansk und die Murmanbahn, beide kriegswichtig wegen Stalins Nachschub aus Übersee, niemals einnehmen. An der karelischen Front begann ein jahrelanger blutiger Stellungskrieg.

Nachdem die ersten Grenzschlachten nicht die erwartete Entscheidung brachten, setzte eine Neubewertung von Kampfkraft und Ausrüstung des Rotarmisten ein. Von Anfang an, auch als noch alles so gut wie planmäßig verlief, formierte sich der Widerstand der Sowjets wider Erwarten immer von neuem, weshalb der Blitzkrieg, die einzige Trumpfkarte im operativen Spielerblatt der deutschen Führung, nicht stechen konnte. Im Grunde lag nach sechs Wochen offen zutage, wie schnell das Spiel verlorenzugehen drohte. Sämtliche militärischen Ziele wurden verfehlt. Der Widerstand der Roten Armee war weder vor der Dwina-Dnepr-Linie noch hinter ihr gebrochen. Dafür erreichte die Zahl der deutschen Gefallenen bereits im Juli 1941 einen frühen blutigen Höhepunkt, der nicht einmal im Krisenwinter 1941/42 übertroffen wurde. Die Sowjets brachten immer wieder scheinbar mühelos frische Truppen mit entsprechender Ausrüstung an die Front. Der Blitzkrieg, auf den die deutsche Führung einzig und allein gesetzt hatte, konnte so nicht stattfinden. Schon Ende Juli zeigten sich die obersten Militärs von Brauchitsch und Halder und andere schwer beeindruckt von dem schier unerschöpflichen menschlichen Reservoir und dem unerwartet großen Rüstungspotential des russischen Gegners, mehr noch, sie erkannten in ihm den stärksten Kämpfer in diesem Krieg, und sie kündigten an, aus diesem Grunde seien großräumige Operationen nicht mehr möglich, man könne nur noch »kurze Ziele« erreichen. Neuere Forschung bezeichnet dies als »frühes Eingeständnis der operativen Kurzatmigkeit« und zieht den Schluss, dass der Krieg gegen die SU zu dieser Zeit »operativ bereits so gut wie verloren« war. Tatsächlich begann es so manchem General zu dämmern, dass in der Folge völliger Fehleinschätzung der russischen Kampfkraft man nun im militärischen Dilemma steckte. So schrieb zum Beispiel Generalfeldmarschall von Bock bereits Mitte August in das Kriegstagebuch, der Russe müsse demnächst irgendwo zusammenbrechen, sonst könne man ihn schwerlich noch vor dem Winter definitiv besiegen. Der Winter wurde einigen bereits im Sommer zum Schrecknis, beispielsweise Panzergeneral Hoepner, dessen motorisierte Verbände ganz besonders vom Wetter abhingen. Panzergeneral Heinrici teilte seiner Frau bereits am 3. August mit, er rechne mit einem Stellungskrieg im Winter. Generalfeldmarschall Rundstedt schrieb wenige Tage später seiner Frau, er fürchte sich »vor dem Winter in diesem Land«, und zwei Tage danach:

»Die Weite Rußlands verschlingt uns!« Vielen Strategen in höchster Position schien sechs Wochen nach Eröffnung des Russlandfeldzugs bewusst zu werden, dass ihr Blitzkriegskonzept gescheitert war. Noch schlimmer, ihnen lag kein anderes Konzept vor.

Unterschiedliche Auffassungen von OKH und Hitler über das weitere operative Vorgehen machten die Runde. Generalfeldmarschall Brauchitsch und Generalstabschef Halder fochten für ein Vorgehen in der Frontmitte direkt auf Moskau zu, um die dort vermutete konzentrierte Masse der Roten Armee zu besiegen und in den Besitz des dortigen Industriezentrums und Verkehrsknotenpunkts zu kommen. Hitler argumentierte mehr kriegswirtschaftlich und politisch. Er wollte vor allem Leningrad als Symbol für den Bolschewismus geschlagen wissen und auch den sowjetischen Marinestützpunkt erobern, um die Erzlieferungen über die Ostsee zu sichern. Im Süden steckte er als zu erreichendes Ziel die Krim. Damit sollten sowjetische Luftangriffe auf die rumänischen Ölfelder verhindert, die Getreidekammer Ukraine und die Kohlevorkommen im Donezbecken erobert werden. Hitler setzte sich durch. Laut seiner Weisung vom 21. August musste die Heeresgruppe Mitte sich teilen und einerseits im Norden um Leningrad kämpfen und andererseits im Süden mithelfen, die bei Kiew konzentrierten Feindkräfte niederzuringen. Obwohl das OKH fürchtete, dass die Sowjets in dieser Zeit ihre Verteidigung Moskaus extrem verstärken würden und dessen Eroberung vor Wintereinbruch kaum mehr gelingen könnte, beugte es sich dem Befehl.

Die Heeresgruppen Mitte und Süd schlugen in einer gemeinsamen Umschließungsbewegung die östlich von Kiew versammelten umfangreichen gegnerischen Kräfte und nahmen im September die unvorstellbare Zahl von etwa 665 000 Sowjets gefangen. Im Wissen, die angeblich größten und bedeutendsten Schlachten der Weltgeschichte zu erleben, stieg

manchem General der Kriegsruhm zu Kopfe. Die Kesselschlacht von Kiew wollte Generalfeldmarschall von Weichs
zum Beispiel in einem Atemzug mit der Schlacht von Cannae
oder Tannenberg genannt wissen. Erst nach Abschluss dieser
Kesselschlacht begann am 2. Oktober der Angriff auf Moskau
(Operation »Taifun«). Dieser »letzte gewaltige Hieb«, wie Hitler sich in seiner Proklamation an die Soldaten ausdrückte,
sollte noch vor Wintereinbruch den »Gegner zerschmettern«.
Tags darauf, am 3. Oktober 1941, behauptete er im Berliner
Sportpalast vor einer frenetisch jubelnden Menge, der Gegner
sei bereits geschlagen.

Parallel zu begleitenden Operationen der Heeresgruppe
Nord im Raum Leningrad und Ladogasee und der Heeresgruppe Süd in Richtung Kursk und Donez ließ sich die Offensive
Generalfeldmarschall von Bocks zunächst erfolgreich an. Ihm
standen drei Armeen und drei Panzergruppen mit insgesamt
1,9 Millionen Mann zur Verfügung, eine stattliche Armee, aber
mit unübersehbaren Verschleiß- und Erschöpfungserschei-
nungen. Dennoch gingen Mitte Oktober die Umzingelungs-
schlachten von Wjasma und Brjansk erneut siegreich aus
(670 000 Gefangene). Damit befanden sich nach dreieinhalb-
monatigem Feldzug über drei Millionen Rotarmisten in deutscher Gefangenschaft. Selbst Skeptiker glaubten, die SU sei in
ihrem Lebensnerv getroffen. Die meisten sahen den roten Riesen bereits am Boden liegen. Mitte Oktober erwarteten fast
ausnahmslos alle, der Spaziergang auf der »Chaussee nach
Moskau« werde Ende des Monats sein Ziel erreicht haben.

Schließlich war es ein außermilitärisches, ein klimatisches
Phänomen, das die auf Moskau stürmenden Truppen stoppte.
Für die Jahreszeit und Region landestypischer anhaltender Re-
gen verwandelte die Straßen in bodenlosen Schlamm. Die
Heeresgruppe musste auf Kettenfahrzeuge und Pferdegespan-
ne zurückgreifen und kam nur noch langsam voran. Bald fehlte

es ihr an Sprit und Nahrungsmitteln. Mit Einsatz des Frostwetters befahl von Bock am 15. November seinen erschöpften Truppen, den Angriff auf die Sowjethauptstadt fortzusetzen. Sie näherten sich Moskau im Westen auf fünfzig Kilometer, im Norden auf dreißig Kilometer. Dort standen sie in ihrer Sommerausrüstung, als der Winter mit Kältetemperaturen von 30 Grad minus über sie hereinbrach. Automatische Waffen und Motoren fielen aus. Die vor Kälte schlotternden Truppen zählten mehr Ausfälle an Erfrierungen als Kampfverluste. Panzergeneral Hoepner schrieb unter dem 4. Dezember 1941 an seine Frau: »Ich habe ja sehr viel erreicht, aber das Endziel doch nicht. Die Kräfte reichen nicht mehr aus. Die Truppe ist im Ganzen am Ende.« Am 5. Dezember hatten sich die Angrifffe auf Moskau totgelaufen. Hungernd, frierend und demoralisiert traf sie am darauffolgenden Tag der sowjetische Gegenschlag mit voller Wucht. Frische Truppen aus dem Hinterland in tauglicher Winterkleidung eröffneten die Offensive gegen den deutschen Eindringling auf der gesamten Front. Die Katastrophe war perfekt, nach Halder die größte Krise in zwei Weltkriegen. Brauchitsch, Bock und ein Dutzend andere Militärführer mussten gehen, Hitler übernahm selbst den Oberbefehl über das Heer. Es machte das Wort die Runde, der Deutsche habe sich zu Tode gesiegt. Ein Unteroffizier von der Heeresgruppe Mitte beschrieb die neue Lage am 15. Dezember kurz und treffend: »Bei durchschnittlich 25 bis 30 Grad Kälte tippeln wir nun auf der Landstraße dahin … Die russischen Verhältnisse sind im Vergleich zum Sommer um achtzig Prozent schlechter geworden. … Ja, wir sind arme Schweine geworden.«

2. Japanischer Angriff auf Pearl Harbor und Deutschlands Kriegserklärung an die USA

Durch das japanische Bombardement von Pearl Harbor, einem amerikanischen Stützpunkt im Pazifik, und durch Hitlers Kriegserklärung an die Vereinigten Staaten weitete sich der Krieg auf dem europäischen Kontinent zu einem globalen aus. Der Krieg als zweiter »Weltkrieg« begann, als Hitler seinen Krieg gegen die Sowjetunion im Grunde nicht mehr gewinnen konnte. Ende 1941 zeigte sich in den Menetekeln des militärischen Zusammenbruchs vor Moskau und des japanischen sowie amerikanischen Kriegseintritts Hitlers Dilemma: die Kriegswende, von jedem Kriegsstrategen gefürchtet, war eingetreten. Tatsächlich vermochte Hitler von diesem Moment an die Niederlage des Deutschen Reiches trotz einiger Zwischensiege nicht mehr abzuwenden.

So überraschend, vielleicht sogar schockierend die Entscheidung auf die Zeitgenossen wirkte, der Kriegseintritt Japans und Amerikas und auch die auf den ersten Blick unverständlich anmutende Kriegserklärung Hitlers an die USA fielen nicht aus heiterem Himmel. Auch sie fußten auf einer längst angebahnten Entwicklung. Gleich zu Beginn dieses an weltpolitischer Dramatik nicht zu überbietenden zweiten Halbjahres 1941 bildete sich eine für das Reich hochgefährliche Dreier-Koalition zwischen Washington, London und Moskau. Die beeindruckend mächtige Grand Alliance gebot über drei Viertel der Ressourcen an Menschen und Material in der gesamten Welt und diese hatte sich zum Ziel gesetzt, den Usurpator samt seinem Dritten Reich niederzukämpfen, koste es, was es wolle.

Noch in Friedenszeiten ließ Roosevelt keinen Zweifel daran, dass Amerika im Falle eines Konflikts die Westmächte gegen Hitler unterstützen würde, was aber nicht notwendigerweise

Eintritt in den Krieg bedeuten müsse. Das amerikanische Volk wollte nichts weniger, als sich noch einmal in einen europäischen Krieg hineinziehen zu lassen, und so konnte Roosevelt auch im Juli 1939, kurz vor Kriegsbeginn, keine Abänderung der Neutralitätsgesetze erreichen, das heißt im Klartext, er konnte keine Waffen an kriegführende Parteien liefern. Erst die überraschend schnelle Niederlage Polens ermöglichte es ihm, England und Frankreich amerikanische Waffen zu verkaufen. Im Sommer 1940 fällte Roosevelt einige Entscheidungen (wonach z. B. etwa 50 Prozent des amerikanischen Flugzeugbaus an die Briten gelangen sollten oder aus dem Waffenarsenal der USA Kriegsmaterial über Privatfirmen an England verkauft werden konnten), die im Grunde Amerikas Neutralität aufhoben und die USA ohne öffentliche Erklärung zum nichtkriegführenden Staat machten. Des weiteren führten die USA erstmals die Wehrpflicht in Friedenszeiten ein (15. September). Nach seiner Wiederwahl brachte Roosevelt das bereits erwähnte Leih- und Pachtgesetz unter Dach und Fach, wonach er ermächtigt war, jedem Staat Waffen zu überlassen, dessen Verteidigung er für die USA als notwendig erachtete. Dieses *Lend-and-Lease-Act* (11. März 1941) wurde von einer Welle an Zustimmung getragen, glaubten doch viele, durch wirksame Hilfe an England könne Amerika am besten an einem Kriegseintritt vorbeilavieren.

In Deutschland interpretierte die NS-Führung, vor allem aber auch das OKW, das Gesetz als eine indirekte Kriegserklärung Roosevelts. Hitler war der Überzeugung, über kurz oder lang käme es doch zum Krieg mit den USA, und mit diesem Gesetz hätten ihm die Amerikaner einen guten Kriegsgrund serviert, wenn er auch vor seinem Barbarossa-Unternehmen davon keinen Gebrauch machen konnte. So sah er sich gezwungen, die Kröte erst einmal zu schlucken, wie er auch weitere feindselige Akte gegen Deutschland einstecken musste.

Als amerikanische Marinetrupps im Einverständnis mit Island am 7. Juli 1941 die dortigen militärischen Stützpunkte Britanniens übernahmen, um die reichlich fließenden Lieferungen kriegswichtigen Materials nach England zu sichern, begriff Hitler dies zwar als Provokation, doch auch diese nahm er hin. Gegenüber dem schießlustigen Admiral Raeder beharrte er sogar auf seiner Weisung, Zwischenfälle mit amerikanischen Schiffen, die als Provokation verstanden werden mussten, zu vermeiden. Selbst wenn die U-Bootkommandanten diese Weisung auch so gut als möglich beherzigten, so war doch abzusehen, dass es bald zu einem von Roosevelt beabsichtigten bewaffneten Zusammenstoß kommen musste. Bis zu dem, wie Hitler meinte, sich ohnehin schon abzeichnenden Sieg im Ostfeldzug wünschte er keine störenden Zwischenfälle in den Beziehungen zu Amerika.

Ferner versuchte Hitler, wie aus einer Weisung für die Kriegführung (5. März 1941) hervorgeht, Japan zu kriegerischem Vorgehen im Fernen Osten anzustacheln, weil er sich davon eine Schwächung Großbritanniens und die Verlagerung der amerikanischen Interessen vom Atlantik auf den Pazifik versprach. Tokio, das zu dieser Zeit in Gesprächen mit Washington stand, vermochte Hitler nicht wirklich zu beurteilen, es blieb für ihn ein Unsicherheitsfaktor. Daran hatte auch der Abschluss des Dreimächtepakts (27. September 1940) nichts geändert. Er wünschte sich im Kriegsfall mit den USA Japan an seiner Seite, befürchtete aber eine Annäherung Japans an Amerika. In diesem Fall hätte nach seiner Vorstellung das Deutsche Reich den Kampf mit den USA allein aufnehmen müssen. Seine Sorge blieb während des Frühlings wach und als der japanische Außenminister Matsuoka, der seine Sympathie für die Achsenmächte nicht verhehlte, Ende März 1941 Berlin besuchte, versuchte er ihn von den Vorzügen eines Angriffs auf Singapur für Japan zu überzeugen – seiner Meinung nach würde ein solcher Schlag England derart schwächen, dass Roosevelt die Lust verlöre, gegen Japan noch etwas zu unternehmen – und er beschwor »gemeinsames Handeln« der Achsenmächte. Zur Enttäuschung Hitlers reagierte der sonst eher impulsive Matsuoka reserviert. In einem zweiten Treffen, nachdem der japanische Außenminister Mussolini besucht hatte, bluffte Hitler, er habe für einen eventuellen Kriegseintritt der Vereinigten Staaten ausreichend Vorsorge getroffen. Er sei imstande, sie zu besiegen. Ohne erkennbaren Zwang legte Hitler bei dieser Gelegenheit ein risikobehaftetes und völlig unverlangtes Versprechen ab: in einem Konfliktfall Nippons mit Amerika würde Deutschland »unverzüglich ... eingreifen, ... denn die Stärke der drei Paktmächte sei ihr gemeinsames Vorgehen. Ihre Schwäche würde darin liegen, wenn sie sich einzeln niederschießen ließen«. Dieser Gedanke bietet einen Schlüssel für Hitlers acht Monate später erfolgte Kriegserklärung an die Vereinigten Staaten. Hitler erreichte sein Ziel nicht. Japan verhielt sich dilatorisch. Außenminister Matsuoka unterzeichnete in Moskau – nach seinen Besuchen in Rom und Berlin – im April einen sowjetisch-japanischen Neutralitätspakt. Die Japaner lehnten es ab, Deutschland im Pazifik zu entlasten. Einen Angriff auf Singapur deuteten sie als Kriegseintritt Amerikas. Im Fall eines Krieges zwischen Deutschland und der Sowjetunion sahen sie sich nicht in irgendeiner Bündnispflicht. Für Hitler bedeutete das absoluter Zugzwang zum schnellen Vernichtungsschlag im Osten. Hitler fehlte jegliche Einflussmöglichkeit auf japanische Politik oder militärische Vorgehensweise, dennoch bestimmten beide in entscheidendem Maße einen Teil seiner Strategie.

Trotz des eskalierenden »unerklärten Krieges« im Atlantik musste Hitler Nerven bewahren und die Angriffslust der Marine zügeln, auch wenn es ihn kriegerisch noch so sehr reizen mochte, Amerika es mit gleicher Münze heimzuzahlen. Selbst die erwähnte Besetzung Islands (7. Juli 1941) durch US-Truppen ignorierte Hitler zum Leidwesen Raeders, da er einen US-Kriegseintritt noch um ein, zwei Monate verschoben wissen wollte, bis seiner Meinung nach der Sieg im Osten errungen worden sei. Zu dieser Zeit glaubten Hitler und seine militärischen Berater noch an den »Blitzsieg«. In solch felsenfester Gewissheit prahlte Hitler vor dem japanischen Botschafter Oshima Mitte Juli, dass der Krieg gegen die Sowjetunion so gut wie gewonnen sei. Nun gelte es, eventuell gemeinsam (Nordoption, Vorstoß der Japaner nach Sibirien) diese zu vernichten und die Auseinandersetzung mit Amerika zu wagen. Er sei bereit, betonte Hitler. Die Unterredung zeigte deutlich, welch enorme Bedeutung Amerika in Hitlers Kriegsplanungen einnahm. Er befand sich auf dem Höhepunkt seiner Macht und hielt im Gefühl seiner Omnipotenz alles für machbar. In jener Zeitphase spekulierte der Hasardeur mit dem Griff nach der Weltmacht. Was aber Hitler nicht wissen konnte, war die Tatsache, dass sich Japan bereits zwei Wochen vor diesem Gespräch gegen einen Angriff auf die SU festgelegt hatte. Oshima teilte den Glauben Hitlers an einen positiven Ausgang des Ostkrieges nicht. Einen Monat später mussten auch die Deutschen zur Kenntnis nehmen, dass trotz aller militärischen Erfolge der »Blitzkrieg« ein Fehlschlag gewesen war.

Der Zwischenfall vom 4. September 1941 mit dem amerikanischen Zerstörer »Greer«, der sich von einem deutschen U-Boot angegriffen glaubte, lieferte Roosevelt dann doch den gewünschten Vorwand, seine Maßnahmen zu eskalieren. Er erteilte den »Schießbefehl« (*shoot-on-sight-order*), wonach die amerikanische Marine auf Kriegsschiffe der Achsenmächte, ohne angegriffen worden zu sein, das Feuer eröffnen konnte. Durch diesen Befehl und durch die Übernahme des Kommandos im Westatlantik, das den Schutz von Konvois, deren Begleitung aus englischen, kanadischen und freifranzösischen

Kriegsschiffen bestand, einschloss, gaben die USA ihre Haltung als nichtkriegführender Staat auf und traten in einen sozusagen unerklärten Kriegszustand mit Deutschland ein. Folgerichtig sah Goebbels in der Rede Roosevelts zu dem »Schießbefehl« am 11. September eine inoffizielle Kriegserklärung, plädierte aber wie sein Chef Hitler für Umsicht und Vorsicht im weiteren Vorgehen. Seiner Meinung nach müsse eine formelle Kriegserklärung bis zum Ende des siegreichen Ostfeldzugs hinausgeschoben werden, dann, so schrieb er, »könne sie uns nicht mehr schaden«. Raeder und Dönitz hingegen verfochten einen scharfen Kurs. Sie waren überzeugt, die Atlantikschlacht könne nur zum deutschen Sieg führen, wenn England vom amerikanischen Nachschub abgeschnitten werde, das heißt, der Seekrieg müsse auf die lebenswichtige Nachschublinie nach England, die von den amerikanischen Geleitschiffen britischer Konvois garantiert wurde, ausgedehnt werden. Abzuwarten sei ihrer Meinung nach ein »schwerer Fehler«. In diesem Sinne legten sie Hitler am 17. September einige Vorschläge vor, doch der blieb bei seiner beschriebenen Toleranzpolitik. Solange seine Kräfte in Russland gebunden waren, wollte er Roosevelt partout keinen Vorwand liefern, der es diesem ermöglicht hätte, beim amerikanischen Volk eine Kriegserklärung zu erwirken. Freilich musste auch ihm klar sein, in welchem Dilemma er steckte. Wollte er die Atlantikschlacht nicht als verloren hinnehmen, war er gezwungen, diesen Kurs bald aufzugeben.

Die dramatische Ereignisvielfalt in der zweiten Hälfte des Jahres 1941 fand am 9. Oktober einen weiteren Höhepunkt. Der amerikanische Präsident entschied, den Bau der Atombombe beschleunigt voranzutreiben, ein schicksalhafter Entschluss, der im August 1945 zum Ende des Zweiten Weltkriegs im Pazifik führen sollte.

Die Nachteile, die Hitler mit seiner Nachgiebigkeit, die so

gar nicht seinem Charakter entsprach, in der Atlantikschlacht in Kauf nahm, wirkten sich in der Phase von April bis Dezember 1941 deutlich aus. Die britischen Konvois waren nun derart gesichert, dass einzelne U-Boote nicht mehr viel ausrichten konnten. Zwar erlaubte eine neue Taktik (Operationen in einer Gruppe von 15 U-Booten), sich noch einmal gegen den drohenden Misserfolg aufzubäumen (Vernichtung allein in dieser Phase von 1,5 Millionen BRT), doch die weitere Aufschlüsselung des deutschen Funkverkehrs brachte bald alles zum Erliegen. Aus den ehemaligen Jägern wurden nun selbst Gejagte.

Zur Besprechung über die materiellen Hilfeleistungen an England trafen sich Mitte August 1941 Churchill und Roosevelt auf Kriegsschiffen vor Neufundland. In der dort entwickelten »Atlantik-Charta« vom 14. August 1941 wurde u.a. festgehalten, dass Deutschland im Falle einer Kriegseinbindung der Vereinigten Staaten als der gefährlichste Gegner aus dem Dreimächtepakt zuerst besiegt werden müsse (*Germany first*). Des weiteren wurde damals schon angedacht, nach der Vernichtung des Nationalsozialismus ein umfassendes Sicherheitssystem anzustreben, woraus dann tatsächlich die UNO geboren wurde. Darüber hinaus schlugen am 12. August die beiden demokratischen Staatsmänner Churchill und Roosevelt dem Kommunisten Stalin Verhandlungen über Waffenlieferungen vor. Amerika hatte sich damit der Anti-Hitler-Koalition, die nach dem Angriff Deutschlands auf die Sowjetunion zwischen dieser und Großbritannien erwachsen war, angenähert. Dieses »unnatürliche« Bündnis zwischen Demokraten und Kommunisten sollte entgegen Hitlers fester Annahme über alle Fährnisse hinweg bis zum endgültigen Sieg der Alliierten halten.

Eine amerikanisch-britische Delegation vereinbarte Ende September in Moskau mit der SU Materiallieferungen auf der Grundlage des *Lend-and-Lease-Act* in Höhe von einer Milliarde Dollar ohne irgendwelche Bedingungen, auch die vereinbarte Rückzahlung wurde später gestrichen. Bis zum Kriegsende empfingen die Sowjets auf dem *Lend-Lease*-Wege Materiallieferungen in Höhe von etwa 11 Milliarden Dollar, eine damals exorbitante Summe, die etwa einem Drittel der *Lend-Lease*-Hilfe an England entsprach.

Sollte denn Roosevelt ein Problem damit gehabt haben, wie er die USA vom Kriegsmateriallieferanten zum Kriegführenden wenden konnte, so löste Hitler dies für ihn mit seiner offiziellen Kriegserklärung (der ersten in diesem Krieg) am 11. Dezember 1941. Entgegen Hitlers Befürchtungen, Roosevelt könne ihm zuvorkommen, hätte dieser vorerst wohl kaum eine Chance gehabt, eine Kriegserklärung an die Achsenmächte beim Kongress durchzudrücken. Aber warum reagierte Hitler auf den Angriff der Japaner – der auch ihn vollkommen überraschte, wie er ja stets im Dunkeln tappte in der Beurteilung japanischer Absichten – so schnell projapanisch, obwohl ihn kein Bündnis dazu verpflichtete? Selbst ein Vabanquespieler wie Hitler musste wissen, wie aussichtslos ein Krieg gegen die USA war. Die Antwort gab er wohl selbst in dem oben geschilderten Gespräch mit Oshima.

Die Gespräche zwischen Japanern und Amerikanern befanden sich noch in vollem Gang, als ein japanischer Flottenverband sich im November 1941 mit Kurs auf Hawaii in Bewegung setzte. Goebbels beobachtete den Konflikt zwischen Amerika und Japan relativ uninformiert aus der Ferne, meinte aber doch, über kurz oder lang würde dort die »Bombe platzen«. In den Morgenstunden des 7. Dezembers 1941 überraschten japanische Flugzeuge den amerikanischen Stützpunkt Pearl Harbor mit einem Bombenteppich. Während sich die Verluste des Angreifers in engen Grenzen hielten, zählten die Amerikaner über 2400 Tote und nahezu 1200 Verwundete. Von den 70 im Hafen ankernden Kriegsschiffen wurden sechs Schlachtschiffe, drei Zerstörer und ein Minenleger getroffen. Bis auf zwei

Schlachtschiffe konnten sie schnell repariert und wieder eingesetzt werden. Wenn dies auch nicht gerade ein Aderlass der amerikanischen Pazifik-Flotte war, versetzte der Schlag den Amerikanern doch einen horrenden Schock. Wegen der sehr bald aufkeimenden Gerüchte und Verschwörungstheorien, die zum Teil bis heute im Schwange sind, wurden nicht weniger als sieben Untersuchungsverfahren eingeleitet, welche die Verantwortung für die Geschehnisse vom 7. Dezember klären sollten. Vor allem galt es die Unterstellung kritisch zu beleuchten, Roosevelt habe den angeblich erkannten Überfall stattfinden lassen, weil er durch ihn das amerikanische Volk in den Krieg führen wollte. Nach allem, was bis heute recherchiert worden ist, hätte die Aggression verhindert werden können, wenn denn unter anderem die Lagebeurteilung vorsichtiger durchgeführt worden wäre, Nachrichtenübermittlung und Zusammenarbeit zwischen Heer und Marine geklappt hätten, keinem menschliches Versagen vorzuwerfen und die militärische Potenz Japans nicht so bodenlos unterschätzt worden wäre.

In Wahrheit handelte es sich aber um einen Pyrrhussieg. Denn aufgrund ihrer unzulänglichen Kräfte rechneten die japanischen Strategen mit der schnellen Akzeptanz der von ihnen geschaffenen »Neuen Ordnung«. Doch in ihrer Annahme, mit der Eroberung von Faustpfändern Kompromissbereitschaft des Gegners herbeibomben zu können, hatten sie sich gründlich verrechnet. Bereits am ersten Kriegstag, als noch alle vom Sieg geblendet waren, zeichnete sich das Desaster ab. Der »Tag der Infamie«, wie Roosevelt den Überfall propagandistisch überhöhte, schweißte das amerikanische Volk zusammen. Pearl Harbor entwickelte sich zum »Garanten der Niederlage«.

Die Nachricht, dass sich Amerika und Japan ab 6 Uhr morgens im Krieg befanden, brach über die Deutschen, wie Goebbels notierte, »wie ein Blitz aus heiterem Himmel« herein, und er fügte erleichtert hinzu: »Über die Entwicklung herrscht beim Führer und im ganzen Hauptquartier hellste Freude. Wir haben nun wenigstens eine schwere Bedrohung für vorläufig vom Halse. Roosevelt wird in den nächsten Wochen und Monaten nicht mehr so frech sein, wie er in den vergangenen gewesen ist. Nun ist dieser Krieg ein Weltkrieg in des Wortes wahrster Bedeutung geworden ... Mehr noch als bisher ist uns in ihm unsere große nationale Chance geboten ... Gewinnen wir diese Partie, dann steht der Verwirklichung des deutschen Weltmachttraums nichts mehr im Wege. Wir wollen alles daransetzen, zu diesem Ergebnis zu kommen. Niemals waren die Chancen dafür so günstig wie heute.«

Wie stets in vergleichbaren Fällen gab Goebbels Stimme und Stimmung seines Herren wieder. Und tatsächlich betrachtete Hitler den japanischen Angriff im fernen Pazifik als Entlastung seiner vor Moskau in Schnee und Kälte erstarrten, total erschöpften Truppen. Ohne die blasseste Ahnung zu haben, dass der japanische Überraschungsangriff auf Amerika bei weitem nicht den durchschlagenden Erfolg erzielte, den Japan nötig gehabt hätte, um für Amerika zum militärischen Problem zu werden, verstieg sich Hitler in der Vorstellung, einen unbezwingbaren Bündnispartner zu besitzen. Ob dieser Gewissheit, die in Wahrheit nur eine Illusion war, fiel er in einen wahren Freudentaumel und mit ihm nahezu das gesamte Führerhauptquartier. Nun schien einzutreten, was er erhofft hatte: Amerika musste sich auf militärische Aktionen im Pazifik konzentrieren, würde somit von den Geschehnissen in Europa abgelenkt sein, und Großbritanniens Position wäre auch geschwächt, da der Nachschub über den Atlantik fraglicher geworden sei und dessen Kolonien im Fernen Osten von Japan angegriffen werden würden. Wie vielfach aus seiner Umgebung bezeugt, zog Hitler daraus den Schluss, jetzt könne er

Amerika den Krieg erklären. Zu oft musste er in der Atlantikschlacht das latent kriegerische Vorgehen Amerikas dulden. Endlich konnte er zurückschlagen wie es seiner Natur entsprach. Er hob noch vor der offiziellen Kriegserklärung seine operativen Einschränkungen, die er den U-Boot-Kommandanten über Monate befohlen hatte, auf. Von nun an konnten sie auch amerikanische Schiffe torpedieren, was die Pattsituation im Atlantik sofort aufhob. Hitler musste sich dabei im klaren sein, dass er einen Krieg gegen Amerika nur mit U-Booten führen konnte, andere Waffen taugten nicht für einen Krieg mit einem Land, das jenseits des Atlantiks lag. Ob ihm das genügend bewusst war oder nicht, ihm brannte es auf den Nägeln, Amerika sein verschärftes Vorgehen im »unerklärten Krieg« heimzuzahlen. Pearl Harbor bot ihm die Chance. Darin darf man wohl den Hauptgrund für seine Kriegserklärung vermuten.

Hitlers Lust, sich für das lange Stillhalten angesichts der amerikanischen Provokationen im Atlantikkrieg zu rächen, offenbarte sich deutlich in seiner Reichstagsrede am 11. Dezember. Schier endlos fiel seine Anklage gegen Amerika aus. Es brach Hitlers blinde Wut heraus, dass ihm lange, für ihn, den geborenen Aggressor, offensichtlich viel zu lange, die Hände gebunden waren und er das einseitige Vorgehen im »unerklärten Krieg« durch die Vereinigten Staaten dulden musste. Dann folgte die offizielle Kriegserklärung. Diese lag offensichtlich einzig und allein in Hitlers Verantwortung. Der schnelle und einsame Entschluss erfolgte wohl ohne irgendwelche Besprechungen oder Beratungen. Hitler banden, wie gesagt, keine internationalen Verpflichtungen, auch nicht gegenüber dem Achsenpartner Japan.

Auf Bitten Japans, die militärische Komponente im Dreimächtepakt zu verstärken, liefen seit November 1941 diplomatische Gespräche. Die Verhandlungen waren so weit gediehen, dass Deutschland schließlich bereit war, sich auch dann zu einem Kriegseintritt zu verpflichten, wenn Japan einen Angriff eröffnen sollte. Es war eher Zufall, dass dem Abkommen noch die Unterschrift fehlte, als die Bomben auf Pearl Harbor detonierten. Der Zufall hatte Hitler eine günstige Lage beschert. Japan stand im Krieg mit den USA, die nun ihre Kräfte von Europa weg auf den Pazifik lenken mussten. Er hätte sich mit diesem »Gottesgeschenk« zufrieden geben können. So vernünftig zu denken und zu handeln, lag aber nicht in Hitlers Charakter. Prestigedenken verbot ihm als Diktator einer Großmacht, auf eine ohnehin als unvermeidlich angesehene Kriegserklärung zu warten, die er der deutschen Bevölkerung nur schwer hätte vermitteln können. Passiv abzuwarten, wie die Dinge sich fügten, war seine Sache nicht. Der aktivistische Aggressor, der es bisher gewohnt war, die Geschicke des Krieges weitgehend zu bestimmen, brannte darauf, das Heft des Handelns wieder an sich zu reißen. In einer Kriegserklärung an die mächtigen USA sah er die Garantie dafür. Nur einen Monat später, im Januar 1942, offenbarte er dem Botschafter des Achsenpartners Oshima, dass er nicht die geringste Ahnung hätte, wie er Amerika besiegen könnte. Die Kriegserklärung stellt sich somit als eines der Symptome für den Größenwahn Hitlers dar, der im Riesenroulette um die Weltherrschaft spielte. Von Pragmatismus, den viele Forscher Hitler gern unterstellen, fehlt in dieser Entscheidung, die immerhin eine Weltzäsur einleitete, jede Spur.

Die Eröffnung des Pazifikkriegs verschaffte Hitler, wie er meinte und Goebbels auch so notierte, eine Atempause in der festgefahrenen Situation an der Ostfront. Zeit, die er benötigte, um, wie er glaubte, doch noch den hartnäckigen Widerstand der Sowjets brechen oder ihnen zumindest einen Sonderfrieden diktieren zu können. Der Krieg, den die Amerikaner nun durch seine Kriegserklärung über zwei Ozeane zu führen gezwungen waren, schien aus seiner Sicht ihm den Sieg im Osten näher zu bringen.

In Wirklichkeit wurden Deutschland und auch Japan ab diesem Moment von dem ungeheuer schnell wachsenden Materialeinsatz und den schier unerschöpflichen menschlichen Ressourcen der Gegner langsam aber stetig in die Knie gezwungen. Die Geschicke bestimmten nun Roosevelt, Churchill und auch bereits Stalin. Letzterer trat im Dezember 1941 als Vertreter einer Großmacht mit dem neuem Ruhm eines souveränen Krisenbewältigers auf und formulierte anlässlich eines Besuches von Außenminister Anthony Eden in Moskau erstmals Kriegsziele.

Kurz darauf, am 1. Januar 1942, unterzeichnete die SU als eine der insgesamt 26 Staaten in Washington den Vertrag der »Vereinten Nationen«, der die demokratischen Prinzipien des Atlantik-Charta bekräftigte. Die Unterzeichner verpflichteten sich, keinen Separatfrieden mit den Achsenmächten abzuschließen. Auf der ersten Washingtoner Konferenz (Deckname »Arcadia«) wurde am 6. Januar die »Zerschmetterung des deutschen Militarismus« als primäres Kriegsziel festgelegt. Der bereits gefasste Beschluss *Germany first* wurde bekräftigt und die Strategie entworfen, so bald als möglich auf den europäischen Kontinent zurückzukehren. Dort plante man, einen Ring um Deutschland zu legen, der durch Maßnahmen wie eine Seeblockade, größtmögliche Materiallieferungen an Stalin, Bombardements der Städte oder die Eroberung der nordafrikanischen Küstengebiete immer enger gezogen werden sollte. Im letztgenannten Vorhaben blickten die Briten bereits auf Fortschritte zurück, wie im vorletzten Kapitel beschrieben. Noch blieb ihnen der Weg nach Ägypten versperrt. Das sollte sich bald ändern. Bis dahin beherrschten die Kämpfe in der Sowjetunion und der japanische Krieg in Südostasien das Geschehen.

3. Kämpfe in Ostasien

Als der japanische Überfall auf Pearl Harbor den Krieg zum Weltkrieg ausweitete, verfügte Japan über ein beachtliches militärisches Potential (10 Schlachtschiffe, 10 Flugzeugträger, kampfstarke Marineflieger u. a.). Seine extreme Importabhängigkeit musste Japan aber bei einem längeren Krieg geradewegs in ein Desaster führen. Auch zählte sein Heer nur über geringfügig mehr als zwei Millionen Mann unter Waffen. Die meisten seiner 51 Kampfdivisionen standen in China (21 Divisionen), des weiteren befanden sich einige in der Mandschurei (13 Divisionen), in Südostasien (11 Divisionen) und in Korea (2 Divisionen). In Japan selbst lagen nur vier Divisionen. Japans dislozierte Truppen befanden sich aber überall zum großen Teil in einem außerordentlich heruntergekommenen Zustand. Der resultierte hauptsächlich aus dem langjährigen Abnutzungskampf, den Japan acht Jahre früher begonnen hatte als Deutschland.

Sein explosionsartiger Bevölkerungszuwachs seit der Jahrhundertwende veranlasste Japan, einen brutalen Eroberungsfeldzug auf dem asiatischen Festland einzuleiten, um Rohstoffgebiete und Siedlungsland zu gewinnen. Als Folge entstand aus der 1932 gewaltsam von China getrennten Mandschurei »Mandschukuo«, ein Vasallenstaat Japans. Zwei Jahre vor dem Beginn des Krieges in Europa fiel die japanische Armee im Juli 1937 (ohne Kriegserklärung) erneut in Nordchina ein und eroberte bis zum Sommer 1939 unter anderem fünf chinesische Provinzen und sämtliche wichtigen Hafenstädte. Damit geriet die gesamte chinesische Küste unter japanische Kontrolle. Der militärische Überfall fraß sich jedoch 1939 in einem Stellungskrieg fest.

Die internationale Welt nahm die Aggressionen Japans, die mit unvorstellbaren Greueln, Massakern, massenhaften Tötungen und Misshandlungen der unterlegenen Chinesen und der Zerstörung ihrer wirtschaftlichen Existenz einhergingen, zunächst ohne allzu ernsthafte Proteste zur Kenntnis. Mit politischem Druck versuchte die japanische Regierung vergeblich ein ostasiatisches »München« zu erreichen, das China zwingen sollte, einer Neuordnung, das heißt einem politisch-wirtschaftlichen Block bestehend aus China, Mandschukuo und Japan unter japanischer Führung, zuzustimmen.

Da die restchinesische Regierung unter Tschiang Kai-schek sich keinen Diktatfrieden oktroyieren ließ, errichteten die Japaner am 30. März 1940 eine chinesische »Nationalregierung«, das heißt eine Marionettenregierung, unter dessen Konkurrenten Wang Tsching-wei in Nanking. Amerika erkannte aber Japans »Neuordnung« nicht an. Noch verzichteten die USA auf wirtschaftliche Sanktionen in der Annahme, Japan werde angesichts der Unmöglichkeit, das große China definitiv zu unterwerfen, irgendwann seine Ziele der gewaltsamen Neuordnung in Ostasien aufgeben müssen.

Doch kaum hatten deutsche Truppen die Niederlande besetzt, warnte Japan in eigenen diplomatischen Noten an die Vereinigten Staaten und Großbritannien vor einem Zugriff auf Niederländisch-Indien. Tokio versuchte nämlich selbst, die niederländische Kolonie wegen ihrer Erdölvorkommen unter seine Kontrolle zu bringen. Doch Japans Versuch, Niederländisch-Indien in die »Neue Ordnung« zu zwingen, blieb erfolglos. Frankreichs Niederlage bot Nippon hingegen die Chance, seine Forderungen bei Französisch-Indochina, das geographisch ohnehin näher lag, erfolgreich durchzudrücken. Japan drohte der Vichy-Regierung, notfalls gewaltsam vorzugehen und presste ihr die Einwilligung ab, Nord-Indochina durch japanische Truppen zu besetzen. Mit ihrem Einmarsch in Nord-Indochina am 22. September 1940 standen japanische Truppen bald an den Grenzen zu Thailand und Burma. Vier Tage danach erfolgte zur Eindämmung der japanischen Expansion die erste wirtschaftliche Boykottmaßnahme Amerikas: ein Embargo für Eisen- und Stahlschrott. Das für Japan so wichtige Öl stand noch nicht auf der Liste der Exportverbote.

Am Tag nach dieser Aktion unterzeichnete Japan in Berlin den Dreimächtepakt, der vor allem den USA klarmachen sollte, sie gerieten bei einer Intervention gegen die »Neue Ordnung« in Europa oder Ostasien unweigerlich in einen Zweifrontenkrieg. Zumindest der deutsche und der japanische Außenminister schienen davon überzeugt, dass dieser Pakt Amerika am Kriegseintritt hindern werde und Japan somit die Möglichkeit lieferte, gegen die niederländischen, englischen und französischen Kolonien in Südostasien vorzugehen. Der großasiatische Raum wurde in dem Vertrag durch Japan, Mandschukuo und China sozusagen als Kernland definiert mit dem »Drumherum« von Französisch-Indochina, Niederländisch-Indien, Thailand, Burma, Britisch-Malaya, Britisch-Nord-Borneo und Neukaledonien – territoriale Machtansprüche Hitlerschen Zuschnitts.

Der Neutralitätsvertrag, den Tokio in Unkenntnis von Hitlers Barbarossa-Plan mit der Sowjetunion am 13. April 1941 unterzeichnete, lieferte die Rückenfreiheit, die Japan bei einem militärischen Vormarsch nach Süden benötigte. Nach dem Angriff Deutschlands auf die Sowjetunion versuchte Ribbentrop, Japan zu ebensolchem Tun zu überreden. Die japanische Regierung beriet darüber, aber sie entschloss sich am 30. Juni, den Pakt mit der Sowjetunion einzuhalten, der übrigens bis 1945 hielt, und zunächst Französisch-Indochina und Thailand anzugreifen. Nippon tat es auch auf die Gefahr hin, dadurch einen Krieg mit England und Amerika auszulösen.

Inwieweit Japan den Krieg in Europa für seine Eroberungspläne noch hätte ausnutzen können, hing an sich von Amerikas Haltung ab und dem Verhältnis der beiden Staaten untereinander. Dies wiederum stand unter der Drohung des Ölembargos, und so entschlossen sich die Japaner doch noch, mit Amerika Gespräche aufzunehmen. Die Achsengegner unter den Japanern erhofften sich damit eine Normalisierung der wirtschaftlichen Beziehungen zu den USA und ein Abrücken von den Achsenmächten. Die Achsenbefürworter spekulierten auf die Verwirklichung des Paktziels, die USA von einem Eingreifen in Europa bzw. Ostasien fernzuhalten. Die Verhandlungen, die sich beinahe über das gesamte Jahr 1941 erstreckten, entbehrten nicht der Dramatik und endeten im Fiasko von Pearl Harbor.

Des Dramas erster Höhepunkt wurde durch den Einmarsch japanischer Truppen in Süd-Indochina am 24. Juli 1941 ausgelöst. 40 000 japanische Soldaten schickten sich an, die lebenswichtigen Rohstoffgebiete im Süden in ihren Besitz zu nehmen. Dabei fiel kaum noch ins Gewicht, dass Nippon die Vichy-Regierung erneut unter Druck gesetzt hatte. Die Vereinigten Staaten reagierten prompt und ließen sämtliche japanischen Guthaben im Lande sperren (26. Juli 1941). England, die Dominions und die Niederlande taten ein Gleiches. Ohne Aussicht auf weitere Ölimporte, so lauteten die Berechnungen, würden Japans Ölvorräte innerhalb zweier Jahre endgültig zur Neige gegangen sein. Diese wirtschaftliche Strangulation warf letztlich die Frage nach Krieg oder Frieden auf. Auf einer »Verbindungskonferenz« im Kaiserpalast fiel nach 17 Stunden heftigster Wortgefechte die Entscheidung zum Krieg. Es meldeten sich aber auf beiden Seiten durchaus auch warnende Stimmen zu Wort. Selbst manchem Falken in Tokio war klar, welch ein Vabanquespiel die kaiserlichen Generäle riskierten. Nicht wenige aus der amerikanischen Führungsequipe sprachen sich für ein Zuwarten aus, weil sie glaubten, die Streitkräfte seien für einen Zwei-Ozeane-Krieg noch nicht genügend vorbereitet. Falken wie Tauben bewegten sich auf einem schmalen Grat der Diplomatie. Die Gesprächsrunde zur Rettung des Friedens wurde nochmals aufgenommen. Aufseiten Japans nun aber mit täuschender Absicht, um Zeit für den heimlichen Aufmarsch zu gewinnen.

Trotz der Proteste Tschiang Kai-scheks, der eine amerikanische Appeasement-Politik auf Kosten Chinas befürchtete, wären Japans Vorschläge zur japanisch-amerikanischen Einigung nicht in Gänze abgelehnt worden, hätten die Amerikaner nicht durch Entschlüsselung des japanischen Funkverkehrs (MAGIC) von Japans wahren Absichten Kenntnis erlangt. Roosevelt erhielt Nachricht, dass ein japanischer Schiffskonvoi mit Zehntausenden von Soldaten südlich von Taiwan geortet worden war. Er sah darin den schlüssigen Beweis für ein Doppelspiel Japans und stellte dem Inselstaat in einem »Zehnpunkteprogramm« kompromisslos Forderungen, die ihm keine weiteren Ausflüchte mehr erlaubten. Nun hieß es Farbe bekennen. Das Programm traf am 27. November in Tokio ein und wurde dort als beleidigendes Ultimatum verstanden. Vor allem der geforderte Rückzug nicht nur aus Indochina, sondern auch aus ganz China empfand Japan als gezielte Provokation. Tokio erteilte den Befehl zum Angriff auf Pearl Harbor. Der europäische Krieg expandierte zum Weltkrieg.

Strategisch gezielt eingesetzte Überraschungsmomente und erfolgreiche Angriffe in der Weite des Pazifiks aufgrund einer genau kalkulierten Schwerpunktplanung in Zeit und Raum würden, so glaubte die japanische Generalität, zu einer Pattsituation führen, die als günstige Ausgangsposition für vorteilhafte Friedensverhandlungen dienen sollte. Ein traumtänzerisches Konzept, das nur mit dem bestmöglichen Kriegsverlauf rechnete und insofern an Hitlersche Pläne erinnerte. Zur Überraschung der Japaner ließen sich die Amerikaner durch den Überfall nicht beeindrucken. Im Gegenteil, sie legten eine entschlossene Abwehrhaltung an den Tag. Zu Beginn ihrer Südexpansion konnten die Angreifer bloß elf Divisionen und drei Brigaden einsetzen, zahlenmäßig wenig furchteinflößend, aber äußerst kampferprobt. Da die japanischen Flugzeuge den Luftraum im Pazifik zunächst völlig beherrschten, hofften Japans Militärstrategen trotz des bescheidenen Angriffspotentials ihre weitgesteckten Kriegsziele zu erreichen. Im groben lassen sie sich in zwei Abschnitte fassen. Um den inneren Kern (Japan, Mandschukuo, China) musste die »Versorgungsregion« (Indochina, Philippinen, Malaysia, Indonesien) erobert werden und darum herum ein »Verteidigungsgürtel«, bestehend aus Burma, Neuguinea, Marshall-Inseln und der Insel Guam.

Vergleichbar mit Angriffserfolgen von Nazi-Deutschland reihten die japanischen Aggressoren anfänglich Sieg an Sieg, was schlimmste Befürchtungen auslöste. Nippons Hauptstoß galt den unter amerikanischem Schutz stehenden Philippinen und Britisch-Malaya. Wenige Stunden nach Pearl Harbor war die Hälfte der auf den Philippinen stationierten Flugzeuge zerstört. Am 10. Dezember gingen die ersten japanischen Truppen an Land, zwölf Tage später landete der Rest. Am 8. Dezember begannen sie, Thailand zu besetzten, was reibungslos und ohne große Kämpfe verlief. Die Royal Navy und die niederländisch-indische Flotte erlitten schwere Verluste. Es folgte der Einmarsch in Burma und die Eroberung von dessen Hauptstadt Rangoon. Zur gleichen Zeit besetzten japanische Landungseinheiten die malaysische Ostküste, überwanden die zahlenmäßig überlegenen Verteidiger spielend, bis sie das ganze Land in Besitz genommen hatten. Im Dezember 1941 / Januar 1942 besetzten die Japaner eine Reihe strategisch wichtiger Stützpunkte auf Guam und Wake, den Gilbert-Inseln, im Bismarck-Archipel, bei Bougainville und Neuguinea. Singapur, der Welt stärkste Seefestung, galt als uneinnehmbar, bis sie am 15. Februar 1942 kapitulieren musste, für die Briten die größte militärische Niederlage in ihrer Geschichte. Rund 70 000 Soldaten traten den Weg in die Gefangenschaft an.

Die Kämpfe um die Philippinen benötigten etwas mehr Zeit bis zum Sieg, war die amerikanisch-philippinische Streitmacht (29 000 amerikanische und 80 000 philippinische Soldaten) der japanischen Armee (50 000 Mann) numerisch doch weit überlegen. Nachdem aber Niederländisch-Indien am 8. März kapituliert hatte, gerieten die Amerikaner etwas unter Druck. Japans Streitkräfte setzten auf Sieg, der größte Teil der Verteidiger ergab sich am 9. April, der letzte Rest am 6. Mai und 9. Juni. Die Philippinen befanden sich definitiv in japanischer Hand.

Ende April nahmen die Japaner die am Ende der Burmastraße gelegene Stadt Lashio in ihren Besitz. Dadurch schnürten sie den wichtigsten Nachschubweg für Tschiang Kaischeks nationalchinesische Armeen ab. Die britischen Truppen (12 000 Mann) zogen sich zur Verteidigung Indiens zurück. Mitte Mai 1942 starteten japanische Streitkräfte eine Landoffensive auf die chinesische Provinz Tschekiang. Mit der Einnahme der dortigen Luftbasen glaubten sie weitere Luftangriffe auf Tokio verhindern zu können.

Japan hatte damit ein halbes Jahr nach der Angriffseröffnung seine wesentlichen Ziele erreicht. Jetzt beabsichtigte es, zur Defensive überzugehen, um seinen neuen Machtbereich zu stabilisieren. Doch dieser maß nun nach der ungeheuren Ausdehnung eine Länge von beinahe 10 000 Kilometern, was den kampfentschlossenen Vereinigten Staaten genügend Angriffsmöglichkeiten bot. Einen ersten Erfolg errangen die Amerikaner im Korallenmeer, wo vom 4. bis 8. Mai 1942 die erste See-Luft-Schlacht in der Kriegsgeschichte stattfand, die ausschließlich – und das war das Neue – über die Flugzeuge der Seestreitkräfte geschlagen wurde. Einen weit bedeutenderen Sieg fuhr die US-Navy in der Schlacht bei Midway vom 3. bis zum 7. Juni 1942 ein. Vorrangig um die vermeintlich angeschlagene US-Flotte zur Entscheidungsschlacht zu zwingen, entschloss sich die japanische Admiralität zu einer Landungsoperation gegen die Midway-Inseln. Es schien, als wollte sie alles auf eine Karte setzen. Nahezu die gesamte Flotte Japans wurde unter der persönlichen Führung des japanischen Flottenchefs, Admiral Yamamoto, für diese Operation eingesetzt.

Kurz vor der Schlacht gelang es den Amerikanern, den neu eingeführten Code des Funkverkehrs der japanischen Marine zu entschlüsseln. Admiral Nimitz, der Oberbefehlshaber Zentralpazifik, war infolgedessen über die geplante Operation im Bilde und konnte entsprechende Vorbereitungen treffen. Als die Japaner am 4. Juni 1942 ihren Trägerangriff auf die Midway-Inseln eröffneten, empfing sie eine unerwartet starke Abwehr. Sie machte es den japanischen Truppen unmöglich, im ersten Anlauf zu landen. Admiral Nagumo, Chef der japanischen Trägerflotte, fällte daraufhin eine verhängnisvolle Entscheidung. Er befahl, die Torpedoflieger, die für eventuell angreifende Schiffe auf Deck standen, für einen Bombenflug auf die Midway-Insel umzurüsten. Als ihm sich nähernde amerikanische Kriegsschiffe gemeldet wurden, fehlte es an Zeit, die Flieger erneut mit Torpedos zu bestücken, die Decks mussten geräumt, die zurückkehrenden Flieger aufgenommen, betankt und munitioniert werden. Inmitten der hektischen Arbeiten trafen die amerikanischen Angreifer die japanischen Träger. Innerhalb kürzester Zeit brannten drei von ihnen lichterloh. Der funktionsfähige vierte und letzte Träger wurde nach längerem Seeluftgefecht auch noch vernichtet und Yamamoto sah sich gezwungen, das Unternehmen abzubrechen. Seine Rechnung, eine Entscheidungsschlacht herbeizuführen, war aufgegangen, nur mit umgekehrten Vorzeichen. Nicht die Amerikaner, sondern die Japaner hatten eine entscheidende Niederlage hinzunehmen. Durch sie verloren die Japaner nicht nur ihre gut ausgebildete Fliegercrew und technisch modernen Flugzeugträger, sondern auch ihre Überlegenheit zur See. Für weiträumige Operationen mangelte es Nippon nunmehr an Kraft.

Die Seeschlacht um die Midways leitete die Kriegswende im Pazifik ein. Sie wurde untermauert durch den ersten amphibischen Gegenschlag der US-Marine am 7. August 1942, der Landung auf Guadalcanal. Die monatelang sich hinziehenden, verlustreichen Abnutzungskämpfe hinderten Japan vor allem daran, seine expansiven Ambitionen in Richtung Australien zu verwirklichen. Am 1. Februar 1943, einen Tag nach der Kapitulation der 6. Armee in Stalingrad, musste Tokio seine Truppen evakuieren, sein Vormarsch war endgültig zum Stillstand gebracht. Von nun an nahmen die Alliierten das Kriegsheft in die Hand, in Ostasien wie zur gleichen Zeit in Nordafrika und an der Ostfront.

4. Massenmord und Holocaust, Verbrechen deutscher Kriegführung und Besatzungsherrschaft

Jeder Krieg fordert blutige Opfer, eine traurige Binsenwahrheit. Doch der Zweite Weltkrieg erhielt durch Hitlers Entscheidung, den Ostfeldzug von Beginn an als Vernichtungskampf zweier Weltanschauungen anzulegen, seine charakteristisch mörderische Grundstruktur. Zu dessen Verwirklichung stand ihm ein ungezähltes Heer »williger Helfer«, von der militärischen Elite bis zum einfachen Rekruten, vom hochgestellten Reichskommissar bis zum kleinsten Verwaltungsbeamten in den besetzten Gebieten, zur Verfügung. Einzelne, die dagegen Einspruch einlegten, taten es in wenig überzeugender Weise, so dass ihre Stimme im Chor der Jasager unterging. Die Behandlung des sowjetischen Gegners, ganz gleich ob als kämpfender Kombattant, wehrloser Kriegsgefangener, sich wehrender Partisan oder zur Zwangsarbeit gezwungener

Zivilist, ist eines der schlimmen Kapitel in der Geschichte ver-
brecherischer deutscher Kriegführung und Besatzungspolitik
im Osten. Die Grundentscheidung Hitlers für den Ostkrieg
war von Anfang an mit dem Willen zur Ausrottung der jüdischen Menschen verbunden und gipfelte in einem singulären
Menschheitsverbrechen, dem Genozid an den Juden Europas.
In den letzten Jahren beschäftigte die Frage nach der Verantwortung für die im Umfeld der Wehrmacht geschehenen Massenverbrechen die Forschung zum Zweiten Weltkrieg weit
mehr als operative oder strategische Probleme.

Hitler definierte gegenüber seinen Oberbefehlshabern den
Krieg als einen »Kampf von Rasse gegen Rasse«, der mit »nöti-
ger Schärfe« zu führen sei. Mit der rigoros ideologischen Sehweise Hitlers stimmte die Generalität überein und reichte sie
nach unten weiter bis zu den kämpfenden Soldaten. In rassistischer Verblendung und brutaler Menschenverachtung wurde
dem sowjetischen Soldaten von vornherein der Status eines
Kameraden abgesprochen. Stattdessen setzte sich ein abwer-
tendes Bild vom Rotarmisten durch, das schnelle Verbreitung
fand, noch ehe ein einziger Schuss gefallen war: Der sowjetische Gegner wurde als »grausamer«, »verschlagener«, »hinter-
hältiger«, »viehischer Asiat« oder »stumpfer Urwaldmensch«
vorgeführt, von dem nichts anderes als eine »heimtückische
Kriegführung« erwartet werden konnte. Sämtliche Vokabeln
lassen sich in zeitgenössischen Dokumenten vielfach belegen.
Ein solches – bereits vor den Kampfhandlungen – angelegtes
ideologisiertes Feindbild schien die deutschen Rechtsbrüche
von der ersten Minute an zu rechtfertigen. Sie wiederum pro-
vozierten eine entsprechende Antwort durch die Sowjets.

Die unterschätzten, angeblich so tierischen Rotarmisten
und die vermeintlich primitiven Kommissare der Bolschewisten legten eine derart zähe und auch ausdauernde Kampfkraft
an den Tag, dass es ihnen gelang, der deutschen Wehrmacht

standzuhalten, den Spieß umzudrehen und ihrerseits anzugreifen. Die dabei sich ausbreitenden Ohnmachtsgefühle mögen mit dafür verantwortlich gewesen sein, dass die Wehrmachtsangehörigen ihre Wut am Gegner oder auch an sowjetischen Zivilisten ausließen. Exzesse von deutschen Soldaten gegen Rotarmisten zogen Exzesse von Rotarmisten an deutschen Soldaten nach sich, und so entwickelte sich der Krieg zweier totalitärer Staaten zu einem beispiellosen Kampf jenseits von Recht und Tradition. Beide Seiten misshandelten, verstümmelten und mordeten ihre Kriegsgefangenen und Verwundeten. Die Greueltaten des Gegners sprachen sich schnell in der Truppe herum, was sich dazu eignete, die Truppen wiederum zu noch unbarmherzigeren Vorgehen zu motivieren. Geschürter, unbändiger Hass in ideologischer Borniertheit oder auch Rache für die Misshandlung von Kameraden führten zu brutalen Verhaltensweisen auf beiden Seiten. Den Gegner zu »erledigen«, ihn niederzumachen bestimmte das Alltagsbild des Krieges.

Nur ganz selten vermochte ein Befehlshaber in den Vergeltungsakten und Erschießungen von Gefangenen und Überläufern noch zu erkennen, dass es sich dabei schlicht um Mord handelte. Im großen und ganzen nahm die Generalität den disziplinarischen Niedergang widerspruchslos hin. Von einem Versuch, dieser verheerenden, verbrecherischen Entwicklung Einhalt zu gebieten, ist nichts bekannt. Wie viele sowjetische Soldaten solch hassgesteuerten Aktionen zu Beginn des Unternehmens »Barbarossa« zum Opfer fielen, konnte nie gezählt werden. Die geschätzten Zahlen liegen sehr hoch.

Mit welcher ideologischen Blindheit die deutsche Generalität bereit war, den Kombattantenstatus des Gegners zu annullieren, zeigt eine kleine Episode zu Beginn des Unternehmens »Barbarossa«. Die Teilnahme von weiblichen Soldaten auf der überfallenen sowjetischen Gegenseite irritierte deutsche Wehrmachtführer derart, dass ein Befehl, diese »fürchterlichen Weiber« zu erschießen, erlassen wurde. Dieser zutiefst inhumane Befehl lässt die niedrige Hemmschwelle zu Willkür und Mord aufseiten der Wehrmacht gleich zu Beginn recht gut erkennen. Frauen in Uniform den Status von regulären Kriegsgegnern abzusprechen, zählt zweifellos zu den Kriegsverbrechen, auch wenn der Befehl, sie zu erschießen, nach kurzer Zeit zurückgenommen wurde.

Das Beispiel zeigt auch, dass der reguläre Kämpfer der feindlichen Streitmacht nicht ohne weiteres auf den sonst üblichen Rechtsschutz rechnen durfte. Das bekamen vor allem die zahlreichen versprengten Rotarmisten zu spüren, die zu Tausenden durch große Schlachten bzw. Panzerraids von ihren Verbänden getrennt wurden und sich in den Wäldern oder abgelegenen Dörfern versteckten oder sich ohne Uniform in die Heimat durchzuschlagen versuchten. Gegen sie gingen deutsche Verbände hart vor. Ein sowjetischer Soldat in Zivilkleidern und im Besitz einer Waffe wurde in der Regel erschossen. Auch waffenlos aufgegriffen, hatte er in manchen Befehlsbereichen kaum eine Chance, lebend durchzukommen. Zigtausende von Rotarmisten, die von der Hauptkampflinie abgeschnitten wurden, waren so oder so des Todes. Entweder konnten sie sich zu den eigenen Truppen durchschlagen und wurden von den Sowjets als Deserteure erschossen oder sie wurden hinter die Front getrieben, wo die Deutschen sie als Freischärler zum Abschuss freigegeben hatten und sie wie Freiwild abknallten. Eine Verfügung vom 25. Juli 1941 bot letztlich die Gelegenheit, jeden sowjetischen versprengten Soldaten, gleichgültig ob mit oder ohne Uniform, mit oder ohne Waffe, zu erschießen. Durch Lautsprecher bzw. Maueranschlag wurden die Versprengten aufgefordert, innerhalb einer gesetzten Frist sich bei der nächsten Wehrmachtsdienststelle zu melden. Bei Nichtbefolgung wurden sie als Freischärler eingestuft und entsprechend behandelt. Aber wie sollten in Sümpfen und Wäldern versteckte Soldaten von dieser ultimativen Maßnahme der Deutschen überhaupt Kenntnis erlangen? Die willkürlichen Erschießungen von versprengten Rotarmisten nahmen in den erbittert geführten Winterkämpfen noch zu. Mit der Stabilisierung der Front im Frühjahr 1942 wurde zwar eindeutig gegen solche Willkür vorgegangen, in der folgenden Winterkrise von 1942/43 kehrte man aber wieder zur Praxis von 1941 zurück.

Für die große Winterkrise brauchte die deutsche Wehrmacht aber noch härtere und weitaus fanatischere Soldaten, als sie sie sich sowieso schon herangezogen hatte. Eine konventionelle Kriegführung war in weite Ferne gerückt. Der reinen Willkür gegenüber dem Kriegsgegner waren Tür und Tor geöffnet. Aber auch die deutschen Landser wurden schonungslos eingesetzt, und es wurde ihnen das Äußerste abverlangt. Unter solchen Bedingungen konnten Rotarmisten oder sowjetische Zivilisten kaum auf Schonung hoffen. Menschenverachtende Kampfkonditionen und Unterversorgung intensivierten Qualen und Leiden der Kriegsgefangenen und der sowjetischen Bevölkerung in bis dahin nicht bekanntem Ausmaß. In den dramatischen Winterkrisen, in denen es nur noch um das nackte Überleben ging, wurde die Kriegführung im Osten moralisch und rechtlich hochgradig brutalisiert. Weder für die Versprengten im Hinterland noch für die kämpfenden Soldaten auf dem Schlachtfeld lässt sich recherchieren, nicht einmal nur annähernd schätzen, wie viele von ihnen während ihrer Gefangennahme völkerrechtswidrig erschossen wurden. Genauso wenig lässt sich quantifizieren, wie viele Wehrmachtsangehörige sich solcher Verbrechen schuldig gemacht haben.

Der Anteil der unmittelbar nach der Gefangennahme von der Wehrmacht ermordeten politischen Kommissare kann hingegen durch die gemeldeten Zahlen mit 2000–3000 Toten in den ersten Wochen des Ostfeldzuges belegt werden. Es geschah in den Operationsgebieten aller Heeresgruppen. Der »bolschewistische Kommissar« wurde als das größte Hassobjekt empfunden. Hitler hatte den höchsten Offizieren bereits in der erwähnten Rede vom 30. März 1941 eingeschärft, die sowjetischen Politoffiziere seien von der Wehrmacht sofort zu »erledigen«. Den Vorsatz zum ausgesprochenen Mord gossen der Wehrmachtsführungsstab des OKW und die Rechtsabteilung des OKH in einen Erlass, den sogenannten »Kommissarbefehl« vom 6. Juni 1941, wonach zivile Kommissare, die sich gegen die Truppe wendeten oder auch nur den Anschein gaben, das heißt also praktisch alle, noch auf dem Gefechtsfeld zu liquidieren seien.

Mit dem vollbrachten Mord, einem Vorgang ohne Beispiel in der deutschen Militärgeschichte, taten sich die Verantwortlichen nach Kriegsende schwer. Zunächst erinnerten sich die verantwortlichen Generäle überhaupt nicht an den Kommissarbefehl bzw. leugneten dessen Existenz, dann gaben sie auf Vorhalt des schriftlichen Mordbefehls zwar zu, ihn gekannt zu haben, behaupteten aber, sie hätten ihn in ihrem Bereich nicht angewandt bzw. mittels mündlicher Befehle konterkariert. Als später Vollzugsmeldungen vorlagen, beharrten sie darauf, diese aus Tarnungsgründen vorgetäuscht zu haben. Die Generäle nährten bewusst solche Legenden, um ihre Beteiligung an dem Kriegsverbrechen zu verschleiern, bis Forschungen nachweisen konnten, wie stark sie in das systematische Morden verwickelt gewesen waren. Ihr Lügengewebe zerriss. Der vorrangig von Generälen in der Nachkriegszeit entwickelte Mythos von der »sauberen« Wehrmacht erwies sich als zählebig. Forscher konnten ihn erst nach Jahrzehnten mit der sukzessiven Rückgabe der erbeuteten Wehrmachtsakten allmählich zerstören.

Das Morden fand vor allem in den ersten zwei Monaten nach

dem Angriff auf die SU statt. So lange brauchte die Führung der Roten Armee, um die systematischen Morde erkennen und ihre Kommissare entsprechend tarnen zu können. Die Kommissare waren somit auf dem Gefechtsfeld nicht mehr zu erkennen, und ihre Erschießung verlegte sich in die Kriegsgefangenen- bzw. Durchgangslager. Mit dem Morden hatte die Truppe nicht mehr direkt zu tun. Als die Erwartung eines schnellen Siegs erloschen war, machte sich auf deutscher Seite die Einsicht breit, dass der Befehl sowohl den Widerstand in der Roten Armee verhärtete als auch die eigene Truppe psychisch beschwerte. Kritische Stimmen gegen den Kommissarbefehl nahmen in der Heeresleitung zu, sie fanden aber kein Gehör bei Hitler. Noch hielt er die ideologische Vernichtungstour gegen die angebliche Inkarnation alles Jüdisch-Bolschewistischen aufrecht und lehnte es am 26. September 1941 erneut ab, den Mordbefehl aufzuheben oder abzuändern. Seine Ausführung zählte ab Oktober zu den Aufgaben von Himmlers Mordkommandos aus Sicherheitspolizei und SD. Die Abänderung nahm Hitler im Mai 1942 vor. Bis dahin aber hatten diese Exekutionen ihren Teil zum Verfall der Moral in der Truppe und zur »Entwertung des Lebens« gefangener Gegner beigetragen.

Unmenschliche Kampf- und Versorgungsumstände zogen eine Verrohung aller Beteiligten nach sich, für Millionen von Kriegsgefangenen führten sie aber geradewegs in einen grausamen Tod. Das Glück der Rotarmisten, die bei der Gefangennahme nicht sofort erschossen wurden, verwandelte sich in ungefähr sechzig Prozent der Fälle in Verderben. Von den etwa 5,7 Millionen sowjetischen Kriegsgefangenen starben schätzungsweise 3,3 Millionen eines elenden Hunger- oder Kältetodes oder erlagen grassierenden Seuchen (vom 22. Juni 1941 bis zum 1. Februar 1942 starben von 3,35 Millionen Gefangenen rund 2 Millionen). Diese Inkaufnahme eines Massensterbens

folgte nicht unbedingt einem ausgeklügelten Plan zur »selekti-
ven Vernichtung durch Unterversorgung« (Gerlach), sie ist
vielleicht mehr noch der generellen rassistischen Verachtung
des als minderwertig angesehenen Slawen geschuldet. Doch
welche Begründung die Forschung auch immer gefunden hat,
der Tatbestand als solcher zählt zweifellos zu den eklatanten
Verletzungen internationalen Rechts.

Man muss aufgrund neuerer Forschung davon ausgehen,
dass die hohe Opferzahl von über drei Millionen Kriegsgefangenen von der Wehrmachts- und Wirtschaftsführung bewusst
in Kauf genommen wurde und sie über die Ernährungsfrage
tief in Massenmord und Holocaust verstrickt war. Es existierten lange Zeit keine eindeutigen Bestimmungen über die Für-
sorge, insbesondere über die Verpflegung der Kriegsgefangenen. In erster Linie sollten sie »aus dem Lande« ernährt werden, und als am 6. August 1941 feste Rationen bestimmt
wurden, erwiesen sich diese als viel zu niedrig, um eine Unter-
ernährung zu vermeiden. Darüber hinaus setzte Göring am
16. September 1941 eine Rangfolge der zu Ernährenden fest:
1. Truppe, 2. Heimat, 3. sowjetische Zivilisten sowie Kriegsgefangene, die im Arbeitseinsatz für Deutschland standen.
Das bedeutete, nichtarbeitende Kriegsgefangene wurden dem
Hungertod ausgeliefert. Eduard Wagner, der für das Gefange-
nenwesen zuständig war, senkte daraufhin die ohnehin bereits
zu niedrigen Rationen, obwohl sich allmählich die Erkenntnis
durchzusetzen begann, in jenem Millionenheer an Kriegsgefangenen ein wertvolles Reservoir an dringend benötigten Arbeitskräften zu besitzen.

Ganz offensichtlich rangierte die Ideologie vor jedem Gedanken an Kriegsutilitarismus. Ist es schon kaum zu verstehen, dass die Wehrmachtführung in hohem Maße ihre tradi-
tionelle Fürsorgepflicht für die Kriegsgefangenen verletzte, so
ist noch weniger nachzuvollziehen, dass sie Millionen von po-

tentiellen Arbeitskräften dem Hungertod preisgab, als Front und Heimat diese bitter nötig hatten. Der Vernichtung dieser billigen Arbeitskräfte durch Hunger und Misshandlung versuchte Hitler erst Ende Oktober 1941 entgegenzuwirken. Nun sollten sie plötzlich ausreichend ernährt werden. Die naiv-zynische Erkenntnis, halbverhungerte und erschöpfte Kriegsgefangene taugten wenig als Arbeitssklaven in Wirtschaft und Wehrmacht, hatte sich durchgesetzt. Doch die von OKW (General Georg Thomas) und OKH (Wagner) im November und Dezember 1941 getroffenen Maßnahmen, vor allem zur Erhöhung der Rationen, fielen zögerlich aus und kamen für viele völlig Entkräftete zu spät. Die genannten Zentralbehörden OKW und OKH gemeinsam mit dem Ernährungsministerium (Staatssekretär Herbert Backe) zeichneten verantwortlich für das millionenfache Verbrechen an den sowjetischen Kriegsgefangenen. Zur systematischen Unterversorgung kamen noch die Schinderei der Gefangenen auf den Transporten und die von Gewalt, Seuchen und Hunger diktierten, unhaltbaren Zustände in den Lagern hinzu. So gehörten die Elendskolonnen vom Tode gezeichneter Kriegsgefangener weiterhin zum Alltagsbild. Die halbherzig ergriffenen Maßnahmen erwiesen sich als ungeeignet, dem Sterben der so nötig gebrauchten sowjetischen Arbeitskräfte Einhalt zu gebieten. Erst im Frühjahr 1942 nahm das monatelange Massensterben durch neue Maßnahmen ein Ende, wenngleich die Situation der Kriegsgefangenen weiterhin von Elend, Ausbeutung und Misshandlung geprägt blieb.

Konnte der normale sowjetische Soldat, das heißt der reguläre Feind, nicht einmal sicher sein, bei der Gefangennahme eine Behandlung nach Völkerrecht und Moral zu erfahren, um wie viel weniger durfte ein Freischärler, ein Gegner, der nicht den regulären Streitkräften angehörte, auf Recht oder Schonung hoffen. Die Behandlung der Partisanen in den Ostgebieten zählt bis heute zu den umstrittenen Fragen des Krieges. Schließlich war es bereits vor dem deutsch-sowjetischen Krieg durchaus Kriegsbrauch, Freischärler zu töten. Umstritten blieb allerdings die Frage, wann ein Partisan als illegal zu gelten habe und wie mit ihm umgegangen werden müsse. Mit derlei Finessen hielt man sich aber nicht lange auf und setzte auf das nackte Recht des Stärkeren, der mit Freischärlern nicht viel Federlesens machte und die Bevölkerung mit rigorosem Terror in Angst und Schrecken versetzte. Selbst als die Partisanengefahr noch eher fiktiv war, setzten die Befehlshaber bereits auf härteste Maßnahmen, vor allem auf Gewalt und Terror gegen die Zivilbevölkerung. Wegen der Überdehnung des eroberten Landes und der infolgedessen dünnen Truppenbesetzung im Hinterland wurde bei kleinsten Anlässen schärfste präventive Vergeltung geübt in der Hoffnung auf größtmögliche Abschreckung. Bevor überhaupt Partisanenkämpfe einsetzten, sollte dem Sowjetbürger jeder Gedanke an Hilfeleistung für Partisanen ausgetrieben werden.

Im Herbst 1941 verschärften die Deutschen ihre Maßnahmen zur »Vernichtung« von Partisanen und Verdächtigen. Die Anzahl getöteter Partisanen, versprengter Rotarmisten und herumirrender Flüchtlinge aus den Städten stieg in den Monaten Oktober/November deutlich. Die Wehrmacht reagierte mit noch rigoroserem Vorgehen. Das kommt zum Beispiel im Befehl des Generalfeldmarschalls Walter von Reichenau vom 9. November 1941 an die Soldaten der von ihm geführten 6. Armee deutlich zum Ausdruck: »Ihr habt als Rächer anzutreten zum organisierten Kampf gegen die gewissenlosen Mordbestien! Zweierlei ist dazu nötig. Einmal müßt ihr eure Sorglosigkeit in diesem heimtückischen Lande aufgeben, und zweitens müßt ihr Mittel zur Vernichtung dieser Mörder anwenden, die weder unserer Art entsprechen, noch jemals von deutschen Soldaten gegen eine feindliche Bevölkerung angewendet worden sind.« Eine selten klare Aufforderung zu Mord und Folter, die selbstverständlich in Kauf nahm, dass auch Unschuldige davon betroffen sein konnten. Wie viele unschuldige Rotarmisten erschossen und wie viele unschuldige Zivilisten aufgehängt wurden, hat keiner gezählt. Die Befehle zu schärfstem, rücksichtslosem Vorgehen korrespondierten mit abmildernden Befehlen, die anständige, gleichsam kooperierende Bevölkerung gut zu behandeln, deren Mitarbeit zur Versorgung der Truppe man im Grunde dringend nötig hatte.

Mit der sowjetischen Offensive am 5. Dezember 1941 änderte sich auch der Partisanenkampf. Die deutsche Front war so zerrissen, dass es den Sowjets leichtfiel, materiellen und personellen Nachschub für ihre Partisanen durchzuschleusen. Auf diese Weise entwickelten sich im Rücken der Front ganze »Armeen« von Partisanen, die zum Teil größere Gebiete beherrschten und die dadurch der Wehrmacht für ihre eigene wirtschaftliche Ausbeutung verlorengingen. Die deutsche Antwort auf die neue Lage im Partisanenkampf lautete: eine weiträumige Einkesselung durch kampferfahrene Truppen sollte eine wirkungsvollere Vernichtung der Partisanen garantieren bei gleichzeitigem verstärkten Werben um die unentbehrliche Mitarbeit der Landesbewohner. Im Frühjahr 1942 (26. März – 6. April 1942) fand eine solche Aktion (Unternehmen »Bamberg«) statt, die als Modell für alle künftigen Großaktionen zur Befreiung partisanenverseuchter Gebiete dienen sollte. Großräumig umzingelten deutsche und slowakische Verbände das südlich von Bobruisk gelegene Partisanengebiet und vernichteten die einzelnen Partisanengruppen. Sie »säuberten« schließlich die umliegenden Dörfer, um das Gebiet zu »befrieden« und Vieh und Getreide zu erfassen. Bei diesem Mord- und Raubzug wurden deutlich mehr »Partisanenhelfer« und »Partisanenangehörige« als aktive Partisanen getötet, also überwiegend unbeteiligte Landesbewohner, deren Dörfer man plünderte und brandschatzte. Solche rücksichtslos durchgeführten Großunternehmen gewannen in den nächsten Monaten und Jahren immer mehr an Bedeutung und erzeugten letztlich eine Sicherheit im Zeichen der berüchtigten Friedhofsruhe. Trotz Radikalisierung in der Vernichtung des Bandentums wurde der Anspruch, die Einheimischen zur Mitarbeit gewinnen zu wollen, aufrechterhalten. Angesichts des verbrecherischen Vorgehens gegen die sowjetische Bevölkerung kann solches Hoffen nur als illusorisch bezeichnet werden. In diesem Dilemma der Wehrmacht liegt wohl einer der wesentlichen Gründe für den Misserfolg deutscher Partisanenbekämpfung.

Viele Bewohner der Sowjetunion, insbesondere der Ukraine, die den Aggressor anfangs sogar als Befreier empfangen hatten, mussten bald und bis zum letzten Bauern erkennen, dass er als Unterdrücker kam. Die deutschen Soldaten brachten ihnen Ausplünderung, Drangsalierung und Tod. Auch unter der Partisanenbekämpfung hatte anfangs vor allem die Bevölkerung zu leiden, denn der bloße Verdacht, den sogenannten Banden geholfen zu haben, bedeutete gnadenlose Erschießung. In den ersten acht Monaten starben allein im Bereich der Heeresgruppe Mitte über 63 000 Russen, die als Partisanenverdächtige »erledigt« wurden, das heißt, es handelte sich vorwiegend um Zivilisten, denn es konnte jeder in Verdacht geraten. Die Verluste auf deutscher Seite standen zu denen auf sowjetischer Seite in einem Verhältnis von 1:100. Diese Relation schwächte sich in den folgenden Monaten ab bis auf 1:10. Dennoch erreichte die deutsche Terrorpolitik das Gegenteil von dem, was beabsichtigt war. Sie schreckte kaum ab, vielmehr bildete sie erst den Nährboden für eine aktive Partisanenbewegung.

Die sowjetische Zivilbevölkerung hatte nicht nur im Zuge des Partisanenkampfes kollektive Gewaltmaßnahmen zu befürchten, sondern auch Vertreibung, Ausplünderung, Ausbeutung und vor allem Hunger. Die Russen in den besetzten Gebieten litten womöglich unter Nahrungsmittelnot weit mehr als unter den geschilderten willkürlichen Erschießungen und Drangsalierungen. Wenn dies auch für sämtliche besetzten Gebiete galt, so traf doch die Einwohner Leningrads ein besonders schlimmes Los. Sie sollten nach dem Willen Hitlers belagert, beschossen und ausgehungert werden, bis die Stadt vollständig vernichtet war. Hungernde Zivilisten, die während der tausendtägigen Belagerung einen Ausbruchsversuch unternahmen, wurden gnadenlos von deutschen Soldaten erschossen oder von deren Minen, die sie um die Metropole gelegt hatten, zerrissen. Schätzungsweise mehr als eine Million Leningrader erfroren oder verhungerten elendiglich. Diese unglaublich hohe Zahl ziviler Opfer hatte die 18. Armee zu verantworten, die den Büttel Hitlers machte und ein Kriegsverbrechen solch mörderischen Ausmaßes ganz offensichtlich ohne Widerspruch ausführte.

Bald wurde der Hunger überall in den besetzten Gebieten den Einheimischen zum ständigen Begleiter. Die wirtschaftliche Ausplünderung diente nicht nur der Versorgung der gesamten Wehrmacht. Die Überschüsse wurden an das Reich und auch nach Europa geliefert. Solch radikale Ausbeutung entzog den Einheimischen bald die Lebensgrundlage. Die grausame Folge war der millionenfache Hungertod von sowjetischen Zivilisten. Die Schätzungen belaufen sich auf rund 10 Millionen Sowjetbürger. Man muss darin, ausgenommen die mörderische Hungerblockade Leningrads, nicht unbedingt vorsätzliche Vernichtungspolitik sehen. Doch die militärische Planung nach dem Grundsatz, das Ostheer habe sich aus dem Lande zu ernähren, musste Hunger und auch Hungertod als zwangsläufige Folge einer besseren wirtschaftlichen Versorgung der eigenen Truppen ins Kalkül ziehen. Das Massensterben gründete sowohl in der militärischen Logistik wie im ideologisch bedingten Rassismus. Geradezu logisch zwingend führte diese Verbindung in eine verbrecherische Politik.

Unter die Rubrik Kriegsverbrechen im Zweiten Weltkrieg fällt auch die Deportation sowjetischer Frauen und Männer. Der siegreiche Vormarsch der Wehrmacht erlaubte es der deutschen Kriegswirtschaft, ihren enormen Bedarf an Arbeitskräften in den besetzten sowjetischen Großräumen zu befriedigen. Das nahm beträchtliche Ausmaße an. Alles in allem wurden etwa 15 Millionen Menschen der SU – in welcher Form auch immer – zu Arbeitsleistungen für Deutschland herangezogen. Abgesehen von den 5,7 Millionen Kriegsgefangenen, die später, soweit sie überlebten, auch zur Arbeit eingesetzt wurden, kamen 2,8 Millionen aus den Operationsgebieten der deutschen Wehrmacht als zivile Arbeiter in das Deutsche Reich. 6,4 Millionen Sowjetbürger wurden in den besetzten Gebieten zur Arbeit verpflichtet. Das Jahr 1942 verzeichnete die größten Deportationen von Arbeitskräften aus dem Osten, zum Beispiel für Mai nahezu 150 000 und für Juni mehr als 160 000 Zwangsrekrutierte. Im Winter 1942/43 verringerte sich die Zahl der »Angeworbenen«, doch der Bedarf der Industrie stieg. Infolgedessen wurden die Ostgebiete systematisch durchkämmt. Zeitweise wurden Einheimische regelrecht gejagt (zwangsrekrutiert) und als Arbeitssklaven unter elenden Umständen nach Deutschland deportiert. 1944 erreichte die Zahl ausländischer Zivilarbeiter und Kriegsgefangener eine Höhe von 8,2 Millionen, dazu kam noch eine dreiviertel Million KZ-Häftlinge zum Arbeitseinsatz. Insgesamt zählte damit 1944 jeder Vierte, der in der deutschen Kriegswirtschaft tätig war, zu den Zwangsarbeitern.

Selbst bei dem größten der Menschheitsverbrechen, dem Genozid an den Juden Europas, ist eine indirekte Mitwirkung der deutschen Wehrmacht nicht von der Hand zu weisen. In gewisser Weise ermöglichten erst ihre Gebietseroberungen neue radikalere Praktiken in der Judenverfolgung. Letztlich konnten selbst die Vernichtungslager nur unter dem schützenden Schirm der Wehrmacht betrieben werden. Bereits die Eroberung Polens war eng verknüpft mit Ausschreitungen gegen die polnischen Juden. Einsatzgruppen von Sicherheitspolizei und SD folgten der Wehrmacht auf dem Fuße. Sie konzentrierten die jüdische Bevölkerung zunächst in größeren Städten mit guter Verkehrsanbindung, darunter Warschau allein mit einer halben Million Juden auf engstem Raum und unter unwürdigsten Bedingungen, bei unzureichender Versorgung. Polen sollte in den nächsten drei Jahren das Zentrum für die Ausrottung der jüdischen Rasse werden. Die 1939 in Polen begonnene Ghettoisierung setzte sich mit den Deportationen deutscher Juden von 1940 und schließlich in den im Herbst 1941 systematisch vorgenommenen Verschleppungen fort und mündete 1942 in den Abtransport derjenigen Juden, die in den von Deutschen besetzten Ländern wohnten.

Der Ghettoisierung lag der nationalsozialistische Plan zugrunde, die Juden, nachdem sich ihre geplante Abschiebung nach Madagaskar nicht verwirklichen ließ, so weit wie möglich in den Osten zu transportieren. Dabei schwebten den Planern vor allem unwirtliche Regionen vor, wo sie mit hoher Wahrscheinlichkeit zugrunde gehen mussten. Parallel zu diesem Vernichtungsplan sah auch der Generalplan Ost eines Heinrich Himmlers die Vertreibung von über 30 Millionen Menschen aus dem Baltikum, Polen und den westlichen besetzten Gebieten der SU nach Sibirien vor, wo die Natur eine hohe Todesquote garantierte. Der für die Nazis negative Kriegsverlauf zerschlug die Pläne Himmlers zur NS-Lebensraumpolitik.

Die Ghettos mit ihren unmenschlichen Bedingungen bildeten die Vorstufe zu den Vernichtungslagern. Total unterversorgte Menschen, auf engstem Raum zusammengedrängt, verschafften den Verwaltungen in den besetzten Gebieten erwartungsgemäß große Probleme, die dann wieder als Begründung für radikalere Vorgehensweisen herhalten mussten oder auch zu eindeutig mörderischen Planungsvorschlägen führten.

Der Überfall auf die Sowjetunion eröffnete einen neuen Weg zur »Endlösung« der Judenfrage: den direkten Völkermord. Selbst dagegen schritt die Wehrmachtführung nicht ein, sondern kooperierte in gewissen Fällen mit den Schergen Himmlers. Qua Kommissarbefehl sah sich die Truppe ohnehin gezwungen, die jüdischen Kommissare gleich hinter der Front selbst »umzulegen«, war aber auch an Massakern, das heißt beispielsweise Massenerschießungen vor ausgehobenen Gruben, beteiligt (siehe die Massentötungen von 33 771 Juden bei Babi Jar am 29. und 30. September 1941). Man kann es nicht deutlich genug betonen: erst der Krieg ermöglichte die Vernichtungspolitik der Nationalsozialisten, erst in seinem Schatten begann die rigorose »Ausrottung« der Juden.

In dem Moment, als das Siegesglück die Nazis zu verlassen begann, radikalisierte sich ihr Ausrottungswille. Es gab darüber unter den Deutschen nicht nur Gerüchte, sondern auch konkrete Informationen. Die einschlägigen Artikel von Robert Ley in seinem Hetzblatt »Der Angriff« geben in mancher Hinsicht genügend Auskunft oder auch der aufschlussreiche Artikel von Joseph Goebbels in der von vielen so hoch geschätzten Wochenzeitung »Das Reich« (16. November 1941). Als dann die kriegerische Situation mit dem Gegenangriff der Sowjets am 5. Dezember und die politische Situation mit dem Kriegseintritt der USA als Folge des japanischen Überfalls auf Pearl Harbor den Weltkrieg auslöste und eine hoffnungslose Dimension annahm, hielt Goebbels am 13. Dezember 1941 die ungeheuerliche Sündenbockthese in seinem Tagebuch fest: »Der Weltkrieg ist da, die Vernichtung des Judentums muß die notwendige Folge sein.«

Einsatzgruppen der Sicherheitspolizei und des SD hatten den Genozid in Polen bereits begonnen und setzten ihn nach dem Angriff auf die Sowjetunion in unvorstellbar eskalierender Weise fort. Allein die vier Einsatzgruppen mit einer Gesamtzahl von etwa 3500 Sicherheitspolizisten und SD-Leuten zogen in den eroberten Gebieten eine riesige Blutspur hinter sich her. Die Mordkommandos erschossen in weniger als einem Jahr (von Juni 1941 bis April 1942) mehr als eine halbe Million jüdische Menschen, Frauen und Kinder inbegriffen, fast die gesamte jüdische Bevölkerung vom Baltikum über Weißrussland und die Ukraine bis zur Krim. Da die verhältnismäßig kleine Anzahl von Angehörigen der Sipo und des SD nicht gleich in jedem eroberten Ort zur Stelle sein konnte, trafen zunächst Angehörige der Wehrmacht die ersten Maßnahmen gegen Juden und Kommunisten, leisteten damit zumeist Vorarbeit für die nachfolgenden SD-Schergen, trafen aber durchaus auch selbständig Maßnahmen wie »Geisel«-Erschießungen. Die Verantwortung für solche Verbrechen lag bei den Oberkommandos der Wehrmacht.

Der Alptraum im Osten war längst im Gange und die Ausrottung der europäischen Juden auf höchster Ebene längst beschlossene Sache, als Reinhard Heydrich, Leiter des Reichssicherheitshauptamts, am 20. Januar 1942 zu einer Besprechung mit Frühstück in eine Villa am Großen Wannsee in Berlin lud. Während dieser »Wannseekonferenz« sei die Ermordung der europäischen Juden beschlossen worden, so kann man es oft lesen. Das ist ein Irrtum, es ging nur noch um die »Logistik des Völkermords« (Benz), die Frage, wann und wo und wer (auch »Mischlinge« oder »Privilegierte«) ermordet werden sollte. Heydrich, der Chef des Terrorapparates und von Göring am 31. Juli 1941 für die »Endlösung« der Judenfrage förmlich Beauftragte, schätzte die Gesamtzahl der europäischen Juden, die planmäßig ermordet werden sollten, auf vorläufig 11 Millionen.

Pogrome, Exzesse, Massaker wurden in dieser Zeit seltener, stattdessen wurde die Phase des systematischen, industriell betriebenen Mordens eingeleitet. Das Menschheitsverbrechen des Genozids an den Juden Europas hatte ebenso wie die »Euthanasie« der Staat zu verantworten, doch es ist nicht von der Hand zu weisen, dass die Wehrmacht sich partiell zum »Handlanger des Völkermords« (Hürter) machte und nicht etwa machen ließ. Ohne ihr logistisches Know-how, das sie den SD-Henkern zur Verfügung stellte, hätten diese die oben erwähnte halbe Million Menschen kaum in so kurzer Zeit ermorden können. Abgesehen davon ist festzuhalten, dass die Verantwortlichen in den Oberkommandos, als sie von dem Massenmord Kenntnis erhielten, ihn zum Teil unterstützten oder einfach nur duldeten. Wirklich ernsthafte Interventionen der Wehrmacht gegen das Massenverbrechen, das nur im Schutz und Schatten des Millionen-Ostheeres wüten konnte, sind nicht bekannt.

Sechs Millionen jüdische Menschen und Hunderttausende von Sinti und Roma erlagen der Todesmaschinerie – erschossen, verhungert, erschlagen, vergast. Und nichts und niemand, weder von außen (informierte Staaten oder der ebenfalls informierte Vatikan) noch von innen (Wehrmacht), griff in die Speichen des Todesrades.

IV. Von der Kriegswende zum Kriegsende

1. Überlegenheit der Alliierten im Seekrieg und im Luftkrieg

So sicher wie das Desaster vor Moskau heute als Meneteke
für die drohende Niederlage gedeutet wird, so selbstverständlich glaubte damals die Mehrheit der Deutschen, dass jenes
operative Stocken nur eine Verzögerung auf dem Weg zum
Sieg bedeutete. Und in der Tat sprach vieles dafür, denn die
Achsenmächte Deutschland und Japan erreichten den Höhepunkt ihrer Machtentfaltung erst im Jahre 1942. Zugleich
stellte sich aber heraus, dass keiner der Partner eine rasche
Kriegsentscheidung herbeiführen konnte, die doch beide so
dringend brauchten. Bei ihrem Ausbleiben würden bald erschöpfte Reserven weitgehend das Kriegsgeschehen diktieren
und zwangsläufig zu einer Kriegswende führen. Am schnellsten stellte sie sich – wie bereits in Kapitel III.3 geschildert – für
Japan im Pazifik ein. In der Atlantikschlacht standen die Sie-
geschancen für die deutsche Marine auch 1942 noch recht gut.
Daran änderten auch größere Material- und Produktionseng-
pässe, die vor allem durch die Rüstungserfordernisse an der
Ostfront verursacht wurden, nicht viel. Doch im Frühjahr 1943
setzte auch hier die nicht mehr revidierbare Kriegswende ein.

Der Seekrieg zielte vor allem darauf ab, den Transport von
Kriegsmaterial nach England zu verhindern. Es handelte sich
insofern um einen reinen Tonnagekrieg. Trotz zwischenzeitli-
cher Krisen kam die Seeherrschaft der Royal Navy während
des gesamten Weltkriegs kein einziges Mal wirklich ins Wanken. Gemeinsam mit der US-Navy zeigten die angelsäch-
sischen Alliierten von Anfang an gegenüber der deutschen
Kriegsmarine, dem kleinsten Teil von Hitlers Wehrmacht,
souveräne Überlegenheit. In den ersten beiden Kriegsjahren
setzte der Oberbefehlshaber der Kriegsmarine, Raeder, vor al-

lem Überwassereinheiten in der Atlantikschlacht ein. Den Unterwassereinheiten kam vorerst eine nur geringere Bedeutung zu. Nachdem das Schlachtschiff Bismarck auf spektakuläre Weise versenkt worden war (27. Mai 1941) und die anderen »Dickschiffe« keine nennenswerten Erfolge verbuchen konnten, entzog Hitler diese Personal- und Materialverschleißer dem Kriegsgeschehen. Er wies ihnen nur noch Küstenschutzaufgaben in Norwegen und an der Ostsee zu. Sie banden eigentlich mehr durch ihr bloßes Vorhandensein an der norwegischen Küste gewisse gegnerische Kräfte, als dass sie in der Geleitzugbekämpfung größere Erfolge hätten aufweisen können. Die ohnehin der britischen *Homefleet* hoffnungslos unterlegene deutsche Hochseeflotte kam so gut wie gar nicht mehr zum Einsatz. Hitler attestierte ihr infolgedessen auch »mangelnden Kampfgeist« und befahl die Einstellung ihrer Kampftätigkeit. Deutsche Schlachtschiffe oder Kreuzer wurden tatsächlich in ihrer Mehrheit nicht im Kampfeinsatz, sondern im Hafen liegend außer Gefecht gesetzt. Bei Kriegsende existierten nur noch zwei Kreuzer, ein leichter und ein schwerer.

Da der Seekriegführung wegen des sich hinziehenden, materialverschlingenden Ostfeldzugs notwendige Rüstungskapazitäten vorenthalten wurden, musste sie mit Improvisationen vorlieb nehmen. Weit erfolgreicher verlief der Tonnagekrieg, der fast ausschließlich durch die technisch modernen U-Boote unter ihrem Befehlshaber Großadmiral Dönitz geführt wurde. Vor allem der Seekrieg gegen die USA, der im Januar 1942 begann, profitierte von der anfänglichen Unerfahrenheit der Amerikaner in der Abwehr. Die USA führten zunächst ihren Schiffsverkehr an der Ostküste gewissermaßen wie im Frieden weiter, was auf die deutschen U-Boote wie eine Einladung wirkte, leichte Beute zu machen. Im Tonnagekrieg versenkten deutsche U-Boote allein im ersten Halbjahr

1942 (von Januar bis Juli) alles in allem 3 Millionen Bruttoregistertonnen (BRT). Durch ein neues Versorgungssystem, mittels U-Tankern, den sogenannten Milchkühen, konnten die U-Boote auf See aufgetankt werden. Dadurch war es ihnen möglich, auch über die weiten Distanzen im Atlantik hinweg länger im Einsatz zu bleiben. Im zweiten Halbjahr begannen die U-Boote in Gruppen, sogenannten Rudeln, anzugreifen. Mit dieser Methode erreichten sie im November 1942 den absolut größten Tonnageerfolg in der Atlantikschlacht. Sie schossen über 100 Schiffe auf den Meeresgrund (gleichzusetzen mit etwa 700 000 BRT) allein in einem einzigen Monat. In der Bilanz versenkten deutsche U-Boot-Rudel mehr Schiffe als die Werften Großbritanniens und Amerikas produzieren konnten. Da der deutsche Marine-Funkentzifferungsdienst damals gerade besonders erfolgreich arbeitete und vor allem zu erwarten war, dass in den nächsten Monaten noch weit mehr U-Boote vom Stapel laufen würden, schien das Kriegsziel der U-Boot-Waffe, die alliierten Nachschubverbindungen über den Atlantik weitgehend lahmzulegen, durchaus erreichbar zu sein.

Am 30. Januar 1943 trat Raeder, der Schlachtschiffe favorisierte, wegen der Kritik, die Hitler an ihm geübt hatte, zurück. Der »Modernist« Dönitz übernahm dessen Amt als Oberbefehlshaber der Kriegsmarine und stellte den Seekrieg nun definitiv auf den U-Boot-Krieg um. Man versuchte, mit einem beschleunigten U-Boot-Bau im Rahmen des »Flottenbauprogramms 43« mit monatlich 40 U-Boot-Neubauten die leidigen Improvisationen zu beenden und endlich die Marine mit der Anzahl von U-Booten, die Dönitz bereits zu Kriegsbeginn gefordert hatte, zu versorgen. Er ließ die weltweit größte U-Bootflotte bauen, die im Zweiten Weltkrieg die absolut höchste Versenkungsziffer nach Hause fuhr. Doch die Maßnahme kam zu spät. Sie konnte die Atlantikschlacht nicht mehr nachhaltig beeinflussen. Die deutschen Erfolge nahmen

Ende März 1943 ab, um im Mai 1943 in hohe Verluste umzu-
schlagen. Dönitz' Versuch, durch einen Masseneinsatz von U-
Booten den Erfolg im Nordatlantik zu erzwingen, mündete in
einem Fiasko.

Ihm blieb keine andere Wahl, als die Geleitzugbekämpfung
durch U-Boot-Gruppenoperationen abzubrechen. Sein see-
strategisches Konzept war gescheitert, die Schlacht im Atlantik
entschieden.

Eine Reihe von gegnerischen Maßnahmen hatte letztlich die
Wende herbeigeführt. Im Bewusstsein der von deutschen U-
Booten ausgehenden Gefahr beschlossen die Westalliierten
auf der Konferenz von Casablanca im Januar 1943, diese müsste
erst beseitigt sein, ehe ein amphibisches Landungsunternehmen für Europa gewagt werden könnte. Insbesondere Churchill nahm sich der technischen und organisatorischen U-
Boot-Bekämpfung an, die mit ihren neuen Radar-Ortungsge-
räten bald – im Frühsommer – erste Erfolge erzielte. Dazu
kamen unter anderem der Einsatz von Langstreckenflugzeugen
und Geleitflugzeugträgern sowie von speziellen U-Boot-Jagd-
gruppen. Eine besonders wichtige Rolle spielte erneut die
rechtzeitig gelungene Decodierung des Verschlüsselungssys-
tems im deutschen U-Boot-Funkverkehr und generell die
elektronische Kriegführung, wodurch der Gegner die Absichten des Angreifers kannte und sich darauf taktisch einstellen
konnte. Das alles führte zum Verlust des technischen Vorsprungs und zu entsprechend hohen Abschussquoten unter
den deutschen U-Booten. Die Folge war der erwähnte Ab-
bruch der Operationen mit Rudeltaktik. Die Wende in der Seekriegführung schien besiegelt.

Trotz der Niederlage in der Atlantikschlacht glaubte die
deutsche Seekriegleitung, den Tonnagekrieg doch fortsetzen
zu müssen, da er zweifellos des Gegners Kräfte beanspruch-
te. Die U-Boote wurden zwischenzeitlich (Juni bis September

1943) in weniger bewachte Gebiete gesandt, auch weil den Alliierten die Entzifferung der Funksprüche durch den Einsatz des ersten elektronischen Computers trotz sich stets ändernder Codes immer leichter gelang. Zum anderen hoffte man wiederum auf technische Neuerungen. In der Entwicklung befanden sich zum Beispiel Torpedos, die auf Schiffsschrauben reagieren konnten, Geräte, die feindliche Radarortung meldeten, oder sogenannte Schnorchel, d. h. Luftmasten, die der Feind nicht orten konnte. Auch wenn in die Planung neuartiger U-Boote extrem hohe Mittel gesteckt wurden, ein wesentlicher Erfolg stellte sich nicht mehr ein.

Die Marine gab ihren Kampf im Atlantik auf und richtete ihre hoffnungslos unterlegenen Kräfte auf die Abwehr der alliierten Landung in Nordfrankreich. Sie fiel angesichts der stark gesicherten Invasion der Alliierten in der Normandie am 6. Juni 1944 kläglich aus, genauso wie die der Hochseeflotte. Wie es geschehen konnte, dass die größte Schiffsansammlung, die jemals in See gestochen ist, unentdeckt vor der französischen Atlantikküste auftauchte, zählt zu den filmreifen Husarenstücken der Alliierten. Nach dem Landungsunternehmen verlor die U-Boot-Führung ihre Stützpunkte an der französischen Atlantikküste und somit die Basis für weitere Operationen. Sie musste nach Norwegen ausweichen. Die große Hoffnung auf die »Revolution« im U-Bootkrieg trat nicht – oder doch zu spät – ein. Die Entwicklung von Elektro-U-Booten ließ einen ersten Einsatz von nur acht Booten nicht vor dem Februar 1945 zu, wo sie an der englischen Ostküste einigen Schaden anrichteten. Weitere 180 solcher schnellen U-Boote für den Dauer-Unterwassereinsatz waren zwar fertiggestellt, befanden sich aber noch im Versuchsstadium und konnten nicht zum Einsatz kommen. Ingesamt gesehen forderte der U-Bootkrieg extrem hohe Verluste an Material und Menschen (60 %). Wie lebensgefährlich und doch hochattraktiv bei den jungen Männern der

Dienst im U-Boot war, davon legen die Memoiren von Lothar-Günther Buchheim und deren Verfilmung unter der Regie von Wolfgang Petersen mit dem Titel »Das Boot« eindrucksvoll Zeugnis ab.

Ihre eigentlichen Heldentaten vollbrachte die Seekriegführung in den letzten Monaten des Zweiten Weltkriegs. Sie ermöglichte den Rückzug von Verbänden der praktisch nicht mehr existierenden Ostfront in den Westen. Nachdem die sowjetische Armee die Reichsgrenzen durchbrochen und Ostpreußen eingeschlossen hatte, transportierte die deutsche Marine über anderthalb Millionen Menschen in einer spektakulären, einzigartigen Evakuierungsanstrengung über die vereiste Ostsee in das westliche Deutschland. Der Glanz, den die »größte Evakuierungsaktion der Weltgeschichte« auf des »Führers« Admiral lange Zeit warf, erlosch, als sich herausstellte, dass die Leistung nicht der antisemitische Durchhaltegeneral Dönitz, der sich für nichts weniger als die Rettung von Zivilisten interessierte, vollbracht hatte, sondern niedrige Marinedienststellen, welche die fanatischen Befehle ihrer Vorgesetzten unterliefen, um möglichst viele Menschenleben zu retten. Das gelang zu 99 Prozent der Fälle, und dennoch spielten sich viele menschliche Tragödien ab.

Den größten Bekanntheitsgrad erreichten wohl diejenigen, die sich bei der Versenkung des Flüchtlingsschiffes »Wilhelm Gustloff«, einem ehemaligen KdF-Kreuzfahrtdampfer mit etwa 8800 Zivilisten, darunter vielen Kindern und etwa 1500 Wehrmachtsangehörigen, am Abend des 31. Januar 1945 zutrugen. Günter Grass schilderte den dramatischen Ablauf der bis heute wohl größten Katastrophe der Seefahrtsgeschichte in seiner 2008 veröffentlichten Novelle *Im Krebsgang*. Es wurden – nach neuen Schätzungen – nur etwas mehr als 1200 Schiffbrüchige gerettet. Eine der Überlebenden berichtete unmittelbar nach dem Untergang des Schiffes, wie sie innerhalb weniger Stunden alle ihre Lieben verlor: »Oben auf Deck mußten wir feststellen, daß die Rettungsboote nicht funktionierten, sie waren alle festgefroren und ließen sich nicht ausklinken. So setzten wir uns auf die letzte Treppe und warteten. Plötzlich neigte sich das große Schiff auf die Seite und die Treppe, die vorher nach oben führte, ging nun nach unten, unmittelbar ins Wasser. Eine große Dünung spülte die Wellen aufs Schiff. Bine saß neben mir, mein Mann hinter uns. Bine sah mich groß an und ernst und sagte: ›Mutti, Du glaubst doch nicht, daß wir mit unseren Kleinkindern da hindurchkommen, das ist denn also der Tod.‹ Sie legte ihren Kopf an meine Schulter und gab mir einen Kuß. Ich küßte unseren Süßen, der mich so lieb anguckte, die vierte Welle spülte uns ins Wasser.« Sie überlebte als einzige ihrer Familie, konnte darin aber keinen Sinn finden.

Wie zur See, so verloren die Deutschen auch in der Luft 1942/43 endgültig ihre Überlegenheit. Initiator des Terrors aus der Luft war die deutsche Luftwaffe. Zu den schrecklichen Beispielen zählen insbesondere Warschau September 1939, Rotterdam Mai 1940 und Belgrad März 1941. In der Luftschlacht um England von August 1940 bis März 1941 wechselten die Luftstreitkräfte, nachdem sie die Royal Air Force nicht bezwingen konnten, zum Bombenkrieg über. Zunächst richteten sich die deutschen Angriffe auf London und kulminierten im *Battle of Britain Day* (15. September 1940), dem Höhepunkt der Luftschlacht um England. An diesem Tag verlor die deutsche Luftwaffe doppelt so viel Maschinen wie der britische Verteidiger. Zwei Tage später verschob Hitler die Landung *ad calendas graecas*, das unausgesprochene Eingeständnis einer Niederlage.

Dem Blitzkrieger war es nicht geglückt, England im ersten Ansturm niederzukämpfen und dem Krieg ein Ende zu bereiten. Die erhoffte Rückenfreiheit für die geplanten Feldzüge blieb eine Illusion. Es folgte noch der schwere Bombenangriff auf Coventry (14. November 1940), und schließlich konzentrierten sich die Angriffe auf britische Industrie- und Hafengebiete. Goebbels glaubte, Churchill werde »auf die Dauer daran verrecken«. Besonders das Beispiel Coventry zeigte, wie sich der Kampf um die Luftherrschaft zur Terrorisierung der Zivilgesellschaft entwickelte. Es wurde zum Inbegriff für den deutschen Luftterror. Während der zehn Stunden dauernden Attacke von fast 450 Bombern wurden 550 Menschen getötet und rund 70 000 Wohneinheiten in Schutt und Asche gelegt. Die Rüstungsindustrie dagegen erreichte innerhalb eines Monats wieder ihre alte Produktionskraft. Doch der von der nationalsozialistischen Propaganda gebrauchte Begriff des »Coventrierens«, was soviel wie »Städte durch Luftangriffe ausradieren« bedeutete, hielt sich länger, und vor allem die Sache selbst. Sie schlug in der zweiten Hälfte des Krieges wie ein Bumerang auf Deutschland zurück. Lange herrschte die Auffassung, dass Briten und Amerikaner den Angriff intensiv studierten und die Methoden in extenso auf deutsche Städte anwandten. Die neuere Forschung lässt den Zusammenhang so nicht mehr gelten, sondern betont die Eigenständigkeit der britischen Strategie des *terror bombing*, die sich von Beginn an gegen die Zivilbevölkerung gerichtet habe. Es war nach dem erfolgreich abgeschlossenen Westfeldzug jahrelang bis zur Invasion die einzige Möglichkeit Englands, Deutschland militärisch unmittelbar zu attackieren.

Nach schweren deutschen Verlusten musste Hitler im Frühjahr 1941 die Luftschlacht um England abbrechen. Obwohl er sich noch auf militärischem Siegeskurs bewegte, so hatte er, wie oben erwähnt, seine erste und vielleicht auch wichtigste Schlacht verloren. Die deutsche Luftwaffe, die, wie sich herausgestellt hatte, ohnehin nicht für den Bombenkrieg geeignet war, musste zur Unterstützung des Heeres im bevorstehenden

Ostfeldzug verlegt werden. Allein das schwächte ihre bisherige Initiativkraft im Westen deutlich.

Das britische *Bomber Command* begann seinerseits den strategischen Luftkrieg im Mai 1940 mit der Bombardierung des Ruhrgebiets. Es flog wegen der deutschen Jäger und der Flak nachts und in großer Höhe, was Präzisionsangriffe auf kleinere Ziele von vornherein ausschloss. Die Methode barg bereits im Ansatz die spätere Konzentration auf Flächenbombardements deutscher Städte. Anfang 1942 verschärfte sich die Situation. Die englische Regierung entschied sich im Februar für eine Bomberoffensive, zunächst für ein halbes Jahr, die erklärtermaßen vor allem Moral und Kampfeswillen der deutschen Zivilbevölkerung erschüttern sollte. Die Idee stammte von Professor Frederick Lindemann, einem Berater Churchills, die Ausführung übernahm eine Woche später der im Februar 1942 zum Chef des britischen Bomberkommandos ernannte Arthur Harris. Der heute noch als »Bomber-Harris« berüchtigte Luftmarschall der Royal Air Force ließ alsbald nachts seine Bombenteppiche aus Brand- und Sprengbomben (*target area bombing*) über die großen Städte Deutschlands ausbreiten. Unter seiner Regie wurde die Angriffstaktik geändert. Statt wie bisher in Wellen anzugreifen, wurde nun die »massierte Flächenbombardierung« vorgezogen.

Die Wahl für das erste Opfer fiel auf die Stadt Lübeck (29. März 1942). Thomas Mann reagierte angesichts des Grauens, das seine Geburtsstadt erleiden musste, erschüttert, aber durchaus rechtfertigend. Über Funk wandte er sich von Amerika aus an die Deutschen: »Es hat Brände gegeben in der Stadt, und lieb ist es mir nicht zu denken, daß die Marienkirche, das herrliche Renaissance-Rathaus oder das Haus der Schiffergesellschaft sollten Schaden gelitten haben. Aber ich denke an Coventry und habe nichts einzuwenden gegen die Lehre, daß alles bezahlt werden muß.« Im folgenden Monat erlebte Rostock die neue Taktik in vier Nächten, und am 31. Mai erlitt Köln dieses Schicksal mit voller Wucht. Bei der »Operation Millennium« handelte es sich um den ersten mit tausend Bombern geflogenen Angriff im Zweiten Weltkrieg. Etwa 400 Maschinen mit rund 6500 Mann Besatzung warfen 1350 Spreng- und 460 000 Brandbomben auf Köln. 12 000 Einzelbrände, die zu 1700 Großbränden zusammenschmolzen, ließen eine schwer getroffene Stadt zurück. Gleichwohl waren »nur« 3300 Gebäude zerstört, und es bedurfte noch vieler Luftangriffe (insgesamt 262), bis die stolze Stadt Köln einem Schutthaufen glich und in der Altstadt nur noch 5 Prozent des geschichtsträchtigen Baubestands übrig blieb. Wenn die Deutschen auch versuchten, dies mit dem Abwurf von 100 Brandbomben auf den Bischofssitz von Canterbury (1. Juni 1942) zu vergelten, so wurde doch deutlich, dass die Engländer sich von der Rolle der »Kriegsdulder« verabschiedet hatten. Durch Luftterror traten sie in den Kreis aktiver Kriegführender.

Dem Tausendbomberangriff folgten im Juni weitere Angriffe auf Essen (Anfang Juni) und Bremen (Ende Juni). Technische Neuerungen wie zum Beispiel auf dem Gebiet des Radar oder der Einsatz des zweimotorigen Bombers »Mosquito IV«, den die deutsche Jagdwaffe aufgrund seiner Schnelligkeit nicht mehr anzugreifen vermochte, ermöglichten den Engländern forciertere Angriffe. Die ersten dieser Art flog die Royal Air Force in der Nacht zum 31. Januar 1943 mit dem Ziel Hamburg.

Solch massierte Angriffe aus England konnte die deutsche Luftwaffe nur mit schwachen Schlägen kontern. Ihre sogenannten Vergeltungsangriffe mit relativ schwachen Verbänden von 25 bis höchstens 90 Flugzeugen mit insgesamt 3000 Tonnen Bomben richteten sich in der Zeit von April bis Oktober 1942 gegen Städte von hohem kulturellen Wert, weshalb man sie nach dem bekannten Kunstreiseführer als Baedekerangriffe bezeichnete. Die 3000 Bomben, die auf britische Städte wie

Exeter, Norwich, Bath oder Canterbury, jede von ihnen bar aller Verteidigung, in dieser Zeit abgeworfen wurden, hinterließen nachhaltigen Hass und tiefe Verachtung. Auch diese Angriffe machten wie die Luftschlacht um England deutlich, dass die deutsche Luftwaffe, geplant primär zur taktischen Unterstützung des deutschen Heeres, zur Führung eines strategischen Luftkrieges nicht taugte.

Als die Angriffe deshalb eingestellt werden mussten, zeigte sich, dass der zur gleichen Zeit von den Nationalsozialisten propagierten »Festung Europa« das »Dach« fehlte. Nicht Hitlers Gier nach Angriff und Vergeltung, sondern eine effiziente Luftverteidigung war das Gebot der Stunde. Man verfiel in erster Linie auf Geschütze und Beton. Exorbitante Programme für Luftschutzbauten und unterirdische Fabrikanlagen sorgten für passiven Schutz. Andererseits entstand die größte Flakarmee der Welt, die den aktiven Schutz der Städte übernahm. Von den 1,8 Millionen Soldaten Görings dienten über die Hälfte bei der Flakartillerie. Dazu zählten noch weitere 400 000 männliche und weibliche Helfer, Schüler und Kriegsgefangene. Für die Flak setzte man doppelt so viel Munition ein wie bei der Feldartillerie des Heeres. Alles in allem wurde ein riesiger Aufwand betrieben und ein mageres Ergebnis erreicht.

Mit dem Kriegseintritt der USA machte sich bald deren Massenherstellung von Flugzeugen bemerkbar. Allein im Jahr 1942 produzierten sie 48 000 Maschinen. Mit ihnen begann die US Air Force Anfang 1942 ihre eigene Basis auf der britischen Insel aufzubauen. Ihre 8. Luftflotte flog ab Sommer 1942 bereits ihre ersten Tagesangriffe, zunächst auf Ziele in nähergelegenen, von Deutschen besetzten Gebieten, Holland und Frankreich. Sie eröffnete ihren Eintritt in den europäischen Krieg mit den erstmals eingesetzten viermotorigen »Fliegenden Festungen«, von denen sie allein 1942 nicht weniger als 2600 besaß. Das Reichsgebiet selbst blieb noch bis Ende Januar 1943 davon verschont. Das änderte sich schlagartig mit der Vereinbarung zur *Combined Bomber Offensive*, die auf der Casablanca-Konferenz von den Westmächten getroffen wurde. Die gemeinsamen Bomberangriffe sollten die nächtlichen Angriffe der Royal Air Force mit den Tagesangriffen der Amerikaner kombinieren. Das machte eine Bombardierung rund um die Uhr möglich (*round the clock bombing*).

Opfer einer solchen modellhaften Bombardierung wurde Hamburg. Die britische Bomberflotte eröffnete den Großangriff in der Nacht zum 25. Juli 1943. Die amerikanische Luftwaffe setzte ihn am 25., dem Tag, an dem Mussolini in Italien gestürzt wurde, und am 26. Juli bei Tage fort. Die RAF beendete das grausame Geschehen mit Großangriffen am 27., 29. Juli und 3. August, jeweils nachts. Dass ein orkanartiger Feuersturm (ein neuer Begriff war geboren) von sechs Stunden Dauer entstand, dessen glühender Schmelztiegel 30 000 bis 50 000 Menschen verschlang, darunter Tausende von Kindern, lag im unglücklichen Zusammentreffen verschiedener Phänomene. Der erstmalige Abwurf von Stanniolstreifen (*windows*) in millionenfacher Stückzahl behinderte die Flakabwehr, da die Ortungsgeräte ausfielen. Die Funkmessgeräte der Jägerleitstellen fielen ebenfalls aus, die Nachtjäger blieben infolgedessen auf dem Boden. So konnte das Undenkbare geschehen: die Flugabwehr der wohl bestverteidigten Stadt Deutschlands war vollkommen lahmgelegt. Das wiederum machte den nahezu ungehinderten Abwurf von Spreng- und Brandbomben im Wechsel möglich, was den Einsatz von Feuerwehren zum größten Teil gar nicht mehr zuließ. Eine außergewöhnliche Sommerhitze tat noch ein übriges, so dass sich inmitten des Feuersturms ein mehrere Kilometer hoher Schlot bildete, durch den eine gigantische Kraft zwei Milliarden Tonnen Sauerstoff in die Luft geschleudert haben soll. Das bewirkte wiederum Horizontalstürme von enormer Sogwirkung. Menschen, die da hineingerieten, konnten sich darin nicht halten. Sie wurden unweigerlich in den feuerspeienden Höllenschlund gerissen »wie die armen Seelen in die Verdammnis«, worauf der Bomberkommandeur Harris mit seiner symbolträchtigen Wahl des biblischen Decknamens »Gomorrha« womöglich gehofft hatte. Hunderttausende flohen aus der qualmenden Stadt. Den Überlebenden dämmerte es, dass sie ihr altes Hamburg für immer verloren hatten. Der Hamburger Angriff löste bei einigen Nazi-Größen schlimmste Befürchtungen aus, Generalfeldmarschall Erhard Milch nannte den Luftkrieg ein »ganz schweres Verhängnis« und wollte die neugebauten Jäger vorrangig der Reichsverteidigung zur Verfügung stellen, und Goebbels sah im Luftkrieg »das Problem der Probleme, sozusagen die blutende Wunde des Reiches«. Seiner Meinung nach habe in der ohnehin krisenhaften Zeit die Katastrophe von Hamburg eine »Art von Weltuntergangsstimmung« ausgelöst.

Über allen Deutschen hing von nun an, so Goebbels, das »Damoklesschwert«. Görings Flieger ließen sich am Himmel über Deutschland kaum noch blicken. Deutschland sah sich den verheerenden Angriffen schutzlos ausgeliefert. Verantwortlich waren hierfür eklatante Fehlentscheidungen in der Aufrüstung. Diese erkannte der Generalluftzeugmeister Ernst Udet bereits während der Luftschlacht um England und verübte im November 1941 Selbstmord. Erfolgsverwöhntes Denken in den Kategorien des Blitzkrieges hatte Göring zu dem vermessenen Befehl von Februar 1940 verleitet, auf alle innovative Entwicklung zu verzichten, die nicht bis Ende 1941, dem Zeitpunkt des geplanten Kriegsendes, noch von praktischem Nutzen sein könnte. Stattdessen waren nur Produktionssteigerungen und Verbesserungen bei den bewährten Flugzeugmodellen vorgesehen. Darüber hinaus wirkte sich vor allem die Entscheidung, die Luftrüstung nicht rechtzeitig bzw. überhaupt nicht von der Offensive auf die Defensive umzustellen, negativ aus. Ohne moderne Jagdwaffe konnte die alliierte Großoffensive kaum effektiv abgewehrt werden. Nach dem auffallenden Versagen der Luftabwehr bei den monströsen Angriffen auf Hamburg erkannte Generaloberst Jeschonnek, Generalstabschef der Luftwaffe, diese Fehlentscheidung und suchte ebenfalls den Freitod (18. August 1943).

Das Jahr 1943 schloss mit einer großen britischen Luftoffensive gegen die Reichshauptstadt (*Battle of Berlin*), die auf eine »Hamburgisierung« Berlins abzielte. Sie begann in der Nacht zum 19. November und wurde Ende März 1944 abgebrochen, weil die Bomber der RAF auf ihren Einsatz bei der Landung in Nordfrankreich eingestimmt werden mussten. In der Zeit flogen die Engländer 16 Großangriffe (plus zusätzlich drei amerikanische Tagesangriffe) und verfehlten doch ihr eigentliches Ziel. Berlin brannte einfach nicht im erwünschten Feuersturmausmaß wie Hamburg, und die Stimmung unter den Berlinern blieb trotz Tausender zu beklagender Toter (6000) und fast 10 Quadratkilometern zerstörten Terrains unverändert stabil. Auch die Regierungsbürokratien funktionierten weiter. Die Industrie war zwar geschädigt, aber bei weitem nicht gelähmt. Hinzu kam, dass weiträumige und effizient durchorganisierte Maßnahmen zu Evakuierungen vorgenommen wurden. Die Familien waren, wo immer möglich, aufgeteilt. Es lässt sich folgende Konstellation denken: Der Vater arbeitete im Ruhrgebiet, die Mutter hielt sich mit ihrem Baby in Oberbayern auf, die Tochter gelangte mittels Kinderlandverschickung nach Thüringen und die Söhne verteidigten Kiew oder das Kloster auf dem Monte Cassino. Familien wie dieser stand der Sinn nur noch nach einem Wiedersehen, und ihre Energie erschöpfte sich meist in Aktionen für dieses Ziel. Unter solchen Umständen dachte so gut wie keiner an Widerstand.

Die amerikanischen Angriffe gegen die Flugzeugindustrie im Süden Deutschlands im Februar 1944 und insbesondere die gegen die Hydrierwerke und Ölraffinerien im Mai führten zu einem ernsten Versorgungsengpass. Für die Ausbildung und für den Einsatz von Flugpersonal fehlte es am Nötigsten, vor allem an Treibstoff. Ohne ihn mussten auch komplette Einheiten im Heer die Panzer stehenlassen und sich aufs Fahrrad schwingen. Bombardements auf Treibstoffwerke und auf das Verkehrsnetz schwächten tatsächlich ab Mitte 1944 die deutsche Rüstungsproduktion spürbar, weil dadurch die Zulieferungen für den unterirdischen Bombenbau, der an sich sonst ungehindert hätte produzieren können, in erheblichem Maße behindert wurden. Dies traf den Produktionsnerv der Kriegsrüstungsindustrie. Die Flächenbombardements, die Ende 1944 vier Fünftel aller Städte in Deutschland mit jeweils mehr als 100 000 Einwohnern in Schutt und Asche gelegt hatten, verfehlten ihr Ziel. Sie reduzierten weder die Rüstungsproduktion wesentlich, noch erschütterten sie die Kampfmoral der Bevölkerung.

Die Fertigstellung von Flugzeugen bewegte sich 1944 zwar auf Rekordhöhe, was sich aber nicht auf die Verteidigung auswirkte. Die Kampfverbände wurden nach dem Willen Hitlers nicht dazu verwandt, sondern für Angriffe zur Unterstützung des Heeres im Ostfeldzug eingesetzt.

So wenig wie die deutschen Vergeltungsflüge nach England Nennenswertes ausrichteten, so wenig konnte der Einsatz der angeblich kriegsentscheidenden Wunderwaffen (V-Waffen [»V« für »Vergeltung«]) in der Phase nach der Invasion von Juni 1944 bis März 1945 die hochgesteckten deutschen Erwartungen erfüllen. Auf ihr Konto gingen dennoch fast 9000 Tote in England und beinahe 6500 in Belgien.

In der Endphase des Krieges fielen noch viele Städte den scheinbar militärisch sinnlosen Flächenbombardements der

Westalliierten zum Opfer. Als Paradebeispiel für kaum zu rechtfertigenden Luftterror gegen die Zivilbevölkerung wird oft der Angriff auf Dresden angeführt, das wegen seiner baulichen Kostbarkeiten den Beinamen »Elbflorenz« trug. Nach den Angriffen (14./15. Februar 1945) war davon kaum noch etwas übrig und horrend viele Tote zu beklagen. Die Zahl der Toten, lange Zeit Gegenstand propagandistischer Spekulation, schmolz von ehemals vermuteten 200 000 nach neuesten Zählungen auf 25 000. Weit weniger bekannt ist das Bombardement auf Pforzheim in der Nacht zum 24. Februar 1945, weder militärisch noch kulturell von Wichtigkeit. Die Gegner warfen 100 Bombentonnen mehr als bei dem »Millennium« in Köln auf die kleine Stadt von 65 000 Einwohnern. Ein Feuersturm brach aus, in brennenden Häuserblocks stieg die Temperatur bis auf 800 Grad und Metalle schmolzen dahin. Die Keller glichen Krematorien, und die Menschen darin verglühten zu kleinen Aschehäufchen. Fast jeder dritte Pforzheimer starb. Im Vergleich dazu wurde im August 1945 durch die Atombombe in Nagasaki »nur« jeder siebte getötet.

Eine Bombenlast von 1,6 Millionen Tonnen fiel im Zweiten Weltkrieg auf über 1000 Gemeinden mit insgesamt 30 Millionen Zivilisten. Davon verloren über 400 000 ihr Leben, weit weniger als bei Flucht und Vertreibung. 10 Millionen Menschen wurden evakuiert, 4 Millionen Wohnungen fast oder ganz zerstört. Der Wert von historisch einzigartigen Altstädten und Kulturschätzen kann in Zahlen nicht angegeben werden. Britische und amerikanische Bomber flogen über 700 000 Einsätze gegen Deutschland und verloren dabei ungefähr 100 000 Mann.

Der Bombenkrieg habe, sagen die Experten, nicht den Krieg entschieden, aber einen wesentlichen Beitrag zur Niederlage Deutschlands geleistet.

2. Übergang der militärischen Initiative an die Westmächte

Während die deutsche Luftabwehr bereits 1942 ein schlechtes Bild abgeliefert hatte, verzeichnete die deutsche Seekriegführung in diesem Jahr so spektakuläre Erfolge, dass ein siegreiches Ende des Aggressionskriegs zum Greifen nahe schien. Ähnlich siegessicher zeigte sich die Heereskriegführung. Positive Stimmung breitete sich aus und konzentrierte sich darauf, das im Vorjahr Versäumte in einem zweiten Anlauf nachzuholen.

In Nordafrika standen dafür die Zeichen günstig. Zweifellos hatten dort die Briten durch den Transport eines Teils ihrer Kräfte zum neuen fernöstlichen Kriegsschauplatz einen Aderlass an Kampfkraft hinnehmen müssen. Die in der italienischen Kolonie Libyen stehende deutsch-italienische Panzerarmee unter Erwin Rommel wurde Anfang des Jahres dagegen einigermaßen mit Nachschub versorgt. Dafür sorgten die schweren italienischen und deutschen Bombardements des britischen Stützpunkts Malta, von dem aus gewöhnlich britische Flieger die italienischen Versorgungskonvois bombardierten und das gesamte Mittelmeer abriegelten. Nachschubprobleme gab es von Anfang an, sie begleiteten im Grunde den gesamten Afrikafeldzug. Zur Überraschung des Gegners eröffnete Rommel am 21. Januar aus der Marsa el-Brega-Stellung heraus, auf die er sich erst am 12. Januar unter Verlusten zurückgezogen hatte, seine zweite Offensive auf die Cyrenaika. Innerhalb von 14 Tagen eroberte er sie zurück und stieß bis zum stark befestigten Gürtel von Gazala vor. Die Cyrenaika, eine Provinz im Nordosten Libyens, hatte wieder einmal den Besitzer gewechselt und sollte weiterhin kriegerischer Schauplatz in Nordafrika bleiben. Die Front in der libyschen Wüste, Garant für das deutsch-italienische Bündnis, besaß auch die Funktion eines wichtigen Vorpostens, der einen gewissen Abfangschutz bot für die eher schwache Situation der Deutschen im Mittelmeerraum und auf dem Balkan.

Nach den überraschenden Wintererfolgen wähnte sich Stalin bereits auf der Siegesstraße und befahl im April 1942 die Rückeroberung der in der Mitte der Ostfront liegenden Stadt Charkow, die inzwischen für den deutschen Nachschub einige Bedeutung erlangt hatte. Doch der Großangriff am 9. Mai 1942 erfolgte verfrüht. Weder Truppen noch operative Kriegskunst der Roten Armee zeigten sich zu diesem Zeitpunkt in der Lage, eine solche Offensive auszuführen, ganz abgesehen davon, dass in diesem Falle auch einmal der deutsche Nachrichtendienst funktionierte. Drei sowjetische Armeen rannten erneut in ihr Unheil. Weit über 200 000 Rotarmisten gingen in deutsche Kriegsgefangenschaft, und den Deutschen fielen Unmengen verschiedenster Kriegsmaterialien in die Hände.

Ähnlich katastrophal wirkte sich für die Rote Armee ihre Offensive auf der Krim aus, möglicherweise weniger durch Feindeinwirkung als durch den politischen Terror innerhalb der Armee. Dafür war vor allem Lew S. Mechlis, Leiter der Politischen Hauptverwaltung, verantwortlich, der sich direkt in das militärische Geschehen einmischte. Beispielsweise führte sein Verbot, Schützengräben auszuheben, da dies die Feigheit vor dem Feind fördere, innerhalb von zwölf Tagen über 160 000 Soldaten in den Tod. Viele der sowjetischen Soldaten wurden von den Sowjets liquidiert. Selbst bei fadenscheinigstem Verdacht bzw. bei absurdester Denunziation waren die Angeschuldigten ohne viel Federlesens zu exekutieren oder, wie Stalin sich ausdrückte, »auf der Stelle zu vernichten«. Hier nahm der ins Innere der Roten Armee gerichtete Terror seinen Anfang, der in den erst zu Zeiten von *Glasnost* (Transparenz) unter Gorbatschow 1988 bekannt gewordenen, berühmt-berüchtigten Befehlen Stalins von Juli und August 1942 (insbesondere dem Befehl 227 vom 28. Juli 1942) gipfelte, wonach jeder Meter sowjetischen Bodens bis zum letzten Blutstropfen verteidigt werden musste. In Gefangenschaft geratene Armeeangehörige erwartete die Anklage als Vaterlandsverräter. Die Schande traf auch deren Angehörige. Aufgrund kleinster Vergehen konnten Soldaten oder Offiziere mittels schnell arbeitender Kriegsgerichte erschossen oder in Strafbataillone versetzt werden. Das bedeutete im Alltag eines Rotarmisten, vor seiner eigenen Armee genauso viel Angst haben zu müssen wie vor dem Feind. Von beiden Seiten drohte ihm der Tod. Der Rotarmist diente in seiner Einheit, bis er erschossen oder schwer verwundet wurde. Eine Alternative dazu bot sich ihm nach seinem Eintritt in die Streitkräfte nicht mehr.

In Nordafrika hatte Rommel inzwischen eine weitere Offensive gestartet. Hinter der Gazala-Front konzentrierte sich die 8. britische Armee, um im Sinne der Stalinschen Forderung nach einer zweiten Front und zur Entlastung Maltas einen eigenen Angriff vorzutragen. An Menschen und Material unterlegen, schlugen die deutschen Kräfte in der Nacht vom 26. Mai um die gegnerische Stellung einen Bogen und griffen die Briten in ihrem Rücken an. Es bedurfte aber noch weiterer wochenlanger Kämpfe in der Wüste, unterstützt durch Stukabeschuss aus der Luft, bis die britische Armee gespalten und die Festung Tobruk, Symbol britischen Widerstands, am 21. Juni erobert werden konnte. An diesem Tag fielen den Achsenstreitkräften über 30 000 britische und südafrikanische Gefangene in die Hand, und reiche Vorräte an Benzin und Lebensmitteln wechselten den Besitzer. Die britische 8. Armee war so gut wie aufgerieben. Hitler dankte es Rommel und ernannte ihn bereits am nächsten Tag zum Generalfeldmarschall. Es sollte aber der letzte spektakuläre Sieg des Wüstenfuchses auf afrikanischem Boden bleiben.

Im Glanze des siegreichen Gefechts, so wie es für die damals Beteiligten den Anschein hatte, war es für Hitler ein leichtes,

Mussolini zur Aufgabe seiner Pläne, Malta zu erobern, und zu einer gemeinsamen Vernichtung des angeschlagenen Feindes zu überreden. So überschritten am 23. Juni deutsch-italienische Truppen unter Rommel die Grenze zu Ägypten, in der Absicht, Kairo einzunehmen. Am 28. Juni gelang den Achsenstreitkräften die Eroberung von Marsa Matruk. Goebbels konstatierte in seinem Tagebuch »zunehmende Panik in Alexandrien. Riesenmenschenmassen sollen sich auf den Straßen wälzen und zum Teil auch den englischen Nachschub ernstlich in Gefahr bringen. Die Engländer werden, wenn sie in Nordafrika zu Bruch kommen, ein Debakel erleben, von dem sie sich wahrscheinlich im Augenblick noch keine Vorstellungen machen können. Gerät ein Weltreich von den Dimensionen des britischen einmal ins Wanken, so gibt es eine erdbebenhafte Erschütterung [...]. ›News Chronicle‹ versteigt sich schon zu der deprimierenden und pessimistischen Feststellung, daß das Empire im Begriff ist, für die Engländer verlorenzugehen.« Es entbehrt nicht der Komik, wie Mussolini bereits Ende Juni nach Libyen eilte, um sich pompös nach Faschistenart in der ägyptischen Hauptstadt als Sieger in Szene setzen zu können. Am 20. Juli sollte er desillusioniert nach Rom zurückkehren. Zwei Tage darauf trafen Achsentruppen bei dem legendären El Alamein, nur hundert Kilometer von Alexandria entfernt, auf unüberwindbaren Widerstand. Rommels Truppen litten an totaler Erschöpfung. Sie zeigten sich außerstande, die letzte Abwehrstellung der Briten vor dem Nildelta zu erobern und mussten schließlich aufgeben. Aber auch die Briten scheiterten mit ihren Gegenattacken. Auch ihnen fehlte es an der nötigen Kraft. Ende Juli nistete sich ein langandauernder Stellungskrieg ein.

Genau an demselben Tag (28. Juni), an dem Rommel noch einmal, ein letztes Mal, siegte, bevor sein Vorstoß vor Ägyptens Grenze steckenblieb, trat die Heeresgruppe Süd in der

Sowjetunion zur großen Sommeroffensive an, fast auf den Tag genau ein Jahr nach dem Beginn des Überfalls auf die SU. Wiederum schien der Wehrmacht alles zu glücken. Wie im Sommer 1941 trafen die deutschen Truppen auf völlig überraschte und unvorbereitete sowjetische Einheiten, obwohl wie im Vorjahr Anzeichen und Warnungen vorlagen. Überzeugende Belege für die Offensive fanden sich in einem hinter den sowjetischen Linien abgestürzten Flugzeug. Es handelte sich um die vollständigen Aufmarschpläne. Der notorisch misstrauische Stalin glaubte an eine absichtlich inszenierte Täuschung und befahl aufgrund seiner Erfahrungen vom Vorjahr die Massierung der sowjetischen Truppen gegenüber der Heeresgruppe Mitte. Stalin irrte sich erneut in der deutschen Stoßrichtung und erwartete gemeinsam mit einem Großteil seiner Generäle den deutschen Angriff auf Moskau in der sicheren Annahme, Hitler werde dort seinen im Dezember gescheiterten Versuch, die Kapitale der SU zu erobern, fortsetzen und zum Ende führen wollen.

Tatsächlich entsprach das exakt den Empfehlungen deutscher Generäle, doch der Diktator entschied sich anders. Hitler zog einer Lahmlegung der wirtschaftlichen und politischen Zentrale des Sowjetreichs die Inbesitznahme neuer Rohstoffregionen, insbesondere der Erdölgebiete im Süden, vor. Aber es fehlte nicht allein an Öl. In vorderster Linie fehlten der südlichen Ostfront eine halbe Million Soldaten, um sämtliche zum Angriff eingeteilten Divisionen samt Nachschub kampffähig machen zu können. Offiziell wurde die Gefallenenzahl laut Goebbels für ein Jahr Ostfeldzug mit 271 612 beziffert. Eine »Kampfwertbeurteilung« von März 1942, die der Generalstab des Heeres in Auftrag gegeben hatte, bescheinigte der Armee im Osten, dass nur noch acht Divisionen bzw. fünf Prozent der vorhandenen Einheiten die volle Angriffsfähigkeit besäßen. Zu Beginn des Unternehmens »Barbarossa« im Juni 1941 lag

dieser Prozentsatz noch bei 64. Die Reserven, die nach Nazilo-
gik nur für einen Blitzkrieg angelegt waren, gingen allerorten
zu Neige.

Es musste die gesamte Kriegswirtschaft umorganisiert
werden. Darin bestand die Hauptaufgabe des neubestallten
Reichsministers für Bewaffnung und Munition, Albert Speer,
der trotz schwerer Kriegsbelastungen und zunehmender Luftangriffe auf Städte und einschlägige Industrieanlagen eine
überraschende Steigerung der Rüstungsproduktion erreichte.
Wie sehr seine Leistung den Krieg verlängern half, zeigt seine
letzte Denkschrift an Hitler von 1945, in der er behauptete,
dass ohne seinen Einsatz Deutschland wohl bereits 1942/43
besiegt worden wäre. Zwischen Anfang 1942 und Mitte 1944
verfünffachte sich die Fertigung von Panzern, die von Munition verdreifachte sich und die der Flugzeuge verdoppelte sich.
Diese enormen Leistungssteigerungen änderten aber nichts an
der negativen Gesamtbilanz. Deutschland lag in Sachen Rüstungsproduktion hoffnungslos hinter den USA und auch
Großbritannien und besaß allein aufgrund dieser wirtschaftlichen Tatsache, nachdem das Blitzkriegskonzept nicht hatte
verwirklicht werden können, nie mehr auch nur die leiseste
Chance, den Krieg noch zu gewinnen. Für eine Steigerung der
Rüstungseffizienz benötigte Speer dringend Hunderttausende
von zusätzlichen Arbeitskräften. KZ-Häftlinge, Zwangsarbeiter und allmählich auch sowjetische Kriegsgefangene, die anfänglich aus ideologischen Gründen zurückgehalten worden
waren, zwang das Regime rücksichtslos zum Arbeitseinsatz.
Im Jahr 1942 erfolgten die größten Aktionen zur Anwerbung
bzw. Zwangsrekrutierung von zivilen Arbeitskräften aus dem
Operationsgebiet der Wehrmacht in das Deutsche Reich.

Für diese Deportationen von Millionen von Ostarbeitern
nach Deutschland wurde der Gauleiter Fritz Sauckel im Frühjahr 1942 nahezu zeitgleich mit Speers Ministerernennung

zum Generalbevollmächtigten für den Arbeitseinsatz ernannt. Unter ihm entartete die Anwerbung von Ostarbeitern zur verbrecherischen Sklavenjagd. Keiner konnte mehr vor Deportation sicher sein, Arbeitsfähige wurden von der Straße weg, vor dem Kino, beim Anstehen um Brot oder Milch, wahllos verhaftet und in Auffanglager verschleppt. Im Machtdreieck zwischen dem Rüstungspotentaten Speer mit seinen rationalen Anforderungen zu wirtschaftlicher Effizienz und dem Reichssicherheitshauptamt mit seinem Anspruch auf den Primat nationalsozialistischer Rassendoktrin spielte der Generalbevollmächtigte für den Arbeitseinsatz eine wichtige politische Rolle. Es zählte zu seinen primären Aufgaben, diese unterschiedlichen Interessen in Einklang zu bringen. Aber letztlich waren alle Bemühungen um Steigerung der Produktivität von rasseideologischen Maßnahmen dominiert. »Fremdvölkische«, so sehr eigene Überlebenschancen von deren Arbeitseinsatz abhingen, wurden durch eine Reihe von Maßnahmen kontrolliert, gedemütigt und diskriminiert, wodurch die Nazis ihre eigenen Bestrebungen konterkarierten.

Neben der Intensivierung der Rüstungsproduktion und der Steigerung des dazu notwendigen Einsatzes von Fremd- und Zwangsarbeitern blieb doch die Grundlage allen Bestrebens zur Rüstungssteigerung die Versorgung mit Rohstoffen und deren Sicherstellung. Das galt insbesondere für die Gewinnung von Mineralöl. Bereits im Herbst 1941 kündigten sich für den Nachschub katastrophale Engpässe an. In der Logik des Diktators hieß das, wenn denn das Blitzkriegskonzept nun einmal versagt hatte und er 1942 in einem zweiten Anlauf die Sowjetunion besiegen wollte, musste er auf die Eroberung von weiten Agrarflächen zur Ernährung der Truppen und des Heimatlandes und vice versa eine erbarmungslose »Hungerpolitik« für die eroberte Bevölkerung setzen. Darüber hinaus war die Gewinnung von Mineralöl für die Beweglichkeit der Truppen kriegsentscheidend, so sah es jedenfalls Hitler. Er befahl für die Sommeroffensive die Stoßrichtung gegen den Süden, wo in Baku und im Nordkaukasus die kriegswichtigen Ölfelder lagen. Bereits am 1. Juni 1942 soll Hitler die Frage nach der Ölgewinnung konsequent zu Ende gedacht haben. Anlässlich eines Frontbesuches im Hauptquartier des Heeres erklärte er, sollte er nicht die Ölfelder von Maikop und Grosny einnehmen können, müsse er den Krieg »liquidieren«. Deutsche Truppen eroberten tatsächlich am 9. August 1942 Maikop, doch die ihnen auf dem Fuße folgende Mineralölbrigade stieß auf gründlich zerstörte Förderanlagen. Eine schnelle Reparatur schien völlig ausgeschlossen. Die erhoffte und so dringend nötige Förderung von einer Million Tonnen Öl jährlich blieb ein frommer Wunsch.

So wie Hitler seine Vorkehrungen für die Offensiven von 1942 traf, so führte Stalin die seinen für eine verbesserte kriegsökonomische Lage durch. Trotz des schnellen Vordringens der deutschen Wehrmacht im Sommer/Herbst 1941 gelangen innerhalb von kurzer Zeit staunenswerte Verlegungen von kriegswichtigen Industrieanlagen über 2000 Kilometer weiter in den Osten hinter den Ural. Die Produktion konnte ebenfalls erstaunlich rasch wiederaufgenommen werden. Schätzungen zufolge wurden mehr als 2500 kriegswichtige Industrieanlagen demontiert und mit 25 Millionen Menschen in den Ural, aber auch weiter in Richtung Sibirien, evakuiert. Ende Juni 1942 standen sie alle in voller Produktion und garantierten der sowjetischen Kriegsführung während des gesamten Kriegsverlaufs eine eindeutige Überlegenheit an Waffen aller Art. Darüber hinaus wurden neue Rohstoffvorkommen erschlossen. Hitlers Bestreben nach wirtschaftlicher Autarkie schien seinem Erzfeind Stalin geglückt zu sein. In der Weltkriegsliteratur kursiert für die Verlagerung der sowjetischen Industrie in den Osten gemeinsam mit der Erschließung neuer Rohstoffquellen das Wort vom »ökonomischen Stalingrad« für Deutschland.

Die Sowjetunion gewann nach der erwarteten, aber ausgebliebenen Niederlage vor Moskau in den Augen der Alliierten als Bündnispartner an Wert und wurde in einem nicht enden wollenden Strom mit kriegswichtigen Lieferungen über die eisfreien Häfen und auf dem Landweg über den Iran versorgt. Das reichte von Lokomotiven über Stiefel bis zu Dosenfleisch. Mit letzterem wurde ein Großteil der Rotarmisten verpflegt, weshalb man es auch treffend »zweite Front« nannte. Geradezu legendären Ruf erlangte die Lieferung von 400 000 Lastwagen der amerikanischen Firma Studebaker and Dodge. Sie bildeten den logistischen Kern der Roten Armee und die Grundlage für die frappierende Flexibilität der sowjetischen Verbände vor allem nach »Stalingrad«.

In der Nacht zum 31. August 1942 eröffnete Rommel in Nordafrika nochmals eine Offensive. Eile schien geboten, denn die Nachschubversorgung fiel für die Briten von Tag zu Tag günstiger aus. Während deren Versorgung auf dem Weg um die südafrikanische Spitze gesichert schien, fielen etwa zwei Drittel der deutsch-italienischen Nachschublieferungen den Briten in die Hände. Der britische Stützpunkt Malta erfüllte wieder seine alte Funktion, nachdem die im Mittelmeerraum operierende deutsche Luftwaffe zur Unterstützung Rommels nach Nordafrika verlegt worden war. Zum anderen gelang es England, den italienischen Funkverkehr zu entziffern. Dadurch war es über Route und Fahrtzeiten der Konvois, aber auch über die Materialien, die ihr Ziel erreichten, so gut informiert, dass die Deutschen begannen, den Italienern zu misstrauen und ihnen sogar Verrat zu unterstellen. Über ULTRA erhielten die Briten natürlich auch von dem Angriffsplan Rommels genaue Kenntnis und so konnten sie sich in aller Ruhe für die Attacke wappnen. Aus der geplanten Durchbruchs- und Umfassungsschlacht wurde nichts. Es entstand eine Frontalschlacht, die Rommel am 3. September mit hohen Verlusten abbrach. Sein Ziel, das Nildelta zu erreichen, musste er definitiv aufgeben. Die Gründe dafür lagen in der britischen Luftüberlegenheit und im deutschen Treibstoffmangel. Der Nachschub für Nordafrika klappte ebenso wenig wie bald darauf der an die Ostfront. Es kristallisierte sich erstmals deutlich heraus, dass die Initiative den Achsenmächten durch Überdehnung ihrer Expansionskräfte entglitt und auf die Alliierten überwechselte.

Die britische Royal Air Force gewann immer mehr die Kontrolle über den Mittelmeerraum, und Generalleutnant Montgomery, ab dem 13. August 1942 der eigentliche Gegenspieler von Rommel in Nordafrika, leitete seinen Gegenangriff am 9. Oktober mit einer Serie von Luftangriffen auf deutsche Flugplätze und Nachschubhäfen ein. Eine letzte deutsch-italienische Offensive gegen Malta aus der Luft musste nach neun Tagen aufgegeben werden. Kurz darauf (23. Oktober) griff Montgomery mit überlegenen Kräften die Achsenpartner an und durchbrach die deutsche Front bei El Alamein an einigen Stellen. Unter starken Verlusten auf beiden Seiten gelang es Rommel, der seine Kur in Deutschland abgebrochen und wieder den Oberbefehl übernommen hatte, noch einmal, die Front trotz der Einbrüche vorübergehend zu stabilisieren. Als aber am 2. November 1942 englische Streitkräfte die Entscheidung suchten, erkannte Rommel, dass nur noch ein Rückzug seiner Truppen auf die Fuka-Stellung einen Durchbruch der Front vermeiden konnte. Alles andere hätte die unbeweglichen Infanteriedivisionen der Vernichtung preisgegeben. Doch Hitler befahl ihm (3. November), keinen Meter Boden zurückzuweichen, Sieg oder Tod sei die Losung. Rommel befolgte Hitlers Befehl, der den Untergang der deutsch-italienischen Afrika-Armee besiegelte. Aufgrund der völlig aussichtslos gewordenen Lage befahl Rommel dann doch noch auf eigene Faust den Rückzug, musste dabei aber die gesamte Infanterie inklusive Kriegsmaterial zurücklassen. An Widerstand war nicht mehr zu denken. Von nun an konnte nichts mehr den britischen Vormarsch aufhalten. El Alamein ging als »Entscheidungsschlacht« in die Geschichte ein.

Parallel zu den Entwicklungen auf dem nordafrikanischen Kriegsschauplatz fanden an der sowjetischen Front nahezu zeitgleich geradezu verblüffend ähnliche Ereignisse statt. Auch hier schien zunächst die Kriegsgöttin auf Seiten der deutschen Aggressoren zu stehen. Obwohl die deutschen Truppen inzwischen an Personal wie Material den sowjetischen hoffnungslos unterlegen waren, erzielten sie größte Raumgewinne. Die nächsten Kriegsziele, die Einnahme Leningrads, die Gewinnung des kaukasischen Erdöls und die Eroberung Stalingrads als symbolträchtiger Ersatz für die misslungene Einnahme Moskaus schienen der Verwirklichung nahe.

Die deutsche Sommeroffensive des Jahres 1942 begann am 28. Juni und sollte nach Meinung Hitlers die Wehrkraft der Sowjets endgültig »vernichten« und ihnen die »kriegswirtschaftlichen Kraftquellen« rauben. Wie eingangs des Kapitels erwähnt, sollte der Wehrmacht noch einmal ein Überraschungsangriff gelingen. Binnen kurzem hatte vor allem die 4. Panzerarmee, unterstützt von der Armee Weichs, der 6. Armee und der 2. ungarischen Armee den Don erreicht, Brückenköpfe installiert und die für Verkehr und Rüstung zentrale Stadt Woronesch ausgeschaltet. Auf Stalin war die Wirkung enorm. Er traf Vorkehrungen, um Einschließungen in Zukunft möglichst vorzubeugen. Hitler hingegen entschloss sich am 7. Juli, die Heeresgruppe Süd in einen Südflügel (Heeresgruppe A) und einen Nordflügel (Heeresgruppe B) zu spalten, um in einer riesigen Zangenbewegung mit Stoßrichtung auf Stalingrad möglichst zahlreiche Verbände der Roten Armee zu vernichten und das ebenfalls für Rüstung und Verkehr wichtige Zentrum einzunehmen. Als sich aber die beiden Heeresgruppen wieder zusammenschlossen, hatten sie die beabsichtigte Einkreisung und Vernichtung des Gegners westlich des Flusses Don nicht erreicht. Dennoch glaubte Hitler, der Feind, der nur zurückgewichen war, sei tatsächlich vernichtet. Auf ihrem Rückzug gab die Rote Armee Stadt für Stadt auf und ließ deren Einwohner glattweg im Stich. In der sowjetischen Bevölkerung machte sich ohnmächtige Wut breit. So schrieb zum Beispiel ein Soldat kurz vor seinem Tod: »Die meisten unserer Kommandeure sind Feiglinge. Jedenfalls mussten wir nicht weglaufen, sondern hätten standhalten und ihnen Paroli bieten können. Gebt uns den Befehl, westwärts zu marschieren! Zum Teufel mit Rückzug! Es kotzt mich an, meine Heimatorte aufzugeben.« Die neue Rückzugstaktik der sowjetischen Armee im Donbogen wusste Hitler, wie gesagt, nicht realistisch einzuschätzen. Er peitschte seine Truppen immer schneller vorwärts, so dass sie zuweilen wegen fehlenden Sprits tagelang auf der Strecke liegenblieben. Trotz des riesigen Raumgewinns wollte es Hitlers Streitkräften nicht gelingen, den Gegner zu packen. Während des Vorwärtsstürmens überließen sie die Sicherung entlang der langen Donflanke schwachen Truppen von Verbündeten.

Am 1. Juli wurde Sewastopol eingenommen, die Krim war nun fest in deutscher Hand. Hitler befahl der nach Leningrad verlegten 11. Armee unter Manstein, die Stadt mit dem symbolträchtigen Namen endgültig zu stürmen. Das misslang gründlich. An der Leningrader Einschließungsfront wurde die Armee in starke Abwehrkämpfe verwickelt. So wurden Kräfte gebunden, die der deutschen Wehrmacht beim Angriff auf Stalingrad, der anderen Stadt mit symbolträchtigem Namen, fehlen sollten. Noch lag Hitler der Gedanke daran fern, noch siegte er allerorten.

In Siegeslaune erteilte er am 23. Juli 1942 den folgenschweren Befehl zu zwei extrem divergierenden Offensiven. Sie sollten die Front überdehnen und zur Katastrophe von Stalingrad führen. Diese größenwahnsinnige Strategie sah für die Heeresgruppe A folgende Aufgabe vor: nach Süden über den Don anzugreifen und über den Kuban sowie den westlichen Kaukasus bis zur Ostküste des Schwarzen Meeres vorzustoßen, zeitgleich zum Kaspischen Meer vorzudringen und das Ölgebiet von Grosny sowie den Raum um Baku in Besitz zu nehmen. Die Heeresgruppe B bzw. die 6. Armee sollte, so befahl Hitler ebenfalls am 23. Juli, nunmehr allein, nach Osten gegen Stalingrad vorgehen. Sieben Tage darauf, am 30. Juli, änderte er dies nochmals ab, weil die 4. Panzerarmee der Heeresgruppe A nun der Heeresgruppe B unterstellt wurde. Doch auch mit dieser hinzugewonnenen Kraft fehlte es der Heeresgruppe B, bzw. der 6. Armee, an der nötigen offensiven Stärke, um die von Hitler gesteckten Ziele auch nur annähernd erfüllen zu können. Der »Führer« verlangte die Einnahme Stalingrads innerhalb von einer Woche. Im sofortigen Anschluss daran sollten die Streitkräfte entlang der Wolga zum Kaukasus marschieren. Für die geschwächte und geteilte Heeresgruppe eine Aufgabe, an der sie realistischerweise scheitern musste. Aber weder Hitler noch das Gros seiner Generäle dachten so.

Allein Generalstabschef Halder warnte vor einer Fehleinschätzung der Roten Armee und einer nahenden Krise. In seinem Tagebuch findet sich unter dem Datum des schicksalhaften Befehls vom 23. Juli 1942 folgende Notiz: »Die immer schon vorhandene Unterschätzung der feindlichen Möglichkeiten nimmt allmählich groteske Formen an und wird gefährlich. Es wird immer unerträglicher. Von ernster Arbeit kann nicht mehr die Rede sein. Krankhaftes Reagieren auf Augenblickseindrücke und völliger Mangel in der Beurteilung des Füh-

rungsapparats und seiner Möglichkeiten geben dieser sog.
›Führung‹ das Gepräge.«

Solch kritische Einstellung war von dem Kommandierenden General der 6. Armee, Friedrich Paulus, nicht zu erwarten. Er verdankte gleich vielen anderen seine Karriere nationalsozialistischer Ausrichtung auf den Krieg, und er entstammte aus dem militärischen Einflussbereich des radikal nationalsozialistischen Generalfeldmarschalls von Reichenau. Als Reichenau im Januar 1942 überraschend starb, trat Paulus die Nachfolge seines Mentors an. Somit übernahm ein in der praktischen Führung eines Großverbandes unerfahrener General, dessen Fähigkeiten eindeutig in der theoretischen Planung lagen, die 6. Armee, die mit unzureichenden Kräften Stalingrad einnehmen sollte. Wie alle anderen erfolgreichen Armeen war diese Armee in die Verbrechen des Vernichtungskriegs im Osten verstrickt. Das bekannteste Einzelmassaker an Juden spielte sich in der Schlucht von Babi Jar ab, unweit der ukrainischen Stadt Kiew, was der russische Autor Jewgeni Jewtuschenko in einem großen Poem verewigte. Dort erschoss das SS-Sonderkommando 4a zwei Tage lang weit über 33 000 jüdische Männer, Frauen und Kinder. Genau mit diesem SS-Sonderkommando kooperierte der Stab der 6. Armee vom Beginn des Unternehmens »Barbarossa« bis kurz vor Stalingrad in bestem Einvernehmen. So waren auch bei der Besprechung der geplanten Liquidation Generalstabsoffiziere und Pionieroffiziere der 6. Armee beteiligt. Letztere präparierten die Schlucht mittels Sprengungen zu einem riesigen Massengrab. Diese und ähnliche Ereignisse beweisen, wie eng die 6. Armee, ein Teil ihrer Soldaten und Offiziere in den Vernichtungskrieg eingebunden waren. Wenn auch dieses Massaker unter Reichenau stattfand, so pflasterten auch unter dem nicht ganz so radikalen Paulus niedergebrannte Dörfer und erschossene Zivilisten den Weg der 6. Armee. Auch diese Armee plünderte zur Eigenversorgung die sowjetische Bevölkerung in unverantwortlichem Maße aus. Das alles deutet darauf hin, dass von Paulus keine Kritik und erst recht kein Widerstand zu erwarten war, auch nicht gegen widersinnigste Befehle.

Die Erfolge vom Juli/August 1942 schienen nochmals Hitlers hasardeurhaftes Vorgehen zu rechtfertigen. Denn die deutschen Truppen kamen schnell voran und machten große Geländegewinne. In etwa zweieinhalb Wochen (23. Juli – 11. August) wurde die Rote Armee in der Panzerschlacht bei Kalatsch, einer Stadt am Don, glatt besiegt. Die 6. Armee machte da allein in ihrem Abschnitt (im Laufe der Forschung von 57 000 reduziert auf) 35 000 sowjetische Gefangene. Bereits nach einem Monat, am 23. August, drangen Einheiten der 6. Armee bis zum Ufer der Wolga vor und setzten sich in einem nahezu zehn Kilometer langen Frontvorsprung nördlich von Stalingrad fest.

Am 23. August 1942 erfolgten auch die ersten Artillerieschläge und Luftangriffe auf Stalingrad. Deutscher Luftterror gehörte nun dort zum kriegerischen Alltag. Nahezu 40 000 Stalingrader verloren durch ihn ihr Leben. Ende August erließ Hitler den Befehl, sämtliche männlichen Einwohner Stalingrads zu töten, Frauen und Kinder zu deportieren und die Stadt vollkommen zu zerstören. Ein gleiches Schicksal hatte er im vorangegangenen Jahr Moskau und seinen Einwohnern zugedacht. Anfang September drang die Heeresgruppe B von Süden und Norden in die Stadt ein und besetzte in erbitterten Kämpfen um jeden Straßenzug und jedes Haus, alles unter hohen Verlusten, letztlich drei Viertel der Stadt. Unter den Soldaten Tschuikows herrschte schiere Verzweiflung. Die Hölle von Stalingrad, so hieß es, hielt keiner länger als zehn Tage durch. »Hunderte und Tausende von Menschen sterben Tag für Tag«, schrieb ein Rotarmist im Oktober an seine Angehörigen: »Jetzt ist alles so furchtbar, dass ich keinen Ausweg sehe. Wir können Stalingrad schon als so gut wie verloren betrachten.« Ein Irrtum, denn der »Rattenkrieg« zehrte auch an den Kräften der Deutschen. In manchen Einheiten schmolz die Kampfkraft auf ein Viertel ihrer anfänglichen Stärke zusammen.

Auch die Heeresgruppe A verbuchte zunächst militärisch gesehen große Erfolge, sie gewann rasch an Gelände. Ihre schnellen Verbände erreichten bereits am 9. August die von Hitler so heiß begehrten Ölfelder von Maikop, die aber, wie oben gesagt, kriegswirtschaftlich nicht mehr genutzt werden konnten. Ende August stießen die Spitzen der Truppen bis Mosdok vor, verfehlten aber ihr eigentliches Ziel, das Erdölgebiet von Grosny. Der Kaukasus bildete einen unüberwindlichen Riegel. Es lag auch nicht mehr in der Kraft der Gebirgsjäger, die noch auf dem Elbrus die Reichskriegsflagge hissten (21. August 1942), den Westkaukasus zu überqueren und bei Tuapse an das Schwarze Meer zu gelangen. Im äußersten Westen erreichte die Heeresgruppe A die Taman-Halbinsel und rückte entlang der Küstenstraße am 6. September bis Noworossijsk vor. Das Gebirge stößt hier bis an die Küste des Schwarzen Meeres, ein geologisches Hindernis, das den Vormarsch zum Halten brachte. Schwierigkeiten beim Nachschub aufgrund der riesigen Entfernungen und die heftige Abwehr der Sowjets ließen die Front am Kaukasus erstarren. In den militärischen Führungsetagen brach eine schwere Krise aus. Verärgert entließ Hitler am 9. September den Oberbefehlshaber der Heeresgruppe A, Generalfeldmarschall List, und übernahm für einige Wochen selbst deren Führung, was aber nichts zur Entschärfung der kritischen Lage beitrug. Bald sah sich die Heeresgruppe A durch die wachsende Krisensituation bei Stalingrad größter Gefährdung ausgesetzt.

Zur Mitte des Jahres 1942 befand sich Deutschland gemeinsam mit seinem Achsenpartner Italien auf dem Scheitelpunkt seiner territorialen Machtausdehnung: von der französischen

Atlantikküste bis zur sowjetischen Front, von Leningrad über Stalingrad bis zum Kaukasus, vom nordnorwegischen Nordkap bis zur Mittelmeerküste Nordafrikas. Halders Argument, die riesigen Raumgewinne im Osten hätten nicht die Vernichtung entsprechend zahlreicher sowjetischer Verbände mit sich gebracht, bestätigte sich in der Praxis. Als er auch noch vor leichtsinnigem Kräfteverschleiß und unzureichender Sicherung der Flanken warnte, nachdem deutsche Truppen einen Keil in die Stadt Stalingrad hineingetrieben hatten, verschlechterte sich das Verhältnis zu seinem obersten Befehlshaber rapide. In der »Septemberkrise« enthob Hitler (24. September) Generaloberst Halder seines Postens und machte Kurt Zeitzler, einen willfährigen Nationalsozialisten, zum Nachfolger. Hitler glaubte, der Vormarsch käme nicht voran, weil seine Befehle nicht korrekt befolgt würden. Er hielt auch aus diesem Grund für eine gewisse Zeit die Positionen des Oberbefehlshabers sämtlicher Teilstreitkräfte, des Oberbefehlshabers des Heeres und der Heeresgruppe A in seiner Person vereint. Sogar Generaloberst Alfred Jodl, engster Berater Hitlers und Chef des Wehrmachtführungsstabes, lief in der »Septemberkrise« Gefahr, sein Amt abgeben zu müssen: an den Oberbefehlshaber der 6. Armee Friedrich Paulus. Doch die sich rasant zuspitzenden Ereignisse in und um Stalingrad machten derartige Bestrebungen zunichte.

Selbst Zeitzler sprach sich wie Paulus für eine Einstellung der Kämpfe in Stalingrad aus. Die Stadt war zu drei Viertel eingenommen und ohnehin zerstört. Sie hatte ihre Bedeutung als Industrie- und Verkehrszentrum vollends verloren. Militärisch gesehen machte es keinen Sinn, weiterhin Menschen und Material in hoher Zahl zu opfern. Doch für Hitler stand der Entschluss fest. Diese Stadt mit dem Mythos seines Gegners, der dort angeblich der Revolution zum Durchbruch verholfen hatte, musste fallen. Die Symbolwirkung der Wolga, des ›Mütterchen Russland‹, von dem es hieß, wer es besäße, beherrschte ganz Russland, tat sicher noch ein übriges. Dazu kam eine vom Prestigedenken geleitete Notwendigkeit, endlich einen Sieg mit Signalwirkung zu erringen. Das schien Hitler umso notwendiger, als sich an allen Fronten ein definitiver Initiativwechsel ankündigte. Der Vormarsch der Heeresgruppe A war im Kaukasus zum Stillstand gekommen, die Belagerung von Leningrad zog sich kräftezehrend hin, und im Atlantik nahmen Engländer und Amerikaner Kurs auf die nordwestafrikanische Küste zur Landung bei Casablanca und Oran.

Die Zeit, während derer die Heeresgruppe B nach Süden ausholte und sich die Flanken der deutschen Front wie Gummibänder dehnten, hatten die Sowjets zur Truppenkonzentration im Raum von Stalingrad genutzt. Bereits am 12. Juli 1942 errichtete die sowjetische Militärführung die »Stalingrad-Front« und stockte sie um sechs Armeen auf. Darin ließ sich Stalins Absicht erkennen, die Stadt, die seinen Namen trug, bis zum letzten Mann zu verteidigen. Zusätzlich versuchte er Hitlers Heeresgruppe im Kaukasus von den Versorgungslinien abzuschneiden, so dass sie in der Falle sitzen würde. Bis zum 18. November beliefen sich die sowjetischen Verluste zur Verteidigung Stalingrads auf die unglaublichen – offiziellen – Zahlen von 323 856 Toten und 319 986 Verwundeten. Die Gesamtverluste für den Krieg 1941 und 1942 sollen angeblich auf jeweils 7 Millionen zu veranschlagen sein. Im November standen drei neu gebildete Heeresgruppen rund um die Stadt verteilt und bereit, zum Angriff vorzugehen, während neue deutsche Einheiten verzweifelt in das »Verdun des Zweiten Weltkriegs« hineingepumpt wurden. Mit den ersten Frosttagen setzte die sowjetische Gegenoffensive ein. Tags darauf, am 20. November, sprengten die sowjetischen Heeresverbände »Südwestfront« und »Donfront« die Front der rumänischen 3. Armee, tags darauf durchbrach der sowjetische Verband

»Stalingradfront« die Front der rumänischen 4. Armee. Am 22. November zogen drei sowjetische Heeresgruppen in einer militärisch tadellosen Umzingelungsoperation zwischen Wolga und Don den Ring um Stalingrad zu. Vom 23. November an war der größte Teil der 6. Armee und einige rumänische Einheiten, rund 195 000 Mann (die ältere Forschung zählte noch 250 000 Mann), in dem berüchtigten »Kessel von Stalingrad« eingeschlossen. Noch in derselben Nacht bat Generaloberst Paulus bei Hitler um die Genehmigung, die Umschließung durchbrechen zu dürfen. Sowohl von Weichs, der Oberbefehlshaber der Heeresgruppe B, als auch der Generalstabschef Zeitzler hielten eine Ausbruchsoperation für das einzig richtige, doch Hitler lehnte das am 24. November ab mit dem leichtfertigen Versprechen, die Armee aus der Luft versorgen zu wollen. Er überließ damit die 6. Armee ihrem Schicksal. Ein wochenlanges Sterben begann.

Auch auf dem Kriegsschauplatz Nordafrika fanden im November 1942 Ereignisse statt, die den weiteren Kriegsverlauf entscheidend beeinflussten und die Lage der Achsenmächte aussichtslos werden ließ. Der englische Premier Churchill hatte seinen seit Jahreswechsel 1941/42 verfolgten Plan einer alliierten Truppenlandung in Nordwestafrika durchsetzen können. Am frühen Morgen des 8. November 1942 landeten die unter dem Oberbefehl von General Eisenhower stehenden alliierten Streitkräfte von insgesamt weit über 100 000 Mann (Operation »Torch«) an der französisch-nordafrikanischen Küste und trafen bei Casablanca auf Vichy-Truppen. Entgegen der Erwartungen der Alliierten verteidigten die Vichy-Truppen offenbar aus berechtigter Furcht vor deutschen Repressalien die nordafrikanischen Besitzungen. Marschall Pétain ließ jedoch insgeheim dem in Algier befindlichen Oberbefehlshaber der französischen Wehrmacht, Admiral Darlan, die Möglichkeit zur Kampfeinstellung offen. Dieser nutzte den Handlungsspielraum und schloss am 22. November mit Eisenhower ein Abkommen, in dem sich beide auf mehrere Kriegsziele einigten. Neben der Wiederherstellung des französischen Kolonialreichs und der Befreiung Frankreichs richteten sich diese vor allem auf die Vertreibung der Achsenmächte aus Nordafrika. Trotz der Verstärkung durch französische Truppen konnten sich die Westalliierten nicht entschließen, die 800 Kilometer von Casablanca nach Tunis möglichst schnell zu überwinden. Das verzögerte die Entscheidung in Nordafrika um Monate und die Befreiung Europas um ein Jahr.

Noch am 8. November, dem Tag der alliierten Landung, verlangte Hitler von der Vichy-Regierung ultimativ deren Zustimmung zur Überführung deutscher Streitkräfte nach Tunesien. Darüber hinaus ließ er anfragen, ob die Vichy-Regierung bereit sei, an der Seite der Achsenmächte gegen Großbritannien und Amerika in den Krieg zu treten. Nach deren diplomatisch formulierter Absage befahl Hitler für den 11. November, die längst in der Schublade liegenden Pläne zum Einmarsch in das unbesetzte Frankreich hervorzuholen und umzusetzen. Italien beteiligte sich mit der Besetzung der Insel Korsika und der Gebiete westlich der Rhône bis zur Riviera. Am 27. November wurden entgegen vorheriger Versprechungen die Vichy-Truppen entwaffnet und der Kriegshafen von Toulon eingenommen. Die dort liegende französische Flotte von insgesamt 61 Schiffen versenkte sich selbst. Die deutschen Angreifer schauten ins Leere, doch Frankreich ging damit nicht nur seiner Schiffe verlustig, sondern im Grunde auch seiner Souveränität. Goebbels formulierte das in seinem Tagebuch etwas blumiger: »Die Franzosen erleben einen außerordentlich schwarzen Tag in ihrer Geschichte. Die Handelsflotte kommt in unseren Besitz; die Kriegsflotte übernimmt das Meer […]. Laval hatte die Absicht, die Flotte als Trumpf zur Begründung eines deutsch-französischen Bündnisses mit einzubringen. Dieser Trumpf ist ihm nun aus der Hand geschlagen worden. Viel hat er nicht mehr zu geben. Frankreich gleicht einem verarmten Mädchen, das ehedem auf eine reiche Erbschaft hoffte und deshalb von vielen Freiern umgeben war und nun der Erbschaftsmöglichkeiten beraubt wurde und damit keinerlei Werbekraft mehr besitzt.« Hitler degradierte Pétain und seine Mitregierenden nun endgültig zu einer Marionettenregierung.

Inzwischen versuchten die durch französische Truppen vermehrten alliierten Kräfte, von ihren Landungsorten die Hunderte von Kilometern entfernt liegenden Häfen Biserta und Tunis zu erreichen. Doch Hitler hatte sich inzwischen von seinem Landungsschock erholt und befahl, in Tunesien einen Brückenkopf zu bauen und Achsenstreitkräfte auf dem Wasser- und Luftwege dorthin zu schaffen. Für den Entsatz von Stalingrad dringend notwendiges Personal und Material wurde zum Aufbau einer neuen Panzerarmee von der Ostfront abgezogen und unter großen Verlusten zum Mittelmeer transportiert. Der Brückenkopf Tunis bedeutete Hitler mehr als das Schicksal der 6. Armee in Stalingrad.

In demselben Monat November heftete sich die englische 8. Armee langsam, aber unaufhaltsam an die Fersen Rommels, der sich mit seiner deutsch-italienischen Afrika-Armee in Richtung Tripolis zurückzog. General Montgomery marschierte am 13. November in das geräumte Tobruk ein und am 20. bereits in Bengasi. Dann sammelte er erst einmal wochenlang seine Streitkräfte, bevor er im Januar 1943 seine Offensive fortsetzte und am 23. Januar die Hauptstadt Libyens einnahm. Italien verlor mit Tripolis den letzten Rest seines Kolonialreichs, für den angeschlagenen Staat ein politisches Desaster.

Es waren die Niederlagen in Afrika, die einigen Deutschen, so scheint es, erstmals die Augen öffneten über den Ausgang des Krieges. So schrieb eine 23jährige Studentin am 14. November 1942 in ihr Tagebuch: »Schon die Landungsnachricht erfaßten wir zugleich mit dem Bewußtsein der ganz großen Gefahr: Die Zange um unsere Truppen, und – vielleicht noch schlimmer – Nordafrika ist die beste Angriffsbasis für Italien. [...] Es ist kaum zu fassen. Heute kam die Meldung, daß Tobruk aufgegeben wurde, nachdem es vorher zerstört worden ist. Welch kostbaren Ströme unseres besten Blutes sind um diese Festung geflossen! Wenn der Kampf so weitergeht, ist Afrika bald verloren. [...] Sollte das der Anfang vom Ende sein???« Am 28. November 1942 prallte die alliierte Vorhut nur 20 Kilometer von Tunis entfernt auf heftigen Widerstand der 5. Panzerarmee unter Generaloberst von Arnim, so dass sie vorerst den Rückzug antrat. Die Kriegsentscheidung wurde noch einmal vertagt.

An der Ostfront spielten sich im November/Dezember zwei erwähnenswerte Truppenbewegungen ab. Zum einen gelang es der neugebildeten Heeresgruppe »Don« unter Generalfeldmarschall von Manstein, die Lücken in der Front, die im Westen und im Süden Stalingrads entstanden waren und die alle Versorgungslinien für die Heeresgruppe A im Kaukasus auf das Empfindlichste gefährdeten, wieder zu schließen, und zum anderen vermochte Manstein zwei Entsatzgruppen für Stalingrad aufzustellen. Doch beide erreichten nicht ihr Ziel. Einen Tag vor Weihnachten verbot Hitler erneut und ein letztes Mal, die Umklammerung von Stalingrad zu durchbrechen. Die 6. Armee wurde definitiv ihrem Untergang überlassen, doch ihr Todeskampf sollte noch sechs Wochen währen. Die Kräfte der im Kessel eingeschlossenen Soldaten schwanden sichtbar von Tag zu Tag. Die Hungersnot nahm schreckliche Formen an. Es spielten sich grauenvolle Szenen ab. Ein Stalingrad-Überlebender berichtete unter anderem über die zurückgelassenen Verwundeten: »Wohl gut die Hälfte der noch Lebenden, also über 50 000 Mann, war krank oder verwundet, und Tausende mußten ohne jede Versorgung und Betreuung bleiben; denn es fehlte an Verbandsmaterial, an Medikamenten, an Morphium, an Räumen. Vergeblich flehten zahlreiche Todgeweihte um schmerzstillende oder leidenbeendende Mittel. Die Ärzte, Pfleger und Totengräber wurden nicht mehr Herr des über sie hinwegflutenden Jammers. So lagen sie zu Tausenden herum, stöhnend, wimmernd, frierend, fiebernd, betend, meist aber resignierend in stummem Leiden und apathisch, dichtgedrängt in den Ruinenkellern am Bahnhof und sinnigerweise um den ›Platz der Gefallenen‹«.

Ende Januar mussten die total erschöpften und halb verhungerten ehemaligen Angreifer Stalingrads den aussichtslosen Kampf aufgeben. Am 2. Februar legte die 6. Armee ohne förmliche Kapitulation die Waffen nieder. Ihr Oberbefehlshaber Paulus, dem Hitler die Kapitulation untersagt hatte, wurde noch Stunden zuvor zum Generalfeldmarschall befördert in der sicheren Erwartung, er werde den »Heldentod« suchen. Um die 110 000 Mann mussten in das Joch sowjetischer Gefangenschaft, an die 5000 sollen daraus zurückgekehrt sein. Der Sieg von Stalingrad kostete die Rote Armee von September 1942 bis Februar 1943 über eine Million Soldaten (geschätzte Tote, Verwundete und Gefangene). Die Zahlen mussten von der Forschung immer wieder korrigiert werden. Doch man geht wohl nicht fehl in der Annahme, dass etwa 150 000 Deutsche und weit mehr als 300 000 Verbündete, das heißt Rumänen, Italiener und Ungarn zu etwa gleichen Anteilen, in der Schlacht um Stalingrad gefallen waren. Sie galt den Deutschen in Ost und West als der Inbegriff aller Schlachten und als die militärische Katastrophe schlechthin. Heute spricht die Forschung ihr längst nicht mehr diesen Stellenwert zu. Mit ihr gab die deutsche Wehrmacht definitiv das Gesetz des Handelns an die Rote Armee ab. Andererseits soll die Opferung der 6. Armee so viel sowjetische Truppen gebunden haben, dass die Südfront gerade noch gerettet werden konnte.

Vielen grub sich das Debakel von Stalingrad als Wende im Zweiten Weltkrieg in ihr Gedächtnis ein. Angst breitete sich aus, der Krieg könne nicht mehr gewonnen werden. Es kam zu einer Vertrauenskrise, der Glaube an Hitler begann zu bröckeln, und Hitler besaß nicht den Mut, am 30. Januar zum zehnjährigen Jubiläum der sogenannten Machtergreifung, vor das deutsche Volk zu treten und eine Ansprache zu halten. Der Vielredner überließ das Göring und Goebbels. Letzterer sprang auch noch mit seiner berüchtigten Rede zum totalen Krieg in die Bresche. Von nun an sollte Propaganda ein Gutteil dessen leisten, was die Streitkräfte nicht mehr vermochten. Es schlug die Stunde der von Goebbels mit Pauken und Trompeten betriebenen »geistigen Kriegführung« und Totalisierung des Krieges. Seine Forderungen in der einschlägigen Rede (18. Februar 1943) bewirkten in der Realität wenig, aber seine Frage »Wollt ihr den totalen Krieg?« wirkt bis heute nach. Hitler als unumschränkter »Führer« war aber letztlich nicht wirklich gefährdet, konnte doch die Masse der Deutschen noch nicht die Hoffnung aufgeben. Sie wollte nicht wahrhaben, dass all die Gefallenen an der Ostfront, deren Zahl sich Ende Januar 1943 einer runden Million näherte, womöglich sinnlos geopfert worden waren.

Aber die Zeichen, die dafür sprachen, mehrten sich. Als warnendes Signal musste zum Beispiel der Abzug der italienischen Streitkräfte zu denken geben. Der Hauptverbündete hatte in der SU etwa 90 000 Soldaten verloren und holte seine restlichen in die Heimat zurück, zu einem Zeitpunkt, als die ohnehin nach der Dauerschlacht am Don (Dezember 1942 – Februar 1943) geschwächte Front jeden einzelnen Soldaten brauchte.

Parallel zur Kriegsentscheidung an der Wolga lief auch die Entwicklung in Nordafrika auf eine Entscheidung zu. Die Verbündeten Deutschland und Italien bildeten ab dem 9. November 1942 den erwähnten Brückenkopf in Tunesien. Die Zustimmung dazu wurde Pétain abgepresst. Hitlers Hoffnung aus dem Brückenkopf heraus wieder angreifen zu können, stellte sich angesichts der alliierten Überlegenheit in der Luft- und Seeherrschaft als illusorisch heraus. Der Brückenkopf erhielt ähnlich wie Stalingrad nicht einmal die nötige Versorgung. In »Tunisgrad«, so der Volksmund, kapitulierten am 13. Mai 1943 die letzten Soldaten der Achse, 130 000 Deutsche und 120 000 Italiener marschierten in die Kriegsgefangenschaft. Jüngere Forschung schätzt diese Katastrophe als gravierender ein als die von Stalingrad. Damit endete der Feldzug in Nordafrika, und die westalliierte Invasion in Süditalien begann, sich drohend abzuzeichnen.

3. Zusammenbruch des Achsenpartners und die »Zweite Front« in Italien

In der *Grand Alliance* forderte Stalin seit längerem zu seiner militärischen Entlastung eine »zweite Front«. Während Roosevelt in Übereinstimmung mit seinen Befehlshabern bereits 1942 eine »zweite Front« in Nordfrankreich befürwortete, setzte sich Churchill mit der Bevorzugung einer Mittelmeerstrategie durch. Die Invasion der angloamerikanischen Streitkräfte am 8. November 1942 in der Nähe von Casablanca, Oran und Algier konnte aber nur als eine Art Zwischenlösung gelten. Auf der Konferenz von Casablanca (14.–26. Januar 1943), berühmt wegen der dort gefällten Entscheidung zur »bedingungslosen Kapitulation« für die Achsenmächte, behielt erneut Churchill mit seiner Präferenz einer Invasion im Mittelmeerraum, konkret auf Sizilien, die Oberhand. Die Abmachungen zu einer »zweiten Front« enttäuschten den roten Diktator zutiefst, und er ließ es nicht an deutlichen Warnungen vor weiteren Verzögerungen fehlen. Instinktiv traf er dabei den Kern des geheimen Plans von Churchill und Roosevelt. Während sie öffentlich von einem Aufbau einer Front in Nordfrankreich im Jahre 1943 sprachen, verschoben sie in Wahrheit den Termin um ein Jahr. Auf der Washingtoner Konferenz (12.–25. Mai 1943) machten die Teilnehmer dann ihre Absicht publik, im Jahr 1944 in Nordfrankreich eine Invasion durchzuführen, und sie beschlossen die sofortige gemeinsame Landung auf Sizilien (Unternehmen »Husky«), um vom Süden her in die »Festung Europa« einzudringen. Die Chancen standen gut, denn Italien zeigte deutliche Zeichen von Kriegsmüdigkeit. Es aus der Achse herauszubrechen, sollte der nächste, nicht allzu schwere Schritt sein.

Noch in demselben Monat begannen die Angloamerikaner, mit Luftangriffen auf deutsche und italienische Flugplätze vor allem auf den Inseln Sizilien, Sardinien und Korsika die Landung auf Sizilien vorzubereiten. Bald beherrschten sie den Luftraum und konnten eine so große triphibische Operation starten, wie sie die Welt bis dahin noch nicht erlebt hatte. Britische (8. Armee) und amerikanische (7. Armee) Truppen, insgesamt über 180 000 Mann, landeten am 10. Juli 1943 im Süden und Südosten Siziliens. Sie trafen auf über 320 000 Verteidiger, in ihrer Masse Italiener, und kamen dennoch schnell voran. Bereits am 22. Juli nahmen US-Truppen Palermo ein. Die Insel wurde lediglich von schwachen Achsenstreitkräften (darunter nur zwei deutsche Divisionen) verteidigt. Die Deutschen fielen nämlich auf eine Täuschungsaktion der Alliierten herein und erwarteten die Landung auf Sardinien bzw. auf dem Peloponnes. Unter dem Eindruck hoher militärischer Verluste und schwerer alliierter Bombenangriffe auf italienische Städte glaubte ein Großteil der italienischen Bevölkerung, den Krieg verloren zu haben.

Die innenpolitische Lage Italiens spitzte sich für Mussolini gefährlich zu. Am 19. Juli 1943, an dem Tag, als Rom die ersten alliierten Luftangriffe ertragen musste, trafen sich die beiden Diktatoren im venetischen Feltre. Der »Duce« wollte dem »Führer« gestehen, er müsse die kriegerische Partnerschaft aufkündigen, doch er wagte es nicht, Hitler die Wahrheit ins Gesicht zu sagen. Der Faschistische Großrat strafte ihn dafür umgehend ab und entmachtete ihn am 25. Juli. Marschall Pietro Badoglio, Gegner des Kriegseintritts und als Chef des Comando Supremo im Dezember 1940 abgesetzt, wurde sein Nachfolger als Regierungschef. Zu seinen ersten Amtshandlungen zählte die gemeinsam mit dem König abgegebene öffentliche Erklärung, den Krieg an der Seite Deutschlands fortzusetzen.

Auf Sizilien stellte sich Anfang August 1943 die Lage der deutschen und italienischen Verbände nach dreiwöchigem Abwehrkampf als aussichtslos dar. Sie mussten die Insel verlassen und auf das Festland übersetzen. Etwa 100 000 Verteidiger (20 000 weniger Deutsche als Italiener) setzten bis zum 17. August mit den schweren Waffen und mit sämtlicher Ausrüstung auf das Festland über. Ein Teil der Soldaten, vor allem Verwundete (insgesamt etwa 45 000), waren bereits vorher evakuiert worden. Es blieben auf der Insel 177 000 Soldaten zurück (Tote und Gefangene). Am 17. August nahmen amerikanische Truppen Messina ein. Damit war die Eroberung Siziliens abgeschlossen, die dem zahlenmäßig weit unterlegenen Angreifer Eisenhower »nur« 20 000 Verluste gekostet hatte.

Die Italiener bemühten sich heimlich – aus Furcht vor Aktionen ihres Achsenpartners – um einen Waffenstillstand. Briten und Amerikaner diktierten einem italienischen Unterhändler in Lissabon (19. August) die Bedingungen für den Waffenstillstand, den die Regierung Badoglio am 3. September 1943 im sizilianischen Cassibile unterzeichnete und der vorerst geheim blieb. Marschall Badoglio durfte mit dessen Verlesung im Rundfunk noch bis zum 8. September warten. Dem lag die Hoffnung zugrunde, dass die Alliierten bis dahin ihre Landungen auf das italienische Festland abgeschlossen hätten und den Italienern Schutz vor ihren ehemaligen Waffenbrüdern bieten würden. Zwei Divisionen der Briten waren tatsächlich bereits am 3. September im Süden Kalabriens gelandet und auf der Stiefelspitze rasch vorwärtsgekommen. Angehörige einer ihrer Divisionen gingen einen Tag nach Bekanntgabe des Kriegsaustritts, am 9. September, bei Tarent an Land. Am selben Tag führten zwei britische und vier amerikanische Divisionen die entscheidende, vor geraumer Zeit vorbereitete Landungsoperation bei Salerno durch. An diesem Tag flohen der italienische König mit seinem Regierungschef und wichtigen Offizieren aus Rom zu den Alliierten in Süditalien. Zwei Tage darauf, am 11. September, erklärte die italienische Regierung ihre ehemaligen Achsenpartner zu Feinden. Der offizielle Kriegszustand zwischen den vormals politischen Freunden trat am 13. Oktober 1943 ein.

In den entscheidenden Tagen nach diesem militärischen Seitenwechsel versackte das italienische Militär in führungslosem Chaos. Die deutsche Wehrmacht, die sich vom Waffenpartner verraten fühlte, machte sich das zunutze. Ohnehin war sie für diesen Fall präpariert (Fall »Achse«). Der misstrauische Hitler hatte für den eventuellen Abfall überall dort, wo italienische Verbände standen, bereits entsprechende Vorkehrungen getroffen. Auf dem Balkan, in Südfrankreich und in Italien warteten 600 000 Mann auf den Befehl, die italienischen Streitkräfte zu entwaffnen und die von ihnen besetzten Territorien zu übernehmen. Dabei spielten sich unwürdige Vergeltungsaktionen ab. Hass und Gewalt diktierten das Geschehen, vor allem wenn königliche Truppen sich nicht genügend schnell ergaben. Zum Beispiel erschossen deutsche Gebirgsjäger in Griechenland (Insel Kephallonia) 5000 italienische Soldaten, nachdem sie etwas zögerlich die Waffen niedergelegt hatten, eins der größten Massaker im Zweiten Weltkrieg.

Die Deutschen machten reiche Beute (von Kriegsschiffen über Geschütze bis zu Handfeuerwaffen). Es fiel ihnen vor allem die hochproduktive Rüstungsindustrie in Norditalien zu, und eine runde Million italienische Kriegsgefangene wurden zur Zwangsarbeit in der Kriegswirtschaft verpflichtet. Alles in allem schlug Italiens Kriegsaustritt den Deutschen mehr als den Alliierten zu Buche. Ferner schuldete der durch deutsche Fallschirmjäger am 12. September 1943 aus italienischer Gefangenschaft befreite »Duce« Hitler Dank, den er als Chef der in Salò am Gardasee installierten Marionettenregierung des Satellitenstaats »Republica Sociale Italiana« unter anderem auch dadurch ableistete, dass er dem deutschen Diktator die wirtschaftliche Ausbeutung von Norditalien und die Besatzungsherrschaft *in toto* erleichterte.

Gegen den Landekopf bei Salerno vermochten die deutschen Kräfte nach dem Ausfall der italienischen nicht wirkungsvoll anzukämpfen. Die erste Entscheidungsschlacht gegen Alliierte auf europäischen Boden ging verloren. Sie konnten auch nicht die Vereinigung von amerikanischen mit britischen Einheiten verhindern. Als am 22. September Engländer auch noch an der adriatischen Küste in der Nähe von Bari an Land gingen, bildeten die Angloamerikaner bald darauf von dort bis Neapel eine quer über Italiens Stiefel verlaufende Angriffslinie, die, so wie es Churchill ausdrückte, neben der in England geplanten »zweiten Front« die Funktion einer »dritten Front« ausüben sollte. Die entsprechende deutsche Verteidigungslinie von Salerno im Westen bis Foggia im Osten rückte sukzessive nach Norden, unter beiderseitigen schweren Verlusten. Der deutsche Rückzug kam Anfang November in der sogenannten »Gustav-Stellung«, die sich zwischen zwei Flussmündungen vom Garigliano am Tyrrhenischen Meer bis zum

Sangro an der Adria erstreckte, zunächst zum Stehen. In der Zwischenzeit waren unter anderem die Flugplätze an der Adriaküste verlorengegangen, von denen aus die Alliierten die Ölfelder in Rumänien und die im Osten liegende kriegswichtige Industrie bombardieren konnten. Die Inseln Korsika und Sardinien mussten ebenfalls aufgegeben werden.

Alliierte Verbände rannten, unterstützt von heftigsten Luftangriffen, bis zum Jahresende nahezu vergeblich gegen die »Gustav-Stellung« an. Die Front verfestigte sich. Neben dem einsetzenden schlechten Winterwetter war das vor allem auf die geplante Invasion in Nordfrankreich, die Priorität besaß und wegen der Einheiten abgezogen werden mussten, zurückzuführen. Den Alliierten genügte es, wenn in Italien möglichst viele deutsche Kräfte gebunden blieben. Generalfeldmarschall Kesselring löste Rommel im November 1943 ab. Seine Heeresgruppe C und die 10. und 14. Armee, die bisher die Apennin-Stellung und die norditalienischen Küsten zur Verteidigung ausgebaut hatten, konnten mit ihren insgesamt etwa 300 000 Mann ausgenommen einiger Elitedivisionen den alliierten Angreifern kaum das Wasser reichen. Rommels neue Aufgabe lag im Westen, die Vorbereitung der Küstenverteidigung von der Bretagne bis nach Holland gegen die zu erwartende alliierte Invasion. Analog dazu trat Eisenhower sein Amt als alliierter Oberbefehlshaber im Mittelmeer an den Briten General Wilson ab und begab sich gemeinsam mit Montgomery am 14. Februar 1944 zur Vorbereitung der Invasion nach London.

Die Verschiebung von D-Day auf den Junibeginn 1944 fußte unter anderem auf Churchills Verlangen, einen Teil der Landungsfahrzeuge noch über den Winter in Italien zu halten und erst im Frühjahr nach England zurückzuführen. Das bot die Möglichkeit, erneut eine Landung im Rücken der deutschen Italienfront zu versuchen, um die Front aus ihrer Erstarrung zu holen. Zur Überraschung der Deutschen landeten am 22. Januar 1944 etwa hundert Kilometer hinter der Front bei Anzio und Nettuno zwei alliierte Divisionen. Rasch herangeführte deutsche Truppen vereitelten einen schnellen Erfolg der angloamerikanischen Gegner. Hitler beabsichtigte, den Alliierten hier eine strategische Lehre zu erteilen. Er plante, ihnen eine so schwere Niederlage beizubringen, dass sie auf alle Zeiten gezwungen sein würden, auf weitere Landungsunternehmen auf dem europäischen Kontinent zu verzichten – eine seiner großen Illusionen. Die Offensiven gegen den Landekopf mussten letztlich wegen hoher Verluste aufgegeben werden. Aber auch die Alliierten verfehlten ihr Ziel. Sie saßen in ihrem Kessel fest, unfähig den geplanten Kontakt zu ihrer im Süden gelegenen Front herzustellen.

Der Mitte Februar einsetzende aufsehenerregende Kampf um das Kloster Monte Cassino forderte weitere große Verluste auf beiden Seiten. Trotz stärksten Bombardements sowie heftigsten Artilleriebeschusses erzielten mehrere Offensiven nicht den beabsichtigten Durchbruch der deutschen Front. Im Gegenteil, die amerikanischen Verbände zeigten bald Verschleißerscheinungen und mussten durch neuseeländische ausgetauscht werden. Erst nach Verstärkung durch französische und polnische Divisionen schafften es die Alliierten, das bis zuletzt intensiv verteidigte Bergmassiv zu erobern (18. Mai). Dessen klösterliche Trümmer und unterirdischen Gewölbe hatten die deutschen Fallschirmjäger rechtzeitig verlassen. Wenige Tage später gelang es den Alliierten auch, ihre Einkesselung im Raum von Anzio und Nettuno zu sprengen und sich mit ihren von Westen anrückenden Truppen zu vereinen. Das riss den ganzen Südflügel der deutschen Italienfront auf, sie musste nach Norden zurückweichen. Zwei Tage vor der Landung in Nordfrankreich marschierten alliierte Truppen in Rom ein.

Wieder wichen die geschlagenen deutschen Verbände nach

Norden zurück, dieses Mal in die nahezu fertiggestellte Apennin-Stellung oder »Grüne Linie«, die sich von Rimini an der Adria quer bis nach La Spezia in Ligurien erstreckte. Und wieder zogen sie kämpfend auch gegen die Partisanen und die ihnen häufig feindlich gesinnte Bevölkerung durch das Land ihres ehemaligen Waffengefährten und hinterließen eine beschämende Blutspur. Schätzungen besagen, dass vom Kriegsaustritt 1943 bis zum Kriegsende 1945 täglich etwa 160 italienische Zivilisten ihr Leben durch deutsche Mit- und Einwirkung verloren – nicht eingerechnet die italienischen Soldaten, Partisanen oder Personen, die durch Kriegseinwirkung umgekommen waren. Italiener jeden Alters und Geschlechts, vom Kind bis zum Greis, Kriegsgefangene wie Zwangsarbeiter starben durch deutsche Hand. Allein eine halbe Million Kriegsgefangene erlitten das Schicksal rechtloser Zwangsarbeiter und wurden in der nationalsozialistischen Kriegsindustrie oder Landwirtschaft ausgebeutet. Die Wehrmacht exerzierte vor, was abtrünnige Verbündete erwartete. Die Italiener bezahlten den Frontwechsel teuer. Weitere zwanzig Monate Krieg mit eskalierender Gewalt und sinnloser Zerstörung auf italienischem Territorium waren ein hoher Preis.

Im September versuchten die Alliierten, die Apennin-Stellung von der Adriaküste und über die Pässe nach Bologna zu durchbrechen. Sie eroberten aber nur Rimini sowie Forlì und stellten im November die Offensive ein. Die »dritte Front« im Süden Europas kam knapp vor den Reichsgrenzen zum Stehen. Die deutschen Verluste dafür waren hoch, weit höher als bei der Schlacht um Stalingrad: um die 435 000 Tote und Verwundete. Briten und Amerikaner hatten gemeinsam »nur« ein Viertel weniger Tote als die Deutschen zu beklagen. Dass die deutschen Streitkräfte einer vernichtenden Niederlage entgingen, verdankten sie wohl mehr der angloamerikanischen Strategie, die längst ihr Hauptaugenmerk auf die Invasion in der

Normandie gerichtet hatte. Die totale Niederlage Deutschlands wurde erst auf den Kriegsschauplätzen im Westen und Osten Europas besiegelt.

4. Alliierte auf dem Vormarsch zu den Reichsgrenzen in Ost und West

Im Frühling 1943 verlief die Frontlinie nach all den verheerenden und verlustreichen militärischen Operationen in etwa wieder dort, wo die Sommeroffensive 1942 ihren Ausgang genommen hatte. Allein bei Kursk, das sich seit Februar wieder in sowjetischem Besitz befand, zeigte die vorjährige Front eine tiefe Einbuchtung. Im Nordabschnitt der Ostfront wurde die Einnahme Leningrads als eines der Ziele der Sommeroffensive wieder nicht erreicht. Den Sowjets hingegen winkte das Kriegsglück. Sie eroberten im Januar Schlüsselburg zurück und stellten eine Landverbindung nach Leningrad her. Bei der Heeresgruppe Mitte ereignete sich en miniature eine Parallele zu Stalingrad. Die Rote Armee schloss während ihrer Winteroffensive Welikije Luki, das Hitler zum »festen Platz« erklärt hatte, im Januar 1943 ein. 7000 Mann erlitten aufgrund von Hitlers Ausbruchsverbot ein ähnliches Schicksal wie die Eingeschlossenen von Stalingrad. Doch die Heeresgruppe Mitte, aber auch die Heeresgruppe Nord verfügten, nachdem die risikobehafteten Frontvorsprünge von Demjansk und Rschew geräumt worden waren, wieder über eine festgefügte Front.

Gemessen an solch äußerlichen Kriterien wie den Frontverläufen war die Krise, die Hitler mit seinen hypertrophen Kriegszielen hervorgerufen hatte, vorerst überstanden. Doch die Gesamtlage hatte sich für die Deutschen erheblich verschlechtert. Im Gegensatz zur Roten Armee, die frische Soldaten aus dem schier unerschöpflichen Hinterland rekrutierte und an die Front warf, konnte die deutsche Wehrmacht die erlittenen Verluste nicht im erforderlichen Maße ersetzen. Die deutsche Kriegsproduktion erreichte kaum die Hälfte von dem Ausstoß der sowjetischen, auch wenn sie sich im Jahr 1942 erkennbar gesteigert hatte. Als militärisch entscheidend stellte es sich heraus, wie schnell die Sowjets aus den operativen Fehlern der Anfangskriegszeit lernten und ebenfalls eine flexiblere Operationsführung an den Tag legten. Es gab keinen vernünftigen Grund, der es Hitler und der Wehrmachtführung erlaubte, auf einen Sieg über die Sowjetunion zu hoffen. Von nun an lag es nicht mehr in ihrer Macht, den Vormarsch der Roten Armee zu verhindern. Sie verzögerten ihn aber durch ihre Taktiken, wie zum Beispiel des Wellenbrecherverfahrens, einem rigorosen Festhalten irgendwelcher Stellungen (»fester Plätze«), aus denen heraus offensive Teilschläge erfolgten, um dem Gegner größtmögliche Verluste beizubringen.

Noch einmal versuchte Hitler, die Initiative an sich zu reißen. Er befahl zu einem Zeitpunkt, als er gerade die schwersten Verluste in Tunis hinnehmen musste, die größte Panzerschlacht im Zweiten Weltkrieg (Unternehmen »Zitadelle«). Sie sollte vorrangig der Machtdemonstration dienen, auf dass die Welt abließe von weiteren Offensiven im Osten und einer Invasion im Westen. Eine wirklich sinnvolle militärische Strategie ließ das Unternehmen nicht erkennen. Die Sowjets bekamen Wind davon, und da Hitler wegen des Einsatzes neuer Panzertypen den Angriff von Mai auf den 5. Juli 1943 verschob, trafen die Deutschen (bis zu 700 000 an der Zahl) bei Kursk auf einen wohlvorbereiteten, mindestens doppelt so starken Gegner, der seinerseits am Frontbogen von Orel (vor allem Gefechte bei Prochorowka am 12. Juli 1943) eine Offensive startete. Teile der angreifenden Einheiten gerieten in eine bedrohliche Lage, nirgends gelang aber ein Durchbruch, und die Aufrechnung der Verluste fiel zu ungunsten der Sowjets aus. Die deutsche Offensive und die sowjetischen Gegenoffensiven (bei Belgorod und Orel vom 12. Juli bis 18. August 1943) bilden die größte Schlacht des Krieges, historiographisch bis in die neueste Forschung umstritten wie keine andere. Trotz massiver Verschleierungsversuche der Sowjets offenbarte sie letztlich deren exorbitante Verluste. Man schätzt heute 1,7 Millionen sowjetische Tote, Verwundete und Vermisste gegenüber 203 000 Mann auf deutscher Seite. Parallel dazu verhielt sich die Relation der Verluste bei Panzern (über 6000 zu 760) und Flugzeugen (über 4200 zu 524). Doch Hitler sah sich gezwungen, unter Mansteins Protest das Unternehmen wegen der Landung der Alliierten auf Sizilien (10. Juli 1943) abzubrechen (13. Juli 1943). Seiner Meinung nach verlangte der drohende Zusammenbruch des Achsenpartners die Verlegung eines Teils der deutschen Streitkräfte, insbesondere des erfolgreichen II. SS-Panzerkorps. Wieder, wie ein dreiviertel Jahr zuvor, als ihm der Brückenkopf bei Tunis wichtiger zu sein schien als »Stalingrad«, entschied sich Hitler in ähnlicher Lage gegen die Ostfront und für die Stärkung der Südfront.

Nun fehlte es dem Ostheer noch mehr an Kraft, den Vormarsch der sowjetischen Verbände aufzuhalten. Es trat den mehr oder weniger geordneten Rückzug an. Ihn begleiteten berüchtigte Taktiken wie die der »verbrannten Erde«. Den nachrückenden Sowjets bot sich häufig ein Anblick der Verwüstung ihrer Heimat: ausgeräucherte Dörfer, die Einwohnerschaft, soweit arbeitsfähig, zwangsevakuiert, die Verkehrswege unpassierbar, Versorgungseinrichtungen zerstört. Die deutschen Armeen verrichteten, während sie Abschnitt für Abschnitt zurückwichen, ungeheure Zerstörungen. Im Süden der Front erreichten die Sowjets im Durchschnitt einen etwa 300 Kilometer breiten Geländegewinn, Mitte August mussten Orel und Charkow geräumt werden, Mitte September der Kuban-Brückenkopf. Ende September 1943 fanden sie in ihrer kurzfristig präparierten »Panther-Stellung« (von Narwa über

Witebsk, entlang des Dnepr bis zum Asowschen Meer) vorübergehend Schutz, ein Riegel, der den Vormarsch der Roten
Armee für kurze Zeit zu bremsen vermochte, aber nicht mehr.
Zu dieser Zeit sank die Kampfkraft der deutschen Streitkräfte
dramatisch ab, schätzungsweise auf die Hälfte, mancherorts
vielleicht nur auf ein Drittel. Ein einziges Beispiel mag dies il-
lustrieren. Die von Einsatz zu Einsatz gehetzten, stark rampo-
nierten deutschen Panzerverbände brachten nur noch ein
Viertel der Panzermasse des Gegners auf. Die heimatliche Produktion konnte trotz spektakulärer Leistungssteigerungen den
an allen Fronten nötigen Bedarf nicht mehr decken.

Ausschlaggebend war aber Hitlers angstgesteuerte Überzeugung, dass die Entscheidung über den Ausgang des Krieges
im Westen fallen werde. In Erwartung der Invasion für 1944
fällte er seine letzte strategische Entscheidung. Die entsprechende Weisung 51 vom 3. November 1943 besagte, Menschen
und Material bevorzugt in den Westen zu transportieren.
Nachschub erreichte den Osten von nun an nur noch in gänzlich unzureichendem Maße. Hitler sah die Gefahren an der
Ostfront sehr wohl, die dort entstandene Bedrohung für den
Lebensnerv Deutschland unterschätzte er aber in verhängnisvoller Weise. In seiner von Überheblichkeit diktierten Fehleinschätzung der sowjetischen Kampfkraft glaubte er, an der Ostfront müsste er allenfalls größere Raumverluste verschmer-
zen; nach einer erfolgreichen Abwehr der alliierten Invasion
in Westeuropa könne er den Krieg im Osten ohne Einbußen
fortsetzen und in seinem Sinne beenden.

Unter diesen Voraussetzungen erscheint es nur logisch, dass
die sowjetischen Verbände bis Jahresende 1943 große Einbrüche in die »Panther-Stellung« erzielten. Der operative Durchbruch blieb aber dem kommenden Jahr vorbehalten. Anfang
1944 besagte die sich von Leningrad bis zum Schwarzen Meer
schlängelnde Frontlinie, dass die sowjetischen »Untermen-

schen« über die Hälfte ihrer von den deutschen »Herrenmenschen« seit Juni 1941 besetzten Heimat zurückerobert hatten. Ausgehend davon starteten die Sowjets im Januar 1944 starke Offensiven an drei Frontabschnitten, die dem deutschen ehemaligen Angreifer Rückschlag auf Rückschlag bescherten. Unter dem Druck des sowjetischen Großangriffs brach die Heeresgruppe Nord zusammen, die sich im März 1944 nahezu 300 Kilometer hinter dem bisherigen Frontverlauf wiederfand. Das Zurückweichen beendete in Karelien die Bedrohung, die durch Deutsche und Finnen ausgegangen war. Finnland sondierte seine Chancen für einen Sonderfrieden mit Moskau.

Sowjetische Angriffe auf die von Polozk bis Mosyr reichende Heeresgruppe Mitte scheiterten vorerst. Ganz anders stellte sich die Lage bei der Südfront (Mosyr bis Cherson) dar. Ab dem 4. März 1944 kämpfte die Frühjahrsoffensive gegen die Heeresgruppen Süd und A an. Bei Eintritt der Schlammperiode Ende April nahm die südliche Front wieder eine stabilere Gestalt an. Sie verlief im Vergleich zur Front am Jahreswechsel 1943/1944 teilweise um 500 Kilometer weiter westlich. Für das spektakuläre Zurückweichen der Front machte Hitler vor allem die Generäle von Manstein und von Kleist verantwortlich, denen er »mangelndes Stehvermögen« unterstellte. Er enthob sie am 30. März ihrer Posten und übertrug sie seinen »Durchhaltegenerälen«. Die in Heeresgruppe »Nordukraine« umbenannte Heeresgruppe Süd übernahm der zum Generalfeldmarschall beförderte Nationalsozialist Model, und die Heeresgruppe A, umbenannt in Heeresgruppe »Südukraine«, der brutale General Schörner.

Ab dem 8. April 1944 starteten die Sowjets ihren Angriff zur Rückeroberung der Halbinsel Krim, die bereits seit November keine Landverbindung mehr besaß. An diesem Tag teilte ein Soldat namens Günther Wiegand, der aus dem Heimaturlaub eben wieder zu seiner Einheit auf der Krim zurückgekehrt war und das Monatsende wohl nicht überlebte, folgende Selbstreflexionen seiner Familie mit: »Gestern, nach neunzehntägiger Reise, bin ich nun endlich bei meiner Truppe wieder gelandet … Nun geht der alte Tanz wieder los, das tägliche Einerlei. Und in einem Jahr darf ich vielleicht einmal wieder nach Hause fahren, wenn nichts dazwischenkommt. Dieses verdammte Rußland ist uns allen ja schon so zuwider. In acht Wochen haben wir drei Jahre hier voll. Ich jedenfalls und die meisten anderen haben genug von dem ›Paradies‹, zumal jetzt, da es das größte Opfer von mir und meinen Eltern gefordert hat. Und was ist mit uns, wenn wir wirklich dieses alles überstehen? Wir sind alte Männer, mit allen möglichen Gebrechen und Krankheiten behaftet. Unsere Jugend haben wir nie genießen können. Und nachholen können wir das nie. Unser jugendlicher Geist und unser unbeschwerter Frohsinn sind reifen und ernsten Ansichten gewichen. Unsere Seele und unser Herz sind hart geworden durch das viele Blut, das wir gesehen haben. Und unsere Hände sind unsauber von dem Blut, das sie vergossen haben. Und wir werden menschenscheu. Wenn wir einmal ein paar Wochen aus dem Dreck des Schützengrabens herausklettern, um zur Zivilisation zurückzukehren – so wie ich es jetzt durfte – dann fühlt man zuerst eine ängstliche Beklemmung, wenn man ein Haus betritt oder wenn man mit sauberen Menschen spricht.«

Am 9. April fiel Odessa wieder in sowjetische Hand und am 8. Mai Sewastopol. Mit der Befreiung der Krim am 13. Mai 1944 endete die Frühjahrsoffensive der Roten Armee. Entlang der gesamten Ostfront trat eine Kampfpause bis zum 22. Juni ein. Auf der Krim befanden sich noch fünf deutsche und sieben rumänische Divisionen der Heeresgruppe »Südukraine«, deren geordneten Rückzug die verantwortlichen Generäle einschließlich Marschall Antonescus monatelang vergeblich von Hitler gefordert hatten. Hitlers Halsstarrigkeit verdankten

Deutsche und Rumänen den Verlust von fast 60 000 Soldaten und nahezu sämtlichen Kriegsmaterials, auch wenn in den letzten Tagen von der Halbinsel Cherson noch 150 000 Mann über den See- und Luftweg evakuiert werden konnten.

Einem glücklosen Feldherren laufen die Verbündeten davon. Sie versuchen es zumindest. Als der Gegner die Grenzen Ungarns und das Territorium Rumäniens erreichte, wagten es Deutschlands Verbündete, Kontakte mit den Westmächten zu knüpfen, um sich aus dem Krieg zu lavieren. Kaum hatte Hitler von den Kontaktaufnahmen der ungarischen Regierung mit den Feindmächten erfahren, setzte er Ungarns Reichsverweser Horthy anlässlich eines Besuches in Schloss Kleßheim bei Salzburg (18. März 1944) so lange massiv unter Druck, bis er seine Zustimmung zur Besetzung Ungarns durch deutsche Truppen und zur Bildung einer neuen Regierung erteilte. Wenige Stunden später marschierten deutsche Soldaten in Ungarn ein. Die ungarischen Truppen wurden einer deutschen Heeresgruppe unterstellt. Antonescu, Rumäniens Staatsführer, der Hitler nach Stalingrad den Friedensschluss mit den Westmächten empfohlen hatte, um im Krieg gegen die Sowjetunion doch noch einen Sieg erringen zu können, ließ im März 1944 in Kairo insgeheim mit den Westalliierten Fühlung aufnehmen. Die Bedingungen der Westmächte fielen derart hart aus, dass der rumänische Staatschef sie nicht annehmen mochte. Rumäniens Kampf an der Seite Deutschlands wurde erst im August 1944 durch den Zusammenbruch der Heeresgruppe Südukraine beendet. Bulgarien, am 1. März 1941 dem Dreimächtepakt beigetreten, richtete an die Westalliierten die Bitte um Waffenstillstand und erklärte am 5. September 1944 Deutschland den Krieg. Ein paar Tage später übernahmen Kommunisten die Macht (9. September 1944) und schlossen einen Waffenstillstand in Moskau (28. Oktober 1944).

Im Sommer 1944 wurden allein in Weißrussland 28 deutsche Divisionen aufgerieben. Die Verlustzahl (Tote, Vermisste, Verwundete) liegt im Vergleich zu früheren »nur« noch bei 250 000 Mann (die sowjetische liegt beinahe doppelt so hoch). Während der sowjetischen Sommeroffensive 1944, die ihre Fronten bis an die ostpreußische Grenze, an die Weichsel und an die Donau voranschob, erfüllte sich Stalins Wunsch, gegen einen deutschen Verteidiger anzutreten, dessen Kräfte durch die Eröffnung einer neuen Front im Westen bereits gebunden und geschwächt waren.

Die lang erwartete Invasion der Westalliierten in Nordfrankreich (Operation »Overlord«) begann in den frühen Morgenstunden des 6. Juni 1944 (»D-Day«). Feldmarschall Rommel, Befehlshaber der Heeresgruppe B, deren Aufgabe es war, die Küste von Nordholland bis zur Loire-Mündung zu verteidigen, weilte in Süddeutschland bei seiner Ehefrau. Während in der Nacht zum 6. Juni die erste Welle von über 3000 Landungsfahrzeugen und über 1000 Kriegsschiffen auf die nordfranzösische Küste zurollte, speisten Hitler und Goebbels auf dem Obersalzberg zu Abend und letzterer erzählte seinem »Führer« »tausendundeine Angelegenheit«. Anschließend saßen sie noch im Beisein von Eva Braun bis zwei Uhr nachts am Kamin und berauschten sich an schönen Erinnerungen. »Kurz und gut«, schrieb der Propagandaminister in sein Tagebuch »es herrscht eine Stimmung wie in den guten alten Zeiten.« Anschließend ließ er sich noch von Martin Bormann bis vier Uhr morgens bewirten, während längst die Nachrichten über die begonnene Invasion eingelaufen waren. Mit der Idylle war nun Schluss, das Ende des Dritten Reiches nahm seinen Anfang.

Die Invasion gilt bis heute als die größte triphibische Operation in der Weltgeschichte. Sie wurde von allen Schlachten des Zweiten Weltkriegs am längsten (über vier Jahre) und am sorgfältigsten vorbereitet. Auf sie richtete Hitler seit Jahren seine besondere Aufmerksamkeit und Hoffnung – wie übrigens auch

Teile der deutschen Bevölkerung –, glaubte er doch fest an einen kriegsentscheidenden Sieg, der ihm – nach Fortfall des leidigen Zweifrontenkrieges – freie Hand im Osten ermöglichen würde. Solche von irrationalem Glauben und Willen getragene Strategie bewirkte aber immerhin rationale Befestigungsarbeiten in zyklopischen Dimensionen. Der »Atlantikwall« reichte vom Nordkap bis zur spanischen Grenze. Seit dem Bau der Chinesischen Mauer hat es ein so gewaltiges Unterfangen nicht mehr gegeben. Die nüchternen Zahlen lauten: über eine Viertelmillion Arbeitskräfte bewegten 28 Millionen Kubikmeter Erdreich und verbauten 10 Millionen Kubikmeter Eisenbeton zu einem Wall mit Tausenden von Bunkern zum Schutz der »Festung Europa«.

Die Gegner standen im Juni 1944 auf dem Höhepunkt ihrer umfassenden Vorbereitungen. Angreifer wie Verteidiger brachten in etwa die gleich hohe Truppenanzahl auf, doch an Luft- und Seestreitkräften zeigten die Alliierten ihre unanfechtbare Überlegenheit. Inzwischen waren der deutschen Rüstungsproduktion wichtige Grundstoffe verlorengegangen. Mit dem Verlust von Nikopol brach die notwendige Manganlieferung zusammen. Im April 1944 exportierte die Türkei auf Druck der Alliierten kein Chromerz mehr und Spanien minimierte im Mai seine Wolframlieferungen. Am 5. April 1944 starteten US-Bomberverbände von Süditalien aus ihre Luftangriffe auf die rumänischen Erdölfelder bei Ploeşti und auf die im deutschen Machtbereich liegenden Ölraffinerien und Hydrierwerke, was den Nachschub an Benzin stark beeinträchtigte. Zur gleichen Zeit setzten permanente Bombardements auf die Produktionsstätten synthetischer Treibstofferzeugung ein. Der deutsche Rüstungsminister malte unermüdlich das daraus resultierende Schreckensszenarium für die Wehrmacht, die totale Bewegungslosigkeit, an die Wand. Darüber hinaus begannen Briten und Amerikaner mit mehrwöchigen

Bombenangriffen auf die nordfranzösischen Eisenbahnnetze und die Brücken der Seine und Loire, um die Nachschubwege der Deutschen für ihre an der Küste liegenden Truppen systematisch zu zerstören. Die Alliierten kannten durch ULTRA sämtliche deutschen Truppenbewegungen und Stellungen, während die Deutschen im Dunkeln tappten. Zu allem Übel gaukelten ihnen die Alliierten durch einen fingierten Funkverkehr die Existenz einer amerikanischen Heeresgruppe in Südostengland vor. An deren Echtheit glaubten Hitler und die zuständige Generalität, und sie bezogen deren fiktive Operationen in ihre realen Planungen mit ein. Aus allem zusammen resultierte, dass die Entscheidungsschlacht entgegen den deutschen Erwartungen nach zehn Wochen höhere und blutigere Verluste einfuhr als in demselben Zeitraum die Ostfront.

Als unter dem Oberbefehl des US-Generals Dwight D. Eisenhower das erwähnte Unternehmen »Overlord« startete und Amerikaner unter General Bradley sowie Engländer und Kanadier unter Generalleutnant Dempsey zwischen der Ostküste der Halbinsel Cotentin und der Ornemündung an mehreren Stellen an Land gingen, rieben sich die deutschen Soldaten wohl die Augen angesichts der riesigen Armada. Die Überraschung war perfekt. Dort hatten Hitler und seine Generalität die gegnerische Großlandung nicht erwartet. Sie glaubten, aus operativen und logistischen Gründen müsste der alliierte Hauptangriff am Pas-de-Calais erfolgen. Noch bis in den Juli hinein hielt Hitler die Invasion in der Normandie für ein Ablenkungsmanöver. Die vom Atlantikwall kaum aufzuhaltende, von ihrer überlegenen Luftwaffe unterstützte »Zweite Front«, die Stalin so lang vergeblich eingefordert und für die er erst auf der Konferenz in Teheran im November 1943 grünes Licht bekommen hatte, rückte unaufhaltsam gegen die »Festung Europa« vor. Wo immer nur möglich, karrte man Verstärkungen aus anderen Kriegsgebieten heran. Das konnte wegen der alliierten Lufthoheit eigentlich nur nachts und wegen der zerbombten Straßen oft nur auf weiten Umwegen geschehen. Notorische Benzinknappheit zwang mitunter zum Transport per Bahn. Das Ganze erschwerten die manchmal nicht unerheblichen Aktionen der französischen Résistance. Wie auch in den anderen überfallenen Staaten, von der SU über Polen, Jugoslawien, Griechenland bis zu Italien, besaß auch in Frankreich der militärische Widerstand Gewicht. Verbände der Waffen-SS reagierten wiederum auf Anschläge des französischen Widerstands mit barbarischen Vergeltungsmaßnahmen. Das bekannteste Massaker geschah am 10. Juni in Oradour-sur-Glane wegen eines banalen Gerüchts über ein Waffenlager. Eine Kompanie der 2. SS-Panzerdivision »Das Reich« tötete die gesamte Einwohnerschaft, 642 Frauen, Männer und Kinder, und brannte das Dorf nieder. Oradour wurde zum umstrittenen Symbol einer mörderischen Vergeltungspolitik, die an wüste Praktiken in Ost- und Südosteuropa erinnerte.

Anfang Juli machten der Oberbefehlshaber West von Rundstedt und Generalfeldmarschall Rommel den Vorschlag, hinter die Orne zurückzuweichen, um das »taktische Flickwerk« zu beenden, und sie empfahlen dem erfolglosen Feldherrn eine politische Lösung. Hitler reagierte in der üblichen Weise, von Rundstedt verlor seinen Posten an seinen Nachfolger Generalfeldmarschall von Kluge. In der Lagebeurteilung fasste Rommel am 15. Juli das militärische Desaster lapidar zusammen: »Die Truppe kämpft allerorts heldenmütig, jedoch der ungleiche Kampf neigt sich dem Ende entgegen. Es ist m. E. nötig, die Folgerungen aus dieser Lage zu ziehen.« Kurz darauf (17. Juli) erlitt Rommel durch einen Tieffliegerangriff schwere Verletzungen. Auch andere deutsche Westgeneräle hegten die Überzeugung, der ungleiche Kampf könne sich nicht mehr lange hinziehen und müsse auf politischer Ebene zu einem Ende gebracht werden. Doch dafür war Hitler nicht zu haben. Als auch noch Ende Juni im Osten die Heeresgruppe Mitte zusammenbrach, entschlossen sich einige Generäle angesichts der aussichtlosen Lage in Ost und West zu einem Attentat auf den dilettantischen Diktator. Aber Hitler überlebte den Bombenanschlag des Obersten Schenk Graf von Stauffenberg in der Wolfsschanze. Der gescheiterte Staatsstreich vom 20. Juli 1944 ist als militärischer Widerstand bekannt, umfasste aber neben Offizieren auch Geistliche, Politiker jeder Couleur und andere Bürgerliche, von denen etwa 200 hingerichtet wurden. Generalfeldmarschall Kluge verübte unmittelbar nach seiner Ablösung Mitte August Selbstmord, ohne am Putsch beteiligt gewesen zu sein, aber des Mitwissertums verdächtigt. Rommel, dem wohl populärsten NS-General, dessen Rolle im militärischen Widerstand bis heute kontrovers beurteilt wird, ließ Hitler die Wahl zwischen einer Anklage vor dem Volksgerichtshof und dem Freitod. Er entschied sich für Selbstmord (14. Oktober 1944).

Beide Seiten verbuchten in der Normandie bis Ende Juli 1944 mit jeweils etwa 116 000 Toten Verluste in gleicher Höhe. Der ausschlaggebende Unterschied zwischen den Gegnern lag im Nachschub und Ersatz. Während die Westalliierten bis Ende Juli etwa 1,5 Millionen Soldaten an Land gebracht hatten, erhielt die Heeresgruppe B nur 14 594 Mann Ersatz. Bei Avranches gerieten 15 Divisionen in einen Kessel, der 125 000 Soldaten einschloss. Nur den an der Ostfront im Kampf erprobten Truppen glückte der Ausbruch, wenn auch unter hohen Verlusten an Menschen und Material. 45 000 Soldaten marschierten in die Gefangenschaft. Ihr bisher nachhaltiger Ruf, höchste militärische Führungskunst zu beherrschen, ging der Wehrmacht an der Westfront bei dieser Schlacht angeblich für immer verloren. Deutschland konnte die gesamte Invasionsschlacht zu Verlust buchen wie die Viertelmillion Soldaten, die sie kostete. Nur ein kleiner Teil schaffte es, über die Seine zu fliehen. Den Alliierten stand der Weg nach Paris offen.

Die Befreiung Europas versinnbildlichte sich im Einmarsch alliierter und freifranzösischer Truppen in Paris (25. August 1944) unter dem Jubel der Franzosen. Ein Glück für die kultivierte Menschheit, dass die Truppen des Stadtkommandanten von Paris, General Dietrich von Choltitz, abzogen, ohne Hitlers Befehl zur Zerstörung der wichtigsten Gebäude von Paris befolgt zu haben. Am 3. September befreiten alliierte Einheiten Brüssel, am 21. Oktober amerikanische Truppen die erste deutsche Großstadt, Aachen.

Amerikanische Truppen stießen bis zum 16. November an die Rur-Linie vor. Ab dem 8. Dezember unterlag das Gebiet westlich davon (Roermond bis Heimbach) ihrer Kontrolle. Doch Hitler dachte nicht daran aufzugeben. Mit schwachen Kräften eröffnete er ein letztes Mal einen Angriff nach seinem Geschmack. Zwischen Monschau und Echternach trat die Heeresgruppe B am 16. Dezember mit drei Armeen (21 Divisionen) und 1794 Flugzeugen zur Ardennenoffensive (Operation »Wacht am Rhein«) an. Es gelang Hitler zwar, den Gegner zu überraschen, gleichwohl blieben die unrealistischen Operationsziele unerreichbar. Unter anderem stand die Eroberung des Hafens von Antwerpen auf dem Plan, um den Nachschub der Alliierten zu unterbinden. Vor allem aber beabsichtigte Hitler, die Amerikaner von den Briten zu trennen, weil er letztere als friedenswillig einstufte, was er mit deren angeblicher Furcht vor dem Verlust ihrer Großmachtstellung erklärte.

Sobald aber das Wetter aufklarte, konnten die Alliierten ihre Luftüberlegenheit souverän ausspielen. Bis Mitte Januar gingen sämtliche Geländegewinne wieder verloren. Der allmählichen Besetzung Deutschlands stand nichts mehr im Wege außer irrationalem Widerstand in Form von ›Volkssturm‹, ›Werwolf‹ und ähnlichen Phänomenen der Ohnmacht angesichts des nahenden Kriegsendes, obwohl Deutschland zu Beginn des Jahres 1945 noch eine relativ stabile Westfront von Rotterdam bis Mulhouse besaß.

Nur drei Tage nach Eröffnung der Invasion im Westen (9. Juni 1944) traten sowjetische Divisionen in Karelien zum Angriff an. Als sie eine Rücknahme der finnischen Front bis zu streckenweise 300 Kilometer ins nordwestliche Hinterland erreicht hatten, kündigte sich der Zusammenbruch Finnlands und sein Abfall von Deutschland an. Im Waffenstillstandsvertrag von Moskau (19. September 1944) mit den Briten und Sowjets mussten sich die Finnen zur Mitarbeit bei der Vertreibung der Deutschen aus Karelien verpflichten. Deutschland verlor zum Bundesgenossen auch die wertvollen Lieferungen an Nickelerz und kämpfte bis zum Kriegsende gegen die voranmarschierenden Truppen seines ehemaligen Verbündeten und gegen sowjetische Einheiten mit rücksichtslosen Strategien wie der der »verbrannten Erde«.

Dem militärischen Erfolg in Karelien schloss sich eine Serie zeitlich und regional gestaffelter Operationen in allen Bereichen der sowjetischen Front an. Am dritten Jahrestag des deutschen Überfalls auf die SU, am 22. Juni 1944, griffen vier sowjetische Fronten (1. Baltische Front, 1., 2. und 3. Weißrussische Front) mit etwa 2,5 Millionen Mann (Operation »Bagration«) die geschwächte Heeresgruppe Mitte, die aus kaum mehr als 700 000 (neuere Zahlen liegen unter 500 000) schlecht ausgerüsteten Soldaten bestand, mit voller Wucht an. Sämtliche vorhandenen Hinweise auf den sowjetischen Aufmarsch hatten der Oberbefehlshaber Busch und sein Oberkommando wissentlich ignoriert, aus Angst vor Hitler, der schlechte Nachrichten kaum vertrug. Die katastrophalen Folgen stellten selbst die von »Stalingrad« in den Schatten. Drei völlig überraschte deutsche Armeen gerieten bei Minsk, Witebsk und Bobruisk in die Falle. Sie wurden binnen weniger Tage zerschlagen. Insgesamt verlor die Wehrmacht während des Sommers 1944 in Weißrussland 28 Divisionen, d. h. 250 000 Soldaten waren tot, gefangen oder vermisst. (Frühere Zahlenschätzungen lagen weit höher.) Schlimmer noch, die Heeresgruppe Mitte brach auseinander und war praktisch nur noch ein klaffendes Loch, durch das sowjetische Divisionen ungehindert vorwärtsstürmten. Der Vormarsch auf das Deutsche Reich begann. Im Oktober erreichte die Rote Armee Ostpreußen. Wie üblich rollten wieder Köpfe, nicht schuldlos rollte der von Generalfeldmarschall Busch (28. Juni). Er wurde ersetzt durch Model. General Zeitzler ging freiwillig. Er hatte einen Rettungsplan eingereicht, dessen radikale Frontverkürzung heftige Kontroversen auslöste und auf Ablehnung stieß. Der Chef des Generalstabs des Heeres war nun von der unabwendbaren Niederlage so sehr überzeugt, dass er um seinen Abschied bat. Guderian, sein Nachfolger, kam nun wieder nach Weißrussland, wo er vor drei Jahren seine sensationellen Siege gefeiert hatte. Diese nur etwas über zwei Monate währende, gewaltige Operation forderte der SU hohe Verluste ab, führte aber auch zur größten Niederlage in der deutschen Kriegsgeschichte mit schweren Verlusten, die selbst die vor Verdun im Ersten Weltkrieg übertrafen. Im Rahmen dieser Offensive befreiten die Sowjets erstmals mehrere Konzentrations- und Vernichtungslager, wodurch die Welt in größerem Maße als bisher von den dortigen Greueltaten und der Tatsache des Holocausts erfuhr.

Von nun an jagte eine Krise die andere. Mitte Juli zum Beispiel zerschmetterte Marschall Konjew mit der 1. Ukrainischen Front, einer Frontvereinigung, so mächtig, wie nie zuvor eine zum Angriff angetreten war, die Heeresgruppe Nordukraine und warf die Deutschen bis zu den Karpaten zurück. Am 24. Juli erreichte die Rote Armee Lublin, am 25. die Weichsel. Ende Juli durchbrach zum Beispiel die 1. Baltische Front die dünnen deutschen Reihen zwischen den Heeresgruppen Nord und Mitte und erreichte die Ostseeküste bei Tukkum. Die nördliche Heeresgruppe wurde eingeschlossen. Am 5. Oktober schnitt die Rote Armee die Heeresgruppe Nord erneut, diesmal definitiv, ab. Nach dem Willen Hitlers sollte die »Festung Kurland« um jeden Preis gehalten werden, und sie hielt bis zum bitteren Ende des Zweiten Weltkriegs. Ihre Verteidiger kämpften auf verlorenem Posten und konnten nicht mehr evakuiert werden. Sie gingen allesamt (189 112 Deutsche und 14 000 Letten) in Gefangenschaft.

In dem an Schrecken reichen Kriegsjahr 1944 spielte sich noch eine besonders tragische Episode ab: der Nationalaufstand in Polen, auch eine Reaktion auf die erwähnte Operation »Bagration«. Am 1. August 1944 erhob sich die nationalpolnische Heimatarmee in Warschau gegen das deutsche Besatzungsregime. Ihre Absicht, die Hauptstadt aus eigener Kraft zu befreien, sollte den politischen Anspruch auf Souveränität manifestieren. Nach verzweifelten Straßenkämpfen mussten sich die Aufständischen zuletzt in die Kanalisation zurückziehen. Die versprochene Hilfe der Amerikaner, Briten und Sowjets kam nicht oder zu spät. Am 2. Oktober mussten sie kapitulieren. Das Resultat: 250 000 tote Polen.

In der zweiten Jahreshälfte brach die Ostfront in der Mitte dramatisch zusammen. Im Norden wie im Süden der Ostfront blieb trotz weitgreifender Geländeverluste eine dünne Sicherungslinie bestehen. Die Rote Armee aber reihte seit dem 22. Juni 1944 in seriellen Offensiven Sieg an Sieg und eroberte bis zum Jahresende 1944 das gesamte sowjetische Territorium zurück. Wenn das auch wohl kaum ohne Eröffnung einer »Zweiten Front« durch die Westalliierten möglich gewesen wäre, so handelt es sich doch um den größten Erfolg aller Zeiten in der sowjetischen Kriegsgeschichte. Das Tor zum Deutschen Reich stand für eine Flut von hassgetriebenen Rotarmisten weit offen. Einer von ihnen fasste die Gefühle vieler knapp zusammen. Er schrieb an seine Eltern: »Und wie freut sich das Herz, wenn man durch eine brennende deutsche Stadt fährt. Endlich schlagen wir die Deutschen in ihrem eigenen Lande, in ihrem verfluchten Schlupfwinkel. Wir nehmen Rache für alles und unsere Rache ist gerecht. Feuer um Feuer, Blut um Blut, Tod um Tod.« Selbst Lew Kopelew, ein Verehrer deutscher Kultur, befahl seinen Soldaten, beim Überschreiten der Grenze zu Deutschland von ihren Lastwagen abzusteigen und auf den deutschen Boden zu urinieren, Ausdruck tief empfundener Lust, Land und Leute des Aggressors zu schänden.

5. Operative Agonie

Bis zum Jahreswechsel 1944/45 schob der alliierte Angriff auf die »Festung Europa« die Fronten im Osten wie im Westen an die deutschen Reichgrenzen heran, teilweise stand der Feind sogar schon auf deutschem Boden. Das Deutsche Reich fand sich, vereinfacht ausgedrückt, wieder auf seine Ausgangsposition bei Kriegsbegin von 1939 zurückgeworfen mit Ausnahme der dänischen, holländischen, norwegischen und norditalienischen Gebiete. Deutschland war umringt von Feinden, und sie bereiteten sich mit geballter Kraft zum Sturm auf das Reich vor. Millionen von Deutschen bescherte das Finale des Krieges die grauenvollste Zeit ihres Lebens. Es dokumentierte auch die bodenlose Verantwortungslosigkeit des NS-Regimes, seiner Vertreter und Anhänger aus Militär, Justiz etc. und deren absurde Lust, einem »Führer« bis zum bitteren Ende zu folgen.

Die Rundumverteidigung lag in den Händen einer schwer angeschlagenen, demoralisierten Wehrmacht, an langen Fronten lag sie in den Händen von unerfahrenen Ersatzeinheiten. Statistisch gesehen konnte sich die Wehrmacht immer noch als gut aufgestellt betrachten, hatte sie doch rund doppelt so viel Mann, also etwa 10 Millionen, aufzuweisen wie zu Beginn des Krieges, aber mit unzureichender Ausbildung und schlechter Ausrüstung. Auch die Luftwaffe bot im letzten Kriegsjahr mehr Flugzeuge auf als in der Luftschlacht um England 1940. Doch zum Abwehrkampf fehlte ihr der nötige Treibstoff. Noch aber verliefen die Grenzen so, dass sie als Unterpfand für klug geführte Friedensverhandlungen hätten taugen können, wenn nicht die Androhung einer bedingungslosen Kapitulation wie ein Damoklesschwert über dem Reich gehangen hätte. Im Westen verlief die Front von Antwerpen bis Colmar, im Osten noch immerhin 180 bis 350 Kilometer weiter östlich von den Reichsgrenzen von 1937 mit Ausnahme von Ostpreußen.

Die alles entscheidende Frage lautete: Wie ging Hitler, der »größte Feldherr aller Zeiten«, mit der bitter nötig gewordenen Umstellung von Angriff auf Verteidigung um? Die Antwort fällt eindeutig aus. Hitler konnte nur angreifen. Den Gegner schlagen, das war sein Elixier. Verteidigen, was bedroht ist, das war seine Sache nicht. Sieg oder Untergang, so hieß die Losung von Beginn an, ein Vierteljahrhundert lang. Es war sein Gesetz, nach dem er angetreten war, nach dem allein er handeln konnte. Etwas anderes kannte er nicht und konnte es deshalb auch nicht.

In diesem Sinne lehnte er Vorschläge seiner Generale zur Verteidigung wie Räumung unhaltbarer Gebiete, Frontzurücknahmen, Reservenbildungen und ähnliches ausnahmslos ab, mochten sie strategisch noch so sinnvoll sein. Im Vorfeld des Reichs hielten sich zu seiner Verteidigung noch mehr als zwei Millionen Mann bereit, in Österreich und Ungarn 600 000, in Kurland, Norwegen, Jugoslawien und Italien jeweils 400 000. Doch sie standen mehr oder weniger nutzlos herum, denn Hitler besaß für sie keine Verteidigungsstrategie. Im Gegenteil, als das Reich unterzugehen drohte, raffte Hitler seine schwachen Reserven zusammen für seinen letzten Schlag. Die erwähnte Ardennenoffensive kostete 90 000 Soldaten, die ihm an der Ostfront zur Reichsverteidigung bitter fehlen sollten. Er tat noch ein übriges zur Schwächung der Ostfront. Er zog ein SS-Panzerkorps aus Polen ab und schickte es nach Budapest. Auch sandte er freigewordene Kampfgruppen aus den Ardennen in den Donauraum. Er wollte seinem letzten kämpfenden Verbündeten zu Hilfe eilen und die dortigen Ölquellen, die einzigen, die ihm verblieben waren, sichern. Das Resultat war jedenfalls vernichtend. Die zweimaligen Angriffe verpufften nach kürzester Zeit und Budapest, ab Weihnachten 1944 eingeschlossen, erlitt ein ähnliches Schicksal wie Stalingrad.

Die verbliebenen Panzertruppen befanden sich noch in den Ardennen in heftigen Abwehrkämpfen, als im Osten am 12. Januar 1945 die lang erwartete Großoffensive losbrach. Die sowjetische Armee trat in dreifach überlegener Mannstärke und erneut mit der von den Deutschen übernommenen Blitzkriegsstrategie so brutal und massiv an, wie es die Wehrmacht bis dahin noch nicht erlebt hatte. Hitler musste mit ansehen, wie diese unbestritten überlegenen Armeen, die 1. und 2. Weißrussische Front, die er nach einer Überlieferung von Guderian für einen großen Bluff hielt, binnen kurzem tiefe Einbrüche in den Westen rissen.

Nördlich von Warschau griff Rokossowskis 2. Weißrussische Front an, durchbrach die schwachen Verteidigungslinien rasch und besetzte die polnische Hauptstadt (17. Januar). Ein Teil stieß in Richtung Danzig vor und schnitt die Heeresgruppe Mitte ab. Bis zum 8. Februar konnten sich verschiedene Kessel in der Danziger Bucht halten. Eine halbe Million deutscher Soldaten und ein Heer von Zivilisten, die aus ihrer Heimat in Pommern, West- und Ostpreußen geflohen waren, ballte sich dort zusammen. In weiten Teilen gelang es der Kriegsmarine, sie noch im April/Mai zu evakuieren. Der Hafen von Gdingen fiel am 28. März an die Sowjets, Danzig am 30. März, Königsberg am 9. April und Pillau am 25. April.

Südlich von Warschau stellte sich noch deutlicher heraus, wozu der vermeintliche sowjetische »Bluff« imstande war. Es handelte sich um einen der schnellsten und verlustreichsten Vorstöße im Zweiten Weltkrieg. Am 31. Januar erreichte die 1. Weißrussische Front (Schukow) die Oder. Die »Festungen« Posen, Thorn und Graudenz fielen wie Kartenhäuser zusammen. Ebenfalls Ende Januar eroberten die Sowjets Oberschlesien, dessen kriegswichtige Industrie dem Gegner völlig intakt zufiel. Rüstungsminister Albert Speer sah darin das Ende des Krieges und verfasste eine Denkschrift mit entsprechender Warnung. Hitler reagierte darauf offenbar überhaupt nicht. Demgegenüber fiel kaum noch ins Gewicht, dass in Ostpreußen die eingeschlossenen Armeen (4. Armee und 3. Panzerarmee) den Angriffen nicht standhalten konnten, ebenfalls Ende Januar (29. Januar) Königsberg eingeschlossen wurde, Gauleiter Erich Koch sich rechtzeitig per Eisbrecher retten ließ und die Wehrmachtsreste samt Bevölkerung auf die Nehrung strömten in der Hoffnung, von Pillau aus noch ins Reichsgebiet zu gelangen.

Ende Januar erreichte die Rote Armee südlich von Frankfurt, bei Küstrin und südlich von Breslau die Oder. Sie stellte somit bereits eine unmittelbare Gefahr für die Reichshauptstadt dar. Vom Brückenkopf Küstrin sollte am Ende auch tatsächlich der Todesstoß auf Berlin ausgehen. Die »Festung« Breslau, bereits ab Mitte Februar eingeschlossen und bis zu 70 Prozent zerstört, hielt unter der brutalen Knute von Gauleiter Karl Hanke bis zum 6. Mai. Feige wie sein Gauleiter-Genosse Koch aus Ostpreußen, der sich mit dem Schiff davonmachte, verschwand jener mit einem Flugzeug.

Inzwischen hatte Hitler befohlen, vorrangig aus Polizei und Volkssturmeinheiten eine neue Heeresgruppe zu bilden. Dieser »Heeresgruppe Weichsel« übertrug er die für das Reich absolut überlebenswichtige Aufgabe, die zerrissene Front zwischen Oder und Weichsel zu schließen und Pommern zu verteidigen. Den Oberbefehl überließ er dem militärisch unfähigen Himmler. Als Reichsführer SS und Polizeichef erfüllte er gleichzeitig die Aufgabe, »hinter der gesamten Ostfront auf deutschem Boden die nationale Verteidigung« zu organisieren, was nichts anderes hieß, als die deutsche Bevölkerung, vor allem Frauen und Kinder, mit gnadenlosem Terror zu überziehen. Der Personal- und Materialmangel konnte auf diese Weise aber nicht behoben werden. Es war nur eine Frage der Zeit, bis die Rote Armee die Front der Heeresgruppe Weichsel durchbrechen würde. Sie stieß Ende Februar (26. Februar) durch das mit Flüchtlingen verstopfte Land bei Kolberg bis zur Ostküste durch.

Kolberg, vor allem bekannt durch den gleichnamigen aufwendig gedrehten Durchhaltefilm über die Verteidigung dieser Stadt im Jahr 1807, der eben noch fertiggestellt (31. Januar) und in den unbesetzten Gebieten gezeigt werden konnte, widerstand der sowjetischen Armee elf Tage, gerade so lang, dass auch hier Verwundete und Flüchtlinge über die See oder über das Haff in das Reich evakuiert werden konnten. Eine gänzlich unzureichende oder gar fehlende Verteidigung führte zu immensen Verlusten. Die wenigen Kriegsmonate im Jahre 1945 blieben den meisten Deutschen in schrecklichster Erinnerung. Nicht nur zählten die Familien in diesem kurzen Zeitraum 1945 mehr Tote als in den Jahren zuvor, gleich ob als Soldaten an der Front oder als Bombengeschädigte in der Heimat. Flucht und Vertreibung kosteten auch unzähligen Frauen und Kindern das Leben. Die Forschung tabuisierte dieses Geschehen jahrzehntelang ebenso wie die Plünderungen und Vergewaltigungen durch die sowjetische Soldateska. Frauen konnten sich kaum männlichen Schutz erhoffen, waren doch selbst die Alten (bis 60) und ganz Jungen (ab 16) zum Volkssturm eingezogen, wo sie unausgebildet und kampfunerfahren als Kanonenfutter dienten. Viele kämpften ohne Waffe und Uniform, nur mit einer Binde am Arm. Die Sowjets konnten sie so nicht als reguläre Kombattanten erkennen und erschossen die jungen unter ihnen in der Annahme, sie seien »Werwölfe«.

Im Vergleich zu den grauenhaften Verhältnissen im Osten befanden sich Deutsche im Westen trotz schlimmer, aber eben verhältnismäßig weniger todbringender Kriegsumstände noch in einer weit besseren Lage. Die Westalliierten (eine britische Heeresgruppe unter Montgomery und eine amerikanische Armeegruppe unter Bradley gemeinsam mit kanadischen Verbänden) eröffneten ihre Schlussoffensive auf das Reich am 8. Februar. Im Norden der Westfront starteten kanadische Streitkräfte einen Angriff bei Nimwegen zwischen Maas und Niederrhein, machten aber nur mäßige Fortschritte. Amerikanische Truppenteile, die zu derselben Heeresgruppe gehörten und sich über die Rur zu den Kanadiern vorkämpfen sollten, konnten erst gut zwei Wochen später (23. Februar) angreifen, weil die deutschen Verteidiger die Urfttalsperre geöffnet und das Rurtal unter Wasser gesetzt hatten. Beide Armeen der Alliierten trafen am 3. März bei Geldern aufeinander. Eine Woche später eroberte Montgomery das linke Rheinufer von Emmerich bis Neuß. Die amerikanische Heeresgruppe unter Bradley nahm am 7. März das linksrheinische Köln in Besitz. Seine Heeresgruppe rückte weiter in den Süden vor, wo sie nördlich der Mosel einem Teil von Feldmarschall Models Heeresgruppe B in den Rücken fiel. Das Drama um die Brücke von Remagen, deren rechtzeitige Sprengung den Deutschen nicht gelang, weil noch möglichst viele Soldaten das rettende rechtsrheinische Ufer erreichen sollten, und die vielen anschließenden Versuche, sie durch Luftangriffe, Kampfschwimmereinsatz etc. zum Einsturz zu bringen, ist unterhaltsamer

Stoff für Hollywood geworden. Nach zehn Tagen war das Zerstörungswerk beendet, doch zu spät. Inzwischen hatten die Amerikaner eine Behelfsbrücke gebaut und am Ostufer einen Brückenkopf installiert. Das riss ein Loch in die deutsche Front am Rhein, die sich erst im Aufbau befand. Bradleys Heeresgruppe marschierte links des Rheins nach Süden und stieß am 9. März bei Andernach auf die amerikanische Armee Pattons, die Models Heeresgruppe B durch die Eifel an den Rhein und zur Mosel vor sich her getrieben hatte. So besetzten die Amerikaner auch das Rheinufer von Neuß.

Dwight Eisenhower, der alliierte Oberbefehlshaber in Europa, verzichtete Ende März auf eine westalliierte Beteiligung bei der Einnahme Berlins. Diese den Sowjets allein zu überlassen, hielt Churchill aus politischen wie psychologischen Gründen für fahrlässig. Er wollte möglichst weit über die im Februar in Jalta festgelegten Besatzungsgrenzen militärisch vorgedrungen sein, um nach Kriegsende bei den vorauszusehenden Meinungskontroversen Faustpfänder gegenüber den Sowjets in der Hand zu halten. Churchill setzte sich aber nicht durch. Unter dem Vorwand, die deutsche »Alpenfestung« einnehmen zu müssen, richtete sich der Hauptstoß von Eisenhowers Armeegruppen, die 12. US-Armeegruppe unter Bradley und die 6. US-Armeegruppe unter Devers, nach dem strategisch wichtigeren Süden. Von dem Vormarsch nach Mitteldeutschland versprach sich Eisenhower diverse Vorteile. Im Ruhrgebiet befanden sich die kriegswichtigen Rüstungsanlagen und in Mitteldeutschland das Zentrum moderner Rüstungsproduktion. Dort lagen aber auch die Verstecke der größten Schätze des Dritten Reichs. In einem weitverzweigten Höhlensystem lagerten kostbare Kunstgegenstände aller Art und die Goldreserven der Reichsbank. Diese »Schatzkammer« des Reichs galt es zu räumen, bevor das Gebiet unter sowjetische Besatzung geriet. In Thüringen stand auch die bekannte Raketenfabrik »Dora«, wo führende Raketenforscher arbeiteten. Sie wechselten in die amerikanische Luft- und Raumfahrtforschung über und machten in den USA Karriere, wie z. B. Wernher von Braun. Die später eintreffenden Sowjets mussten sich mit den übriggebliebenen Raketen und dem Rest an drittklassigen Technikern begnügen. Doch der reichte allemal, die Raketenrüstung in der SU erfolgreich anzustoßen. Mit ihrem wohlpräparierten Vorgehen erzielten die Amerikaner sowohl auf wissenschaftlichem als auch auf wirtschaftlichem Gebiet denkbar größte Gewinne. Einzig und allein die Uranvorkommen in Thüringen entgingen ihrer Aufmerksamkeit. Sie sollten im künftigen Kalten Krieg die Basis für die Atomrüstung der UdSSR bilden.

Zur Monatsmitte März stieß Pattons Armee der deutschen Front zwischen Saarbrücken und dem Rhein in den Rücken, was diese zum Einsturz brachte. Generalfeldmarschall von Rundstedt, Oberbefehlshaber West, bat Hitler dringend, den 200 Kilometer langen und letzten Frontbogen vor dem Rhein räumen zu dürfen, weil er jetzt nicht mehr gehalten werden könnte. Hitler ersetzte Rundstedt – nach dem bekannten Muster – daraufhin sofort durch einen anderen Generalfeldmarschall (Albert Kesselring von der italienischen Front). Bradley rückte mit etwa 1,3 Millionen Soldaten (vier Armeen) durch diese klaffende Frontbresche Richtung Leipzig und Elbe vor. Pattons und Devers Armeen marschierten von Nordwesten und vom Süden vorwärts, bis sie am 23. März das Rheinufer zwischen Koblenz und Straßburg erreichten. Vielen deutschen Truppenteilen und Flüchtlingstransporten aus dem Saarland war damit der Weg ins rechtsrheinische Gebiet abgeschnitten. In der Nacht zum 23. März konnte Patton südlich von Mainz erstmals einen Brückenkopf am rechtsrheinischen Ufer errichten. Eisenhower hatte sein Kriegsziel, die Einnahme der Rheinlinie, erreicht. Seit Anfang Februar, dem Beginn von Eisenhowers Offensive, verlor das deutsche Heer ein Drittel seiner Kräfte, annähernd 300 000 Gefangene, 60 000 Gefallene oder Verwundete.

In der Nacht vom 23. auf den 24. März überschritten Montgomerys englische und amerikanische Armeen den Niederrhein bei Wesel. Bis zum 30. März schlugen sie zwölf Brücken über den Rhein und errichteten einen Brückenkopf um Wesel, der von Emmerich bis Duisburg reichte. Damit war gemeinsam mit dem Brückenschlag bei Remagen der Umfassungsring von Nord und Süd um das Ruhrgebiet vorbereitet. Auch Bradley wurde in dieser Nacht militärisch aktiv. Seine Armeegruppe brach aus dem Brückenkopf von Remagen aus und trat zur letzten Schlacht an. Bereits nach fünf Tagen schnitt er Models Heeresgruppe B im Ruhrgebiet ab. Nach schweren Kämpfen vor allem gegen SS-Einheiten gelang es seinen Truppen, sich mit denen von Montgomery, die von Wesel nach Osten vorgestoßen waren, zu vereinigen. Mehr als 20 Divisionen der Heeresgruppe B waren damit im Ruhrgebiet eingeschlossen. Die Rüstungsproduktion innerhalb des Gebietes war bereits vorher durch die alliierten Bombardements zum Erliegen gekommen. Am 14. April spaltete sich die Umzingelung in einzelne Teile auf. Deren letzter Teilkessel musste den Kampf ein paar Tage später einstellen. Models Heeresgruppe von etwa 325 000 Soldaten löste sich auf. Viele davon verschwanden in den durch Zerstörung unübersichtlich gewordenen Großstädten. Dennoch war die Anzahl deutscher Gefangener groß. Ihr Heerführer Model erschoss sich bereits am 21. April in einem Wald bei Duisburg.

Zeitlich parallel zur Einkesselung der Truppen im Ruhrgebiet nutzten die Amerikaner die Frontlücke, die sich bei der Einkreisung der Heeresgruppe B eröffnet hatte, um südlich und nördlich des Harzgebirges bis zur Elbe (zwischen Wittenberge und Barby) und der Saale (zwischen Halle und Jena) vorzustoßen. Dort leistete eine erst zu Beginn des Monats April aus letzten Reserven zusammengestellte Armee unter General Wenck überraschenden Widerstand, bis sie am 23. April auf Befehl Hitlers zur »Befreiung« von Berlin, das von der Roten Armee schon so gut wie eingeschlossen war, abkommandiert wurde.

Inzwischen hatte die kanadische Armeegruppe Montgomerys, ohne auf größeren Widerstand zu stoßen, fast ganz Holland befreit, während Montgomerys britische Kräfte auf ihrem Vormarsch größere Kämpfe mit deutschen Fallschirmdivisionen ausfechten mussten, bis sie am 24. April das westliche Elbufer bei Harburg erreichten und es bis Wittenberge, wo die Amerikaner bereits standen, besetzten.

Ab Ende März setzten sich die Westalliierten zur Eroberung Süddeutschlands in Marsch. Aus dem Rheinbrückenkopf bei Oppenheim südlich von Mainz stießen zwei amerikanische Armeen vor, diejenige mit dem Ziel »Alpenfestung« besetzte die Mainbrücken bei Aschaffenburg, Frankfurt, Zwickau und Hof, die andere rückte über Bamberg nach Nürnberg vor. Die »Stadt der Reichsparteitage« wurde auf Befehl Hitlers besonders verbissen verteidigt. Sie fiel am 20. April, seinem letzten Geburtstag. München, die »Hauptstadt der Bewegung«, ergab sich den Amerikanern am 30. April kampflos, nachdem die Freiheitsaktion Bayern dafür gearbeitet hatte. Sie brach schnell zusammen, und 200 Zugehörige des bayerischen Widerstands bzw. Personen, die seinen Aufrufen Folge geleistet hatten, wurden noch in den letzten Stunden vor Kriegsende liquidiert. An demselben Tag erlebten 33 000 Häftlinge im KZ Dachau ihre Befreiung. Wie in den zuvor befreiten Konzentrationslagern fanden die Alliierten auch hier katastrophale, menschenunwürdige Situationen vor. Sie bewirkten aufseiten der Alliierten Verbitterung und auch Hass, was für eine gewisse Zeit in ihrem Verhalten gegenüber der deutschen Bevölkerung im allgemeinen und gegenüber den Kriegsgefangenen im besonderen zum Ausdruck kam. Nachdem sich die Alpenfestung als Schimäre erwies, setzten die Amerikaner ihren Marsch auf den Brenner zügig fort, wo sie am 4. Mai die US-Truppenteile trafen, die zur Teilkapitulation der deutschen Heeresgruppe in Italien am 29. April geeilt waren. Zeitgleich drang die amerikanische Armee unter Patton nach der Eroberung von Regensburg (27. April) in Richtung Österreich vor und erreichte am 5. Mai Linz.

Die Rote Armee begann am 6. März gegen Österreich vorzugehen. Sepp Dietrichs SS-Panzerarmee zeigte sich gerade noch imstande, sie durch eine Gegenoffensive am Plattensee aufzuhalten. Als die stark geschwächte SS-Elitetruppe aber gegen den Befehl Hitlers zurückwich, weil die Sowjets bereits hinter ihrem Rücken operierten, ließ er den Angehörigen seiner Leibstandarte entehrend die Ärmelstreifen abreißen. Trotz einigen Widerstandes stießen die Sowjets nach Preßburg (4. April) vor und erreichten am 6. April Wien, das nach tagelangen Häuserkämpfen am 13. April kapitulierte. Nachdem die Rote Armee zwei Tage später noch St. Pölten besetzt hatte, stellte sie ihre Angriffe ein.

Ende Januar hielten die Sowjets bereits den Brückenkopf an der Oder, dem letzten natürlichen Hindernis vor Berlin, und den strategisch wertvollen Raum Küstrin fest in ihrer Hand. Die »Nibelungenstellung« an Oder und Neiße, vom Generalstab als letzte Bastion zur Abwehr von Angriffen auf die Reichshauptstadt eingestuft, geriet in Gefahr, ihre Verteidigungsfunktion zu verlieren. Eilig und zu spät durchgeführte Verteidigungsmaßnahmen ließen Schlimmes ahnen, auch wenn die Seelower Höhen knapp vor Berlin besonders starke Befestigungen erfuhren. Es standen für den kommenden, alles entscheidenden Angriff nur marode Abwehrverbände der 9. Armee zur Verfügung. Sie konnten dem gewaltigen Angriff der 1. Belorussischen Front unter Schukow, der am 16. April

1945 losbrach, gerade einmal drei Tage widerstehen, bis sie sich geschlagen geben mussten. Etwa 30 000 Rotarmisten verloren dabei ihr Leben, unter anderem auch dadurch, dass Stalin seine Armeen zu einer Art Wettlauf auf die Kaiser-Wilhelm-Gesellschaft in Berlin angestachelt hatte, um das dort vermutete Uran zu erbeuten, womit er seine Pläne zum Atombombenbau voranzutreiben gedachte.

Die 1. Ukrainische Front unter Konjew, die ebenfalls am 16. April ihren Angriff eröffnete, schlug sofort eine Bresche in die schwache deutsche Front an der Lausitzer Neiße. Tausende feindlicher Panzer rollten in Sachsen ein. Ein Teil stürmte nach Westen zur Elbe, ein anderer Teil nach Nordwesten in Richtung Berlin zu dessen Einkreisung. Hitler erließ wieder einmal einen Haltebefehl, diesmal für die 9. Armee, und so wurde diese gemeinsam mit zahlreichen Flüchtlingstrecks in einem Kessel bei Halbe regelrecht zusammengeschossen. Was interessiert da noch, dass das OKW in Zossen sein Quartier fluchtartig verlassen musste. Am 25. April vereinigten sich Russen und Amerikaner bei Torgau an der Elbe. Der verbliebene Raum zur Verteidigung war damit in zwei Teile getrennt. An demselben Tag schloss sich der Belagerungsring um Berlin.

Hitler, der mit seiner engsten Entourage im Bunker der Reichskanzlei festsaß, versank zu jener Zeit (22./25. April) in Agonia und beschimpfte Wehrmacht und Volk. In seiner ideologisch verbohrten Sicht hatte dieses, nicht etwa er versagt. Das deutsche Volk müsse untergehen, denn rassisch gesehen habe sich das Ostvolk als das überlegenere erwiesen, ihm gehöre die Zukunft. Hitlers Entschluss, nicht in die »Alpenfestung« zu entweichen, sondern in seiner »Festung« in der Wilhelmstraße zu verharren, bedeutete für ihn, die Regie bei seinem und des Reiches Untergang bis zuletzt selbst zu führen. Für viele hieß das aber, ihr Leben noch wenige Tage vor Kriegsende zu verlieren, und zahlreichen Berlinern und vor allem

Berlinerinnen brachte dieser Entschluss noch schier unermessliches Leid.

Nach dem Durchbruch Schukows auf den Seelower Höhen stellte sich die Verteidigung Berlins als definitiv sinnlos heraus. Es standen nur ramponierte Resttruppen von Wehrmacht und SS zur Verfügung. Doch ein Häuserkampf in einer zerbombten Metropole bot noch genügend Verteidigungsmöglichkeiten für einen verzweifelt hartnäckigen Kampf. Hitler und die Seinen hofften nämlich nach dem plötzlichen Tod des amerikanischen Präsidenten Roosevelt am 12. April 1945 auf das Auseinanderbrechen der »unnatürlichen Allianz« von Kapitalisten und Kommunisten. Bis dahin, glaubte Hitler, werde die Front halten. In seinem Kopf spukten nur noch irgendwelche Phantom-Armeen herum. In Wahrheit konnte General Wenck, auf den er alle Hoffnung setzte, nur noch bis in den Raum südlich von Potsdam vordringen. Dort nahm er die Reste von Buschs Armee auf. Sie hatten sich mit Flüchtlingskolonnen zu ihm durchgeschlagen. Beide Armeen wichen an die Elbe zurück und begaben sich in amerikanische Kriegsgefangenschaft. Im Norden der Reichshauptstadt sollte die Heeresgruppe Weichsel unter Generaloberst Heinrici, dessen militärischer Vorgänger Himmler inzwischen aller Ämter enthoben war, so wie auch Reichsmarschall Göring, zur Befreiung Berlins ansetzen, was dieser für sinnlos hielt. Er plante ebenfalls einen Rückzug zur Elbe, was ihm am 29. April seine Absetzung einbrachte. Als sich sowjetische Stoßtrupps auf wenige 100 Meter an den »Führerbunker« herangekämpft hatten, entzog sich Hitler aller Verantwortung. Er diktierte seine Testamente, heiratete und verübte Selbstmord (30. April), das alles zusammen innerhalb weniger Stunden. Der Kapitulation stand nichts mehr im Wege. Berlin, die Reichshauptstadt, legte am 2. Mai die Waffen nieder. Ein fünfzehnjähriger Junge schrieb zum Kriegsende am 9. Mai die Frage aller Fragen in sein Tagebuch, die bis heute ihre Gültigkeit besitzt: »Der letzte Wehrmachtsbericht meldete heute abend: ›Seit Mitternacht schweigen nun an allen Fronten die Waffen.‹ Wozu haben sie überhaupt gesprochen? Fünf Jahre und acht Monate lang? Damit eine Welt in Trümmer fallen mußte?«

6. Das Ende des Weltkriegs im Pazifik

Europa lag in Schutt und Asche, dennoch konnte es nach dem beendeten Krieg aufatmen. In Ostasien hingegen tobte der Weltkrieg weiter, während in Potsdam bereits die »Großen Drei« zur Nachkriegsordnung tagten. Der Weltkrieg, der in Ostasien mit Pearl Harbor seinen Anfang genommen hatte, sollte dort auch erst sein Ende finden.

Bis Mai 1942 eroberten die Japaner nahezu sämtliche Kolonien Europas in Südostasien. Die Wende vom militärischen Erfolgskurs in eine Reihe entscheidender Niederlagen setzte im Fernen Osten etwa zeitgleich mit der in Europa ein. Während der in Kapitel III.3 erwähnten Schlacht bei Midway im Juni 1942 wendete sich das Blatt für den japanischen Angreifer. Am 7. August 1942 eröffneten die Westalliierten, ohnehin durch die Verschiebung der Invasion in Nordfrankreich um ein Jahr entlastet, die Offensive, die das großjapanische Imperium vernichten sollte. Die erste US-Marine-Infanteriedivision führte den ersten amphibischen Gegenschlag mit der Landung auf dem für Japan wichtigen Stützpunkt Guadalcanal, eine der Salomon-Inseln. Mit diesem Angriff sollte vor allem die Sicherung der Seewege nach Australien gewährleistet werden. Japan sah seine strategischen Expansionspläne für Australien bedroht und darüber hinaus seinen südlichen Verteidigungshalbkreis gefährdet. Aus diesen Gründen lieferten die Japaner, die wohl auch ahnten, dass sie den Zenit ihrer militärischen Erfolge überschritten hatten – bereits Ende 1942 gaben führende Japaner aus dem Lager der Tauben ihrer Überzeugung von der Überforderung ihrer Kräfte Ausdruck –, zähe Abwehrkämpfe und nahmen hohe Verluste in Kauf. Schließlich musste Nippon aber doch seine Truppen evakuieren, der japanische Siegesmarsch war definitiv gestoppt. Dies geschah einen Tag nach der Kapitulation der deutschen 6. Armee in Stalingrad am 1. Februar 1943. In dieser Zeit zwischen der erfolgreichen Abwehr von Midway bis zum Sieg von Guadalcanal wendete sich das Kriegsglück von den Japanern ab und den Alliierten zu.

Japan zog aus dieser Niederlage seine Schlüsse. Außenposten wie die Gilbert- oder Marshall-Inseln sollten nicht mehr bis zur letzten Konsequenz verteidigt werden. Es zog sich von der Attu-Insel im höchsten Norden bis zu der äußersten Salomon-Insel auf einen »Sicherheitsraum« zurück, der sich von Burma, Indonesien, Neu-Guinea bis zu den Kurilen erstreckte. Die Hoffnung des japanischen Premierministers Tojo, diesen riesigen Raum so lange verteidigen zu können, bis eine politische Lösung gefunden worden sei, schien nahezu ein Jahr lang realistisch zu sein, bis im Sommer 1943 die Westalliierten die Überlegenheit ihrer Flottenverbände und elektronischen Aufklärung unter Beweis stellen konnten. Die amerikanischen Streitkräfte unter General Douglas MacArthur, zuständig für die Operationen im Südpazifik, landeten im Juni 1943 auf drei der Salomon-Inseln, wobei sich eine neue Taktik, die des »Inselhüpfens«, bezahlt machte. Das bedeutete, stark bewaffnete Basen wurden umfahren und schwach bewehrte eingenommen. Das Verfahren half nicht nur, die eigenen Landetruppen zu schonen, sondern auch starke Stützpunkte zu isolieren. Das hieß konkret für die Umzingelten, ohne Zufuhren leben zu müssen. Überleben wurde zu einem Problem. Auf dem pazifischen Kriegsschauplatz gab es keine festen Fronten wie in Europa, es wurde um Stützpunkte und Verbindungswege gekämpft. Alles befand sich in Bewegung, es herrschte nie Stillstand. Trotz äußerst grausamer Kämpfe auf den Inseln war letztlich immer das Eingreifen eines Flottenverbandes entscheidend. Hier aber lag die Stärke der Westalliierten. MacArthur und Admiral Chester W. Nimitz (zuständig für den Zentralpazifik) konnten hierfür auf eine Seeflotte von 819 Kriegsschiffen und auf eine Luftflotte von 7800 Flugzeugen zurückgreifen.

Dennoch benötigte MacArthur nahezu ein volles Jahr, um Nippons Expansionsbestreben, das sich bis auf Australien richtete, ein Ende zu bereiten. Erst dann konnte er im Juni 1943 mit seiner erwähnten Offensive beginnen. Im November desselben Jahres griff er eine weitere Salomon-Insel (Bougainville) an und den gewaltigsten Stützpunkt Japans im Südpazifik (Rabaul). Die Verbindungswege zu den Marianen und zu den Marshall-Inseln wurden freigekämpft. Mit der Eroberung von Saipan rückte das Mutterland Japan für alliierte Flugzeuge in erreichbare Nähe, was den Westalliierten erstmals die Möglichkeit bot, japanische Hauptinseln selbst zu bombardieren. Ende April 1944 besetzten die Alliierten Japans wichtigste Militärbasis im Zentralpazifik (Atoll Truk) auf den Karolinen.

Zu derselben Zeit, als das Unternehmen »Forager« mit der größten Landungsflotte, die bis dahin im Pazifik in See gestochen war, gegen die Japaner startete, begann die Operation »Overlord«, die Landung in der Normandie, gegen die deutsche Wehrmacht. Die beiden gewaltigen Unternehmen galten der Forschung in ihrer Gleichzeitigkeit als die »größte militärische Leistung«, die je ein einzelner Staat geschultert hat. Die Landung auf den Marianen zielte darauf ab, erstmals in die innere Verteidigungslinie der Japaner einzudringen. Mitte Juni eröffneten die Amerikaner das Feuer auf die marianische Küste von Saipan, kurz darauf sicherten sie einen Landungskopf. Mit der Aufnahme der Kampfhandlungen lief die japanische Hochseeflotte aus, um die Entscheidungsschlacht eben bei diesen Marianen zu erzwingen. Die zahlenmäßig weit unterlegene japanische Flotte griff am 19. Juni die amerikanische Flotte an und erlitt eine vernichtende Niederlage, von den Amerikanern »Great Marianas Turkey Shoot« (Großes Truthahnschießen bei den Marianen) genannt, weil sie Hunderte von japanischen Flugzeugen gleich Truthähnen vom Himmel geholt hatten.

Die Amerikaner beherrschten den Luft- und Seeraum um die Marianen, was schließlich auch den Ausschlag für den Sieg auf Saipan gab. Unter »Banzai«-Geschrei – Hochrufen auf den Tenno – verteidigten die Japaner ihre Stellung mit äußerst verlustreichen Angriffen. Allein am 7. Juli verloren Tausende von Japanern im amerikanischen Kugelhagel ihr Leben. Die Anführer begingen Selbstmord, darunter der einst gefeierte Sieger von Pearl Harbor. Die verbliebenen Soldaten und Zivilisten wichen in den Norden der Insel zurück und nahmen sich das Leben. Sie ermordeten auch ihre Kinder, die sie mitunter einfach die Klippen hinunterstießen. Saipans selbstmörderischen Widerstand interpretierten die Amerikaner als Zeichen für die ungeheuren Verluste, die eine Invasion erfordern würde.

Die Japaner standen zu dieser Zeit längst in dem Ruf, der Leibhaftige Ostasiens zu sein. Im Rahmen ihrer »Neuen Ordnung« propagierten sie hingegen die »großasiatische Wohlstandssphäre«, in der die Völker Ostasiens gleich welcher Rasse in Frieden und »panasiatischer Solidarität« leben sollten, vorausgesetzt sie erkannten Japan als Führungsmacht an. Gerechtigkeit und Schutz vor kolonialer Ausbeutung durch die USA und England zählten zu ihren propagierten Idealen. Doch die Realität in den von ihnen eroberten Gebieten lieferte ein anderes Bild.

Die japanischen Truppen, im Glauben an ihre Mission und keineswegs von der Gleichberechtigung aller Asiaten überzeugt, behandelten die Menschen in den besetzten Gebieten oft mit bis dahin nicht gekannter Verachtung und Brutalität. Sie zerstörten damit bereits im Krieg gegen China ihre These von der »panasiatischen Solidarität« aller Asiaten untereinander. Den Japanern wird die ganze Skala möglicher Greueltaten nachgesagt: gnadenloses Töten, mitunter auch Abschlachten von Kriegsgefangenen, Misshandlung, Folter, Vertreibung und Deportation, Zwangsprostitution von Nichtjapanerinnen und millionenfache Vergewaltigung. Wegen des letztgenannten Deliktes sprach im Jahre 2000 ein internationales Frauenkriegsgericht das Militär und seinen Kaiser moralisch schuldig. Allein im Jahre 1942 brachten kaiserliche Truppen in nur zwei Provinzen 250 000 Zivilisten um, in Nordchina 2,3 Millionen, manche nennen weit höhere Zahlen. Japanische Besatzer hinterließen in China und Ostasien mehr als 14 Millionen zivile Opfer. Viele starben unter denkbar grausamsten Umständen. Ein systematischer Vernichtungsversuch einer ethnischen Gruppe (Genozid) wurde hingegen nicht unternommen.

Während die Alliierten sich im Pazifik von der Linie weitester Ausdehnung Japans, die etwa 5000 Kilometer vom japanischen Mutterland entfernt lag, an dieses von Stützpunkt zu Stützpunkt herankämpften, um die nötigen Voraussetzungen zur geplanten Invasion im Juli 1945 zu schaffen, versuchte Japan sich durch eine Offensive am Festland zu entlasten. Im Februar 1944 rückten seine Truppen von Burma nach Ostindien vor. Doch diese Offensive, an der sich auch Freiwillige der »Nationalarmee« unter Subhas Chandra Bose, der früher auf Hitlers Seite stand, beteiligten, blieb im burmesischen Dschungel stecken. Diesen Kampf stuft die Forschung als die »größte Niederlage in der Geschichte der kaiserlichen Armee« ein.

Im April 1944 eröffnete Japan seine letzte Großoffensive und hatte damit Erfolg. Die Japaner erkämpften sich eine Landverbindung nach Indochina über glatte 850 Kilometer hinweg. Dabei wurde die nationalchinesische Armee unter Tschiang

Kai-schek restlos geschlagen, die chinesische Küste vor allen durch starke Brückenköpfe kontrolliert und sämtliche Stützpunkte in Besitz genommen, die für amerikanische Luftwaffeneinsätze einen Wert besaßen. Dieser Gebietsgewinn band aber auch eine Million japanischer Soldaten, die Nippon im Frühjahr 1945 an wichtigeren Kriegsschauplätzen fehlten.

Im Herbst 1944 (22.–25. Oktober) fand in der Bucht von Leyte, der zentralen Insel der Philippinen, eine Seeschlacht statt, die als die größte aller Zeiten zwischen Japanern und Amerikanern bezeichnet wird. Die hoffnungslose Unterlegenheit der japanischen Flotte sollte durch den Einsatz von über 1000 Flugzeugen kompensiert werden. Darunter waren auch *Kamikaze*-(Göttlicher-Wind-)Piloten, fliegende Selbstmörder, die sich in ihren Flugzeugen auf die amerikanischen Schiffe stürzten und dabei ihren Tod in Kauf nahmen. Trotz dieses Einsatzes zur Selbstaufopferung fiel die Bilanz verheerend aus: Japan verlor fast die Hälfte seiner Flotte, wodurch sie strategisch gesehen in Bedeutungslosigkeit versank. Die Rückeroberung der philippinischen Inseln war nun nur noch eine Frage der Zeit. Im Juni 1945 konnten die Kämpfe als beendet gelten, Manila glich einem Trümmerhaufen. Es war durch den wochenlangen Häuserkampf so sehr zerstört, dass es als Berlin des Fernen Ostens bezeichnet wurde.

Inzwischen eroberte am 19. Februar 1945 die US-Navy unter Nimitz mit der 1000 Kilometer südlich von Tokio gelegenen Insel Iwojima erstmals japanisches Territorium. Der blutige, über fünfwöchige Kampf um die winzige Insel führte zu hohen Verlusten auf beiden Seiten. Auf japanischer Seite überlebten nur wenige. Der folgende Angriff richtete sich gegen die Insel Okinawa, die nur noch 550 Kilometer von der zum japanischen Mutterland gehörigen Insel Kyushu entfernt liegt. Die Einnahme auch dieser Insel, so glaubten die Amerikaner, sei für die geplante Invasion nötig. Am 1. April 1945 landeten

180 000 Amerikaner auf Okinawa, am 21. Juni 1945 waren nach wiederum äußerst blutigen Kämpfen die 110 000 japanischen Verteidiger besiegt, von denen nur 7400 Soldaten überlebten. Aber auch die Angreifer erlitten hohe Verluste, wohl ihre höchsten im Zweiten Weltkrieg, vor allem wegen der gut präparierten, zähen Abwehr, aber auch wegen des Einsatzes der gefürchteten Kamikazeflieger. Unter der japanischen Bevölkerung mussten darüber hinaus noch etwa 150 000 Zivilisten ihr Leben lassen. Dabei handelt es sich um eine japanische Besonderheit in der Geschichte des Zweiten Weltkriegs. Sie starben durch die Hand von Militärpersonen, Verwandten, Freunden oder auch durch eigene Hand.

Die japanische Entschlossenheit zur Selbstaufopferung, der Tod auf Befehl oder die hohe Selbstmordquote ließen Briten und Amerikaner einen hohen Blutzoll für ihr Invasionsprojekt befürchten. Sie rechneten bei der Invasion mit dem Tod von 1,5 Millionen alliierter Soldaten. So erklärt sich vielleicht der, was die Folgen betrifft, unbedachte Einsatz zweier Atombomben. Zu Beginn der Potsdamer Konferenz erfuhren am 17. Juli 1945 Truman und Churchill, dass die geheim entwickelte Atombombe einsatzbereit sei. Diese Nachricht löste bei den Regierungschefs nicht etwa, wie man aus heutiger Sicht erwarten würde, Bedenken aus, sondern im Gegenteil ein Gefühl der Erlösung. Die neue Massenvernichtungswaffe wurde als »wahres Wunder« empfunden, weil sie die Alliierten von dem Alptraum der Invasion befreite. Über die Gründe zum Einsatz dieser neuen Vernichtungswaffe ist viel reflektiert worden. Häufig wird angeführt, Truman habe wohl keine Wahl gehabt, denn Ende Juli waren die meisten Industrieanlagen und Städte durch konventionelle Bombardements zerstört worden, so auch Tokio am 9./10. März 1945, was allein diese Stadt 100 000 Menschenleben kostete. Doch Japan ließ sich durch solche seit Juni 1944 permanent erfolgten Bombenangriffe, so wurde argumentiert, nicht in die Knie zwingen. So forderten die gegen Japan kriegführenden Mächte USA, Großbritannien und China mit der »Potsdamer Erklärung« vom 26. Juli ultimativ die bedingungslose Kapitulation Japans. Viele hielten die dort festgeschriebenen Bedingungen für annehmbar, doch die Hardliner im japanischen Militär setzten sich in Unkenntnis der atomaren Bedrohung durch. Zwei Tage später erfolgte die offizielle Ablehnung des Ultimatums in völliger Verkennung der wirklichen Lage. Städte, Nachrichten- und Verkehrswesen waren längst lahmgelegt, doch die Japaner schlossen gleich den Deutschen ihre Augen vor der Stärke und Überlegenheit der gegnerischen Koalition.

Die erste Atombombe in der Geschichte der Menschheit fiel auf Hiroshima. Der 6. August, der Tag des Abwurfs, ist somit ein historisches Datum, das über die Geschichte des Zweiten Weltkriegs hinausweist. Drei Tage später warfen die Amerikaner die zweite und bisher letzte Atombombe auf eine feindliche Stadt, auf Nagasaki, damals bekannt durch Puccinis Oper »Madama Butterfly«. Der Doppelschlag kostete sofort 212 545 Tote und 154 000 Verwundete, die Opfer, die noch Jahrzehnte später an radioaktiver Verseuchung starben, nicht mitgezählt. Das dadurch ausgelöste Entsetzen wurde noch verstärkt durch die am 8. August 1945 von der UdSSR abgegebene Kriegserklärung und die am 9. August mit drei Heeresgruppen eröffnete Großoffensive in der Mandschurei gegen die heillos unterlegene Kwantung-Armee. Der Sieg gilt als der schnellste in der Weltgeschichte. Einen Tag nach dem Angriff zeigte sich Tokio bereit, das Potsdamer Ultimatum anzunehmen. Eine realitätsblinde Militärclique probte aber den Aufstand und wollte den Kampf unter allen Umständen fortführen. Doch der Tenno setzte sich zugunsten der Friedenspartei durch. Am 14. August signalisierte Japan seine Bereitschaft zur Annahme der bedingungslosen Kapitulation. Deren Unterzeichnung lief am

2. September auf dem amerikanischen Schlachtschiff »Missouri« in der Bucht von Tokio über die Bühne.

Mit dieser Zeremonie fanden die verheerendsten Vernichtungskämpfe seit Menschengedenken, die eine astronomisch hohe Zahl an Opfern verschlungen hatten, ihr Ende.

V. Folgen des Zweiten Weltkriegs

Zwei Wochen nach der Kapitulation nahmen die Briten am 23. Mai auf Drängen Moskaus Karl Dönitz, den noch von Hitler testamentarisch eingesetzten Reichspräsidenten und Oberbefehlshaber der Wehrmacht samt seiner Regierung und das OKW in Kriegsgefangenschaft. Deutschland besaß nun keine zentrale Regierung mehr. Die oberste Staatsgewalt übernahmen die Siegermächte in ihrer »Berliner Erklärung«. Eine der ersten unmittelbaren Folgen des Zweiten Weltkriegs war somit der (vorübergehende) Verlust der Souveränität Deutschlands. Ab Ende Juli trat der gemeinsame Kontrollrat als oberste Instanz in Kraft (aufgrund eines bereits am 14. November 1944 unterzeichneten Abkommens), der für sämtliche Deutschland als Ganzes betreffende Fragen zuständig war. Da der Kontrollrat für seine Beschlüsse der Einstimmigkeit bedurfte, verblieb die eigentliche Besatzungsgewalt bei den einzelnen Militärgouverneuren. Zwar hatten sich die »Großen Drei« auf der Konferenz von Jalta (4.–11. Februar 1945) über die Entmilitarisierung, Entnazifizierung und Verfolgung der NS-Verbrechen generell geeinigt, doch die jeweiligen Militärgouverneure in den vier Besatzungszonen (auf Drängen Churchills wurde Frankreich als vierter Sieger aufgenommen) verfolgten divergierende Konzepte für die Zukunft Deutschlands. Im Zentrum stand selbstverständlich die Verteilung der Macht in Europa.

Churchill, der große Gegenspieler Hitlers und eigentliche Gewinner, betrachtete die seit einigen Monaten vor Kriegsende einsetzende Sowjetisierung in Ost- und Südosteuropa mit großer Sorge. Stalins Politik der vollendeten Tatsachen, die Einsetzung von kommunistischen Marionettenregierungen und die Forderung nach deren internationaler Anerkennung, verstand Churchill als klaren Bruch der in Jalta getroffenen Absprachen, wonach ein freies, demokratisches Europa geschaffen werden sollte. Er schrieb Truman bereits am 12. Mai, seiner Meinung nach sei an der sowjetischen Front in Mitteldeutschland ein »iron curtain« (eiserner Vorhang) heruntergegangen, eine Metapher, die im Kalten Krieg ein geflügeltes Wort wurde. Angesichts der ungebremsten Beutegier Stalins waren zwei der »Großen Drei« von der noch auf der Konferenz von Teheran (28. November – 1. Dezember 1943) geplanten Aufteilung Deutschlands in mehrere Staaten abgerückt. Wachsendes Misstrauen veranlasste Churchill sogar, natürlich *top secret*, eine militärische Operation (»Unthinkable«) gegen den Bundesgenossen in Auftrag zu geben. Er war es auch, der auf eine nochmalige Zusammenkunft der drei Regierungs- bzw. Staatschefs pochte, weil er sich davon eine Eindämmung der Expansionspolitik Stalins erhoffte. Es kam aber ganz anders.

Die im Schloss Cecilienhof in Potsdam vom 17. Juli bis 2. August stattfindende Konferenz sollte im wesentlichen die sowjetische Kriegserklärung an Tokio und die deutsche Frage erörtern, geriet aber unversehens zur Schlusskonferenz des Zweiten Weltkriegs. Der englische Premier, der sich den territorialen Forderungen Stalins entgegenstemmte, musste nach den verlorenen Unterhauswahlen am 26. Juli sein Amt und seinen Sitz in der Konferenzrunde an seinen Nachfolger Attlee abgeben. Er und sein neuer Außenminister Bevin waren auf außenpolitischem Gebiet ebenso Neulinge wie der US-Präsident Truman, der samt seinem Außenminister durch den plötzlichen Tod Roosevelts am 12. April überraschend zu Amt und Würde gelangt war und außenpolitischer Erfahrungen entbehrte. Truman brachte für das britische Misstrauen kaum Verständnis auf, glaubte er doch mit der Atombombe jeden, auch Stalin, abschrecken zu können. Er interessierte sich in der Hauptsache für den Kriegseintritt der UdSSR, weil er seine Truppen möglichst bald aus Europa abziehen und gegen Japan einsetzen wollte. Die divergierenden Interessen auf westlicher

Seite machten es Stalin leicht, seine machtpolitischen Interessen durchzusetzen. Daraus entstanden langfristige Folgen des Zweiten Weltkriegs.

Stalin bestand auf seiner territorialen Beute, die er durch den Pakt mit Hitler gewonnen hatte. Dadurch verloren die Polen endgültig die östlichen Gebiete ihres Vorkriegsterritoriums. Als Kompensation für diesen Gebietsverlust stimmten die Westmächte (vorbehaltlich einer definitiven Lösung in einem noch zu schließenden Friedensvertrag) der Abtretung der jenseits von Oder und Neiße gelegenen deutschen Gebietsteile an Polen zu, eine bleibende Folge des Zweiten Weltkriegs. Der Verlust dieser Gebiete machte auch eine millionenfache Vertreibung von Deutschen in den Westen möglich. Zusammen mit der Anerkennung der unter sowjetischem Einfluss befindlichen polnischen Regierung entstand ein deutsch-polnischer Gegensatz, der den hegemonialen Bestrebungen der UdSSR in Ostmitteleuropa zuarbeitete. Dafür zeigte sich Stalin bereit, seine Reparationsansprüche und die Polens aus der sowjetischen Besatzungszone zu rekrutieren. Die Westmächte und sonstigen Gläubiger Deutschlands sollten Reparationen aus den Westzonen erhalten. Darüber hinaus bekam die Sowjetunion noch Königsberg und das nördliche Ostpreußen territorial zugeschlagen. Zur Kriegsbeute aus seinem oben erwähnten Hitlererbe erhielt Stalin die Hälfte Deutschlands mit der damals durchaus realistischen Chance, den Rest durch gezielte besatzungspolitische Maßnahmen unter seinen Einfluss zu bringen.

Als die auf sowjetischen Druck und mit stalinistischen Methoden in Gang gesetzte Vertreibung der Deutschen aus ihrer Heimat längst brutale Realität geworden war und Hunderttausende sich bereits auf der Flucht befanden, erkannten auch die Westmächte die Vertreibung der deutschen Bevölkerung aus dem Osten des Reiches sowie aus den mittelosteuropäischen

Staaten als rechtens an. Wenn auch in Potsdam Amerikaner und Briten auf eine »ordnungsgemäße Überführung« der deutschen Bevölkerung aus den an Polen gefallenen Gebieten, der Tschechoslowakei, Ungarn und Rumänien in das kleiner gewordene Deutschland bestanden, so handelt es sich doch bei dem Beschluss um einen der folgenreichsten. Millionen von Zivilisten blieb es vorbehalten, die hauptsächliche Rechnung auf der deutschen Seite für den Krieg zu bezahlen. Sie wurden mit Gewalt und Vergewaltigung brutal aus ihrer Heimat vertrieben, die sie für immer verloren. Nur kam das nicht von ungefähr. Deutsche Aggressionspolitik hatte im Grunde eine Völkerwanderung des 20. Jahrhunderts ausgelöst.

Wenn sich auch die Siegermächte in Potsdam auf den Erhalt der deutschen Einheit verständigten, so wirkte aber z. B. die beschlossene Reparationspolitik, die in den Besatzungszonen unterschiedlich ausfiel, der wirtschaftlichen und dann auch politischen Einheit Deutschlands entgegen. Auch die Behandlung der Fragen zur Demontage, Umerziehung, Kriegsverbrechen etc. kündigten unüberhörbar höchst unterschiedliche Auffassungen an. In dem am 2. August veröffentlichten Kommuniqué, gemeinhin »Potsdamer Abkommen« genannt, war klar ausgedrückt, dass die Besatzungsmächte ihre politischen und wirtschaftlichen Grundsätze nur für ein Provisorium unter Besatzungsherrschaft bis zum Abschluss eines Friedensvertrags verstanden wissen wollten.

In der späteren Diskussion der 70er und 80er Jahre sah man im Potsdamer Abkommen immer eindeutiger das »Schlussdokument des Zweiten Weltkriegs«, das die deutsche Teilung festschrieb. Bald nach Abschluss des Abkommens zeigte sich, wie dieses Dokument immer mehr den Rahmen für den aufkeimenden Ost-Westkonflikt zwischen den Siegermächten lieferte. Über 40 Jahre lang standen sich im besetzten und geteilten Deutschland die beiden Supermächte in harter Konfrontation gegenüber. Deutschland befand sich im Mittelpunkt des »Kalten Krieges«, der sich als Folge aus dem Zweiten Weltkrieg ergeben hatte. Im Laufe der vier Jahrzehnte verflüchtigte sich der Wunsch bzw. die politische Forderung nach der deutschen Einheit und nach einem Friedensvertrag aus dem Bewusstsein der Öffentlichkeit. Gleichermaßen geriet die Tatsache, dass in der Erklärung von Jalta über ein befreites Europa (in Potsdam nochmals bestätigt) den Staaten Ostmitteleuropas freie Wahlen und freie Presse zugesagt worden war, in Vergessenheit. Ihre Hoffnung auf Freiheit und Demokratie mündete in bittere Enttäuschung. Erst mit der von Polen ausgehenden Erosion (Solidarność) des kommunistischen Systems konnten sich die sowjetischen Satellitenstaaten befreien. So erkämpften sich zum Beispiel die Bürger der damaligen Deutschen Demokratischen Republik in einer unblutigen Revolution ihre demokratischen Rechte und ermöglichten den friedlichen Beitritt der DDR zur Bundesrepublik. Die Wiedervereinigung am 3. Oktober 1990 war der Schlusspunkt der Teilung Deutschlands, eine der längsten und schwerwiegendsten Folgen des Zweiten Weltkriegs für Deutschland. Die politische Karte im Zentrum Europas konnte wieder korrigiert werden.

Der Zweite Weltkrieg veränderte aber auch die weltpolitische Karte. Die beiden Supermächte USA und UdSSR polarisierten politisch und ideologisch die Welt und hielten sich militärisch durch die atomare Abschreckung gegenseitig in Schach. Damit schufen sie eine Stabilität, die jederzeit zerbrechen konnte, aber schließlich fast ein halbes Jahrhundert hielt. Das Deutsche Reich war mit der totalen Niederlage definitiv untergegangen. Deutschland hatte seinen Status als Großmacht verloren, was seine Einreihung in das demokratische Staatensystem durchaus leichter gestaltete. Parallel dazu wurde Japan mit dem im Friedensvertrag von San Francisco

(8. September 1951) festgelegten Verlust seiner Kolonien seiner Großmachtstellung entkleidet.

Zum Erbe des Zweiten Weltkriegs zählt eine weitreichende Dekolonisierung, die auch bei den Siegermächten für eine neue Machtverteilung sorgte. Die Vereinigten Staaten machten den Anfang und verzichteten am 4. Juli 1947 auf ihre Kolonie der Philippinen. Es folgten u. a. Belgien, Frankreich, Großbritannien und die Niederlande. Sie alle lösten ihre Kolonialreiche auf. Das britische Empire ging zu Bruch. Die Unterdrückung zahlreicher Völker in Asien, Afrika und im Nahen Osten nahm ein Ende und es entstand eine Vielzahl neuer souveräner Staaten. Die Welt erlebte große Veränderungen, ihre Karte musste neu gestaltet werden, Folgen des Zweiten Weltkriegs, die von universalhistorischer Bedeutung sind. Letzteres gilt auch für die 1945 ins Leben gerufenen Vereinten Nationen (UN-Charta vom 26. Juni 1945). Zu den weltgeschichtlich bedeutendsten langfristigen Folgen des Zweiten Weltkriegs zählt auch der integrative Wille zum Zusammenschluss einzelner Staaten Europas. Die Europäische Union mit inzwischen 27 Staaten und gemeinsamer Währung ist zu einem neuen, für manche äußerst attraktiven politischen Modell geworden.

Zweifellos waren die unmittelbaren materiellen Schäden, die der Zweite Weltkrieg hinterließ, von größter Dimension. Millionen von Wohnungen waren zerstört, Verkehrsnetze und Industrieanlagen ebenfalls. Die Kapitalvernichtung kann nur grob geschätzt werden. Das gilt auch für die Verluste der nationalen Volkswirtschaften. Aber was bedeuten materielle Verluste gegenüber dem Verlust an Menschen. Und der sprengte alles, was die Menschheit bis dahin gekannt hatte. Fast jede Familie hatte Tote zu beklagen. Das trifft auf Deutschland zu wie für beinahe alle in den Krieg verwickelten Völker. 58 Staaten mit etwa 110 Millionen Soldaten nahmen an diesem Krieg teil, und, wie eingangs erwähnt, verloren schätzungsweise bis zu 60 Millionen Menschen, etwa die Hälfte davon Zivilisten, durch unmittelbare Kriegseinwirkung ihr Leben: in regulären Kampfhandlungen, im Partisanenkampf, durch ethnische Ausrottung (Genozid), durch Kriegsverbrechen, durch Vertreibung. Exakte Zahlen liegen auch heute kaum vor. Unstrittig aber ist es, dass Polen in Relation zur Gesamtbevölkerung mit 6 Millionen (= 17 % der Vorkriegsbevölkerung) die höchsten Verluste hinnehmen musste. Es folgen nach den eingangs erwähnten Zahlen Japan mit 2,5 Millionen, China mit 15 Millionen und die UdSSR mit 25 Millionen. Im bewaffneten Kampf starben nach neueren Schätzungen 5,3 Millionen deutsche Wehrmachtangehörige. Zivilisten starben vor allem durch Bombenangriffe, Flucht und Vertreibung. Zu den Menschenopfern müssen auch die Kriegsgefangenen und zivilen, oft auch verschleppten Zwangsarbeiter gezählt werden, die im Zweiten Weltkrieg oder als Folge davon in beispielloser Weise, vor allem von Deutschen, Japanern und Sowjets, ausgebeutet wurden. Das wohl schlimmste Schicksal auf deutscher Seite erlitten die etwa 300 000 Kinder, die in den letzten Kriegsmonaten, als 12 Millionen Menschen aus dem Osten in den Westen fliehen mussten, ihre Eltern verloren. Ein Teil überlebte in den Wäldern als »Wolfskinder«, manche von ihnen fanden nach ein, zwei Jahren Aufnahme in einer Ersatzfamilie und suchen heute noch ihre leiblichen Eltern.

Auch auf einem gänzlich anderen Gebiet wirkt das Erbe des Zweiten Weltkriegs bis heute fort. Von im Krieg forcierten technischen Erfindungen und Entwicklungen profitierten die Menschen aller Nationen auch im Frieden: Es sei nur auf die neuen Technologien wie Informatik, elektronische Datenverarbeitung und Radar verwiesen. Die Atomkraft versorgt die Welt mit sauberer, wenn auch problematischer Billigenergie. Die zivile Luftfahrt wie auch die Raumfahrt zogen aus den wissenschaftlichen Erfindungsschüben im Zweiten Weltkrieg reichlich Gewinn.

Die moralische Lektion, die Deutschland durch die totale Niederlage erteilt worden war, zählt wohl zu den weitreichendsten Folgen des Zweiten Weltkriegs. Deutschland hatte sich durch die im Krieg begangenen Verbrechen, es sei nur an seinen Vernichtungscharakter (Genozid an 6 Millionen Juden, Inkaufnahme des Todes von 3 Millionen Kriegsgefangenen u. a.) erinnert, um alle politisch-moralische und kulturelle Reputation gebracht. Der Weltmachtanspruch wie der Rassenwahn waren endgültig dahin, und es war wohl gerade die unleugbare Totalität der Niederlage, die im Gegensatz zu der Zeit nach dem Ersten Weltkrieg eine Rückbesinnung auf die freiheitlich-demokratischen Traditionen nahelegte. Erst sie machte letztlich den Weg frei zur Errichtung eines stabilen demokratischen Staates.

VI. Zur Historiographie
des Zweiten Weltkriegs

Das Bild von der »sauberen« Wehrmacht beherrschte jahrzehntelang deutsche Geschichtsschreibung und Öffentlichkeit. Im Gegensatz zu mordenden Polizei- und SS-Verbänden,
die einen schmutzigen Krieg geführt hätten, sei die Wehrmacht darin nicht involviert worden, so der Mythos. Der Weg
von der Legende einer entideologisierten Wehrmacht ohne
Schuld in der Historiographie bis zur Wahrnehmung ihrer
Verbrechen in Forschung und öffentlicher Meinung war lang-
wierig und konfliktbeladen.

Der Mythos kennt viele Väter: allen voran zahlreiche militärische Führungskräfte, namentlich Generaloberst Franz
Halder (von Hitler September 1942 entlassen) und Generalfeldmarschall Erich von Manstein (von Hitler März 1944 entlassen), dann allgemein das erloschene Interesse an Kriegsgeschichte, das auch durch die alliierten Kriegsverbrecherprozesse verursacht worden ist, dann der Geist, wie er in der
geheimen »Himmeroder Denkschrift« zum Ausdruck kommt
und die Wiederbewaffnung der Bundesrepublik, nicht zuletzt
die kriegsgeschichtlichen Auftragsstudien deutscher Spitzenmilitärs für die Historische Abteilung der amerikanischen Armee und die generell desolate Aktenlage bis in die 60er Jahre,
die eine Widerlegung der Legende kaum zuließ.

Aber daran bestand auch kein ernsthaftes Interesse in einem
besiegten Land mit zerbombten Städten, zerstörter Industrie
und einer weithin traumatisierten Bevölkerung, die sich unmittelbar nach dem Krieg auf ihrem absoluten Tiefpunkt befand. Moralisch stigmatisiert, aus der Völkergemeinschaft ver-
bannt, physisch und psychisch völlig erschöpft, betrauerte
sie Millionen ihrer toten Soldaten und versuchte, Millionen

von Heimkehrern mit schweren gesundheitlichen Schäden zu verkraften. Eine existentielle und psychische Ausnahmesituation verlangte nach schuldlosen Soldaten in einem fair geführten Krieg. In Millionen von Familien nistete sich die Lüge ein. Die Familien schauten weg, beschönigten ihre Kriegserfahrungen oder legten den Mantel des Schweigens darüber. Ihr Aufklärungswille tendierte gegen Null.

Das ohnehin vorherrschende Desinteresse an allem, was mit Krieg in Verbindung gebracht werden konnte, ging Hand in Hand mit den alliierten Bestrebungen nach vollständiger Entwaffnung. Während Stalin diese Übereinkunft unter den Alliierten bereits 1948 brach und mit der Aufrüstung (Einrichtung von kasernierten Polizeibereitschaften aus ehemaligen Wehrmachtssoldaten) sowie mit einer ideologisch-militärischen Indoktrinierung der ostdeutschen Gesellschaft begann, blieben die Westzonen zehn Jahre lang ein militärisches Vakuum. Im Gegensatz zum Osten wollte man im Westen zur nachhaltigen Verhinderung von militärischen Aggressionen auch eine mentale Entmilitarisierung erreichen. Das Zaubermittel hieß Umerziehung. Damit glaubten die Westalliierten allen Deutschen die militärische Gesinnung für immer austreiben zu können. Eines dieser Mittel, Deutsche zum Besuch der Dokumentarfilme, die sie über die Befreiung von Konzentrationslagern gedreht hatten, zu zwingen, bewirkte weniger Einsicht als Verstörtheit. Auch die Anklage und Verurteilung von Vertretern der Reichsregierung und der Wehrmacht durch ein internationales Militärgericht (IMT) fanden kaum Verständnis. Im Prozess des IMT gegen die Hauptkriegsverbrecher von November 1945 bis Oktober 1946 standen 24 Hauptangeklagte aus Politik, Militär und Wirtschaft vor Gericht, aber auch sechs Organisationen bzw. Gruppen, darunter SS und Gestapo neben dem Generalstab sowie dem Oberkommando der Wehrmacht (OKW). Zur Verteidigung konzipierten einige der führenden

Militärs, darunter Generalfeldmarschall Walther von Brauchitsch und der eben genannte Erich von Manstein sowie Franz Halder eine massive Strategie, die Wehrmacht und militärische Führungskräfte von aller Schuld freisprach. Zusammengefasst findet sich diese Verteidigungskonzeption in einer Denkschrift der Generäle vom Herbst 1945, die zur Verteidigung der Angeklagten sowohl vor dem Nürnberger Kriegsverbrechertribunal als auch in weiteren Prozessen der Besatzungsmächte gegen ehemalige Wehrmachtsoffiziere diente. Die Denkschrift legte den Grundstein für die Legende von einer »weißen« Wehrmacht, die sich etwa ein halbes Jahrhundert vom Kriegsende bis zur Eröffnung der sogenannten Wehrmachtsausstellung des Hamburger Instituts für Sozialforschung am Leben hielt.

Wie langlebig auch immer sie sein mochte, ihr nächstgelegenes Ziel, die Todesurteile zu verhindern, verfehlte sie. Das IMT, im Volksmund »Rachetribunal« genannt, verurteilte zwei führende Militärs, Wilhelm Keitel, Chef des OKW, und Alfred Jodl, Chef des Wehrmachtführungsstabs im OKW, zum Tode durch den Strang. Generalstab und OKW, repräsentiert durch 130 namentlich angeklagte Offiziere, die im OKW gedient hatten, wurden hingegen von sämtlichen Richtern, ausgenommen der sowjetischen, freigesprochen. Das war kein lupenreiner Freispruch, denn er geschah aus formalen Gründen, und der Gerichtshof empfahl, die Schuld der Wehrmachtführung in weiteren Strafprozessen gegen einzelne Personen zu ahnden. Das hinderte ehemalige Wehrmachtsoffiziere nicht daran, den »Freispruch 2. Klasse« in einen glatten Freispruch durch die »Siegerjustiz« umzumünzen und ihn als weiteren Beweis für die Unschuld der Wehrmacht zu propagieren.

In zwei Folgeprozessen des Nürnberger Hauptkriegsverbrecherprozesses wurden weitere 26 militärische Führungspersonen vor Gericht gestellt. Davon erhielten 20 mehrjährige Haftstrafen, zwei verübten Selbstmord. Der letzte, den die Alliierten als Kriegsverbrecher vor ein Tribunal stellten (Ende 1949, kurz vor der Wahl zum ersten Bundestag), war Erich von Manstein. Seine Strategie der »weißen« Wehrmacht versagte, ihm konnten Verbrechen nachgewiesen werden. Das Urteil, das auf 18 Jahre Haft lautete, wurde aber sehr bald abgemildert. Nach seiner vorzeitigen Entlassung 1953 fungierte er bis 1960 als inoffizieller Berater beim Aufbau der Bundeswehr. Strafminderungen, Gnadenerlasse, sogar Strafvereitelungen bei stark belasteten Tätern mehrten sich von Jahr zu Jahr. Die Gründe dafür lagen vor allem im beginnenden Kalten Krieg. Das Interesse der Westalliierten für die Ahndung von Kriegsverbrechen erlahmte, neigten sie doch dazu, zumindest seit der Luftbrücke (1948/49), in den Westdeutschen weniger Besiegte als potentielle Verbündete zu sehen. In der Folge blieben viele Massenverbrechen ungesühnt. Ausbleibende staatsanwaltliche Ermittlungen wertete die Öffentlichkeit als weitere Beweise für die Unschuld der Wehrmacht. Deutsche Gerichte nahmen die justitielle Aufarbeitung nur zögernd wahr. Manchmal lag das schlicht an der NS-Vergangenheit der Richter, die bereits in der NS-Zeit ihr Amt ausgeübt hatten. Die Verjährung von Straftaten, außer Mord, war ohnehin im Jahre 1960 eingetreten. Unklare Zuständigkeiten schafften zusätzliche Verwirrung, wenn sich zum Beispiel die Täter bzw. die Tatorte in verschiedenen Bundesländern befanden. Erst die 1958 gegründete »Zentrale Stelle der Landesjustizverwaltung zur Aufklärung nationalsozialistischer Verbrechen« konnte staatsanwaltliche Ermittlungen im gesamten Bundesgebiet koordinieren. Die Behörde nahm ihre Vorermittlungen erst im Jahre 1965 auf, ganz abgesehen davon war sie per definitionem für NS-Verbrechen zuständig und nicht für Kriegsverbrechen.

Fazit: die lange verharmlosten Verbrechen von Wehrmachtsangehörigen sind bis heute weder juristisch noch politisch aufgearbeitet. Die Voraussetzungen für die Möglichkeit, Verbrechen so lange bestreiten zu können, waren eng verknüpft mit der Wiederbewaffnung der Bundesrepublik. Heraufziehender Kalter Krieg und vor allem der Schock des Koreakriegs forcierten alliierte Bestrebungen, Deutschland als bewaffneten Partner für den Verteidigungsfall aufzubauen.

Mit der Unterstützung von China und der Sowjetunion überfielen nordkoreanische Kommunisten im Sommer 1950 Südkorea und besetzten in kürzester Zeit fast das ganze Land. Aller Welt zeigte sich die Spaltung der ehemaligen Verbündeten des Zweiten Weltkrieges in ein kommunistisches Lager der UdSSR und ein kapitalistisches unter der Führung der USA, auch ohne direkte Waffenkonfrontation dieser Hauptgegner im Kalten Krieg. Das löste vor allem in Westdeutschland, auch weil aus der DDR entsprechende Drohungen ertönten, größte Befürchtungen aus, in Mitteleuropa könnte ein ähnlicher Stellvertreterkrieg ausbrechen. Für einen erneuten Krieg in Europa war Westdeutschland aber schlecht aufgestellt. Zur Verteidigung kamen ausschließlich die bewaffneten Kräfte der westlichen Besatzungsmächte in Frage, denn die Bundesrepublik besaß keine eigenen. Die ohnehin überlegenen konventionellen Truppen der SU spielten ab dem Moment eine ausschlaggebende Rolle, als die USA ihre atomare Vormachtstellung verloren. Man erwartete für 1952 das »nukleare Patt«. Von der Überzeugung durchdrungen, für Gegenmaßnahmen nur noch zwei Jahre Zeit zur Verfügung zu haben, erhielten Fragen nach einer möglichst effektiven militärischen Verteidigung Westeuropas höchste Priorität. Dazu gehörte notwendigerweise auch die Einbindung Westdeutschlands als bevölkerungsreichster Staat. Doch dort wurde noch entmilitarisiert. In dieser politisch heiklen Situation bat Kanzler Konrad Adenauer die Alliierten, eine Anfrage nach der Wiederbewaffnung Westdeutschlands zu stellen. Sie erfolgte im September 1950 und wurde von den alliierten Au-ßenministern im positiven Falle sogar mit der Anerkennung der Souveränität gekoppelt.

Zur Beratung der Frage, wie ein solcher westdeutscher Verteidigungsbeitrag aussehen sollte, lud Adenauer einige Generäle zu einem Brainstorming ein. Sie trafen sich unter höchster Geheimhaltungsstufe in einem alten Zisterzienserkloster. Dort, in der Eifel, feierten alte Generalstabspläne aus dem Zweiten Weltkrieg fröhliche Urständ. Unter Einschluss von Atomwaffeneinsatz im Hinterland dienten sie als Grundlage für die Verteidigungsstrategien der Westzone gegen den Osten. Ihre alt-neue Konzeption hielten die Generäle in der nach dem Kloster benannten »Himmeroder Denkschrift« von Oktober 1950 fest. Sie gilt als die maßgebliche Grundlage einerseits für den Gründungskompromiss der Bundeswehr, andererseits auch für die Fortschreibung und Bestärkung der Legende von der »sauberen« Wehrmacht. Die Generäle konnten den alten Geist, sogar den des Vernichtungskrieges, wieder aufleben lassen, schließlich fühlten sie sich in ihrer alten antibolschewistischen Kampfhaltung durch den strammen Antikommunismus des Kalten Krieges bestätigt. Auch ihr Feldzug gegen die Sowjetunion erhielt aus ihrer Sicht neue Legitimation, seine konzeptionelle Fortsetzung war die Folge. Taktisch versiert, nutzten die alten militärischen Eliten ihre neue Macht für politische Forderungen und verlangten ein Ende der Diskriminierungen von Wehrmacht und Wehrmachtsangehörigen. Bereits verurteilte Kriegsverbrecher sollten entlassen, die Soldaten der Wehrmacht in aller Öffentlichkeit rehabilitiert werden. Tatsächlich sorgten sowohl Dwight D. Eisenhower, Nato-Oberbefehlshaber und amerikanischer General, als auch Kanzler Adenauer in den Jahren 1951/52 für die Ausstellung von »Persilscheinen«, d. h. es wurden die erwünschten Ehrenerklärungen für die Soldaten der Wehrmacht veröffentlicht, die ihnen bescheinigten, sie seien ihrem soldatischen Ethos verpflichtet geblieben und nicht schuldig geworden. Mit dem Aufbau der Bundeswehr konnte begonnen werden.

Unter anderem prüfte ein Gremium von Unabhängigen die 553 ehemaligen Wehrmachtsoffiziere, die sich für eine Stelle als Oberst bzw. General bei der neuen Bundeswehr beworben hatten. 32 nahmen ihre Bewerbung zurück, nur 51 wurden abgelehnt, 470 übernommen. Ihnen stand es nun offen, Geist und Comment des alten Wehrmachtsgeneralstabs der neuen Bundeswehr zu implantieren. Eine Aufarbeitung, ob unter ihnen auch in Verbrechen verwickelte Wehrmachtsangehörige ihren Dienst versahen, fand nie statt – weder juristisch noch historisch. Im Jahre 1955, nach der Rückkehr der letzten Kriegsgefangenen, schworen 600 ehemalige Angehörige der Wehrmacht und der Waffen-SS vor dem deutschen Volk, nach den internationalen Regeln des Kriegsvölkerrechts gekämpft zu haben, was Wolfram Wette (»Die Zeit« vom 6. Juni 2011) unverblümt als »kollektiven Meineid« bezeichnete. Hin und wieder demonstrierten peinliche Zwischenfälle auf höchster politischer Ebene, wie nötig es gewesen wäre, die Vita eines jeden übernommenen Wehrmachtsgenerals oder -offiziers kritisch zu beleuchten. 1962 provozierte zum Beispiel Charles de Gaulle einen öffentlichen Skandal, als er sich bei einem Staatsbesuch weigerte, Hans Speidel die Hand zu geben und von Adenauer forderte, ihn als Nato-Oberbefehlshaber der europäischen Streitkräfte umgehend zu entlassen. Die Bundeswehr wollte auch nicht auf einen General wie Adolf Heusinger verzichten, der von 1941 bis 1945 den Ostkrieg Seite an Seite mit Hitler konzipiert und durchgeführt hatte. Heusinger, Garant für den alten Geist der Wehrmacht, übte in den fünfziger Jahren den Beruf eines Generalinspekteurs der Bundeswehr aus.

Parallel dazu verbreiteten Generalsmemoiren und kriegsgeschichtliche Studien das Geschichtsbild einer Wehrmacht mit weißer Weste. Sie suggerierten der Öffentlichkeit, die Wehrmacht sei eine unideologische, vom NS-Staat getrennte Institution gewesen, bestritten deren Verbrechen und glorifizierten ihre Leistungen. Dieses Bild kolportierten nicht nur Erinnerungsliteratur prominenter Generäle, sondern auch unzählige, serienmäßig verfasste Landserhefte oder populär geschriebene Bücher wie die des Propagandisten aus dem Auswärtigen Amt Paul Karl Schmidt alias Paul Carell, die in ihrer Art, wie sie Siege feierten und Niederlagen betrauerten, sehr beliebt waren, aber nichts von dem eigentlichen Wesen des nationalsozialistischen Krieges als Vernichtungskrieg erkennen ließen. Ribbentrops Pressechef in hohem SS-Rang erreichte mit seinen Geschichtsbüchern auf der Grundlage von Mansteins Weltkriegsbild publizistische Höhenflüge. Carell, führender Chronist des Ostkriegs und allseits geschätzter Bestsellerautor, veröffentlichte in allen bekannten Blättern der Bundesrepublik und blieb unangefochten persönlicher Berater von Axel Springer bis zu dessen Tod 1985. Während im Schatten fortwirkender Nazi-Propaganda die Legenden weiterwucherten, betrachtete die deutsche Gesellschaft das Thema Kriegsverbrechen ein für allemal als abgeschlossen.

Eine weitere, weniger bekannte Gruppe aus der Wehrmachtselite beteiligte sich höchst wirksam an der Etablierung der Legende von der »sauberen« Wehrmacht. Bereits 1945 beschloss die Historische Abteilung (*Historical Division*) der amerikanischen Streitkräfte (*United States Army*) für die Ausarbeitung ihrer Geschichtsschreibung des Zweiten Weltkriegs, sowohl die konfiszierten deutschen Aktenbestände auszuwerten als auch militärisches Wissen und operative Erfahrung deutscher Offiziere abzuschöpfen. Zu diesem Zweck ließ die *Historical Division* im Januar 1946 die *Operational History (German) Section* einrichten. Der Leiter, Oberst

Harold E. Potter, warb geeignete Wehrmachtsoffiziere an. Bereits nach einem halben Jahr saßen über 300 hohe deutsche Offiziere in verschiedenen Gefangenenlagern an diversen Auftragsstudien. Von den insgesamt 2500 fertiggestellten Studien befasst sich die weit überwiegende Zahl mit aktuellen Problemen, die aus dem Kalten Krieg und dem Koreakrieg resultierten. Nur 66 Arbeiten thematisierten die Geschichte des Oberkommando des Heeres, absolut gesehen immer noch eine respektable Zahl. Eine mehrköpfige *Controll Group* überprüfte die Arbeiten nach Interpretationsvorgaben von Franz Halder, den die Amerikaner als deutschen Leiter bestellt hatten. Für die Geschichtsdarstellung des Zweiten Weltkriegs verlangte Halder absolute Einheitlichkeit, Kritik duldete er kaum, keinesfalls am operativen Vorgehen ehemaliger Oberbefehlshaber. Es entstand wiederum das monolithische Bild von einer »weißen« Wehrmacht. Halder fügte noch seine spezielle Variante hinzu, Hitler habe die Wehrmacht für seine verbrecherische Politik missbraucht. Der General machte die Wehrmacht zum Opfer eines militärisch unfähigen Diktators. Diese von Halder gestrickte Legende leistete aber auch einen nicht zu unterschätzenden Beitrag zur Stabilisierung der jungen Bundesrepublik.

Aber nicht nur Halder und seine schriftstellernden Offiziere polierten eifrig das Wehrmachtsschild, auch andere beteiligten sich daran. Allen voran Erich von Manstein, der die Mitarbeit bei der *Operational History Section* regelmäßig verweigerte und es vorzog, seine Kriegserinnerungen selbst zu vermarkten. Unter den in der Frühzeit massenhaft auf den Markt geworfenen Offiziersmemoiren stachen seine als besonders erfolgreich hervor. Angesichts der Tatsache, dass die kriegsgeschichtlichen Studien der *Operational History Section* nicht veröffentlicht wurden, erst 1979 ein kleiner Teil in 24 Bänden und in Anbetracht der desolaten Dokumentenlage, die keine aktengestützte Geschichtsschreibung zuließ, diktierten sie die Historiographie des Zweiten Weltkriegs.

Unvorstellbar große Mengen historisch bedeutender Aktenbestände gingen im alliierten Bombenhagel bis Kriegsende und in den Wirren der Nachkriegszeit verloren oder wurden von interessierter Seite mit Vorsatz vernichtet. Von den erhalten gebliebenen Dokumentensammlungen wiederum beschlagnahmten die Alliierten ansehnliche Teile, die sie zur Verwaltung der von ihnen besetzten Gebiete nutzten, oder auch zur Entnazifizierung der Deutschen, zur Dokumentation von NS-Verbrechen und vor allem als Beweise für die Kriegsverbrecherprozesse in Nürnberg. Im Laufe der Berliner Blockade ab 1948 verlagerten die Westalliierten, England und die USA, die wertvolle Aktenbeute in ihre Heimatländer, so wie die Sowjetunion bedeutende Aktenbestände aus ihrer Besatzungszone nach Moskau transportierte. Die Sowjets begannen bereits 1950, Teile des deutschen Archivguts an die DDR zurückzugeben, die Westalliierten erst 1956. Sie schlossen die Rückgabe aber im wesentlichen Anfang der 80er Jahre ab, während wichtige deutsche Teilbestände noch heute in den Archiven Moskaus lagern. Mit Ausnahme einer kleinen Elite von Offizieren in der *Operational History Section*, denen der Zugang zu den erbeuteten Akten offenstand, fehlte den Historikern der Dokumenten-Brunnen, aus dem sie normalerweise ihre Fakten schöpfen.

Die Situation änderte sich mit der sukzessiven Rückgabe der Wehrmachtsunterlagen und weiterer Bestände aus der NS-Zeit an die Bundesrepublik. Sie setzte Mitte der 60er Jahre ein und war Mitte der 80er Jahre abgeschlossen. Mit der beginnenden Auswertung in den 60er Jahren wurde bereits deutlich, dass die Legende von der »sauberen« Wehrmacht auf Dauer nicht zu halten war. Neue Quellengattungen aus den 80er und 90er Jahren wie Zeugenaussagen, Erinnerungen, Feldpostbriefe, persönliche Tagebücher u. a. sowie der Zugang zu Beständen der DDR und UdSSR nach deren Zusammenbruch förderten neue Fragen und Antworten zu Tage, deren Hauptergebnisse und Bilanz auf die Erkenntnis von einer systematischen Beteiligung der Wehrmacht an zahlreichen Kriegsverbrechen sowie am Holocaust, insbesondere in Ost- und Südosteuropa, hinauslief.

Sechzig Jahre Historiographiegeschichte zum Zweiten Weltkrieg dokumentieren die Wirkungsmacht der geschilderten Legendenpflege. NS-Charakteristika wie Rassismus und Vernichtungskrieg, deren Auswüchse erst der Krieg in seiner zweiten Hälfte in ihrer brutalen Form ermöglichte, gerieten jahrzehntelang nicht in den Forschungsfokus. Erst in den 90er Jahren findet ein deutlich erkennbares Umdenken statt, vereinfacht gesagt: von der »sauberen« Wehrmacht zu der an allen Verbrechen des Zweiten Weltkriegs beteiligten. Bei der Auswahl der selbstverständlich nur beispielhaft angesprochenen Publikationen bis zum Ende der 80er Jahre standen vor allem Bernd Wegner (1993) und Gerhard Schreiber (1989) Pate mit ihren jeweiligen Literaturberichten zum Zweiten Weltkrieg.

Es liegen auch frühzeitige Darstellungsversuche vor, die auf der Grundlage spärlichen Dokumentenmaterials vor allem aus den Unterlagen der Nürnberger Hauptkriegsverbrecherprozesse geschrieben wurden, wie zum Beispiel die etwa 200 Seiten starke Publikation von Hermann Mau und Helmut Krausnick über das Dritte Reich. Darin sind dem Krieg 60 Seiten gewidmet, die Hälfte davon »Widerstand und Verfolgung«, einem Thema, geeignet zur Heroisierung der deutschen Bevölkerung. Bereits in diesem frühen Werk von 1953 wird deutlich, was lange Jahre galt: Als Erklärungsmuster für den Nationalsozialismus hielt die NS-Forschung den Krieg, immerhin zentrales Ziel nationalsozialistischer Politik, für wenig tauglich. Auch die auffallende Trennung von Leistung der Wehrmacht und Beteiligung sowie Leiden der Deutschen an den Verbrechen des Regimes ist unverkennbar eine Sehweise, die noch viele Nachahmer finden sollte.

Mit Fritz Fischers These aus dem Jahre 1961 von der Hauptverantwortung des Deutschen Reichs für den Ersten Weltkrieg brach eine der vehementesten Kontroversen aus, die gleich einem Schwelbrand ein geschlagenes Vierteljahrhundert immer wieder aufloderte, bis sie 1986 von dem ebenso heftig ausgetragenen Historikerstreit um die Einzigartigkeit der nationalsozialistischen Verbrechen abgelöst wurde. In der Folge dieser Kriegsschuldthese mag wohl auch die Kriegsschuld am Zweiten Weltkrieg neu in Frage gestellt worden sein, obwohl die Quellen und das Urteil vom IMT in Nürnberg eindeutig belegten, dass Hitler den Krieg gezielt vorbereitet hatte und der Weltkrieg von Deutschland ausgegangen war. Viel Spielraum blieb nicht, aber der wurde genutzt. A. J. P. Taylor, ein durchaus professioneller Historiker, ließ sich 1962 zu einer aufreizenden Exkulpierung Hitlers hinreißen, wonach dieser, ein ganz normaler Staatsmann unter anderen europäischen Politikern und mit diesen gemeinsam, eher versehentlich, keinesfalls bewusst, den Krieg herbeigeführt habe. Etwa zeitgleich machte David L. Hoggan die jeweiligen Außenminister Großbritanniens und Polens als Urheber des Zweiten Weltkriegs aus. Nachdem ihm Manipulation der Quellen nachgewiesen werden konnte, fielen er und seine Thesen verdientermaßen dem Vergessen anheim. Eine unbeabsichtigte Mitverantwortung der späteren Westalliierten sahen manche Autoren vor allem in der Appeasementpolitik Chamberlains (Sammelbände von Gottfried Niedhart 1976 und von Karl Rohe 1983). Eine Alternative zum Appeasement, so hob A. P. Adamthwaite 1977 hervor, habe in einer großen Anti-Hitler-Koalition von England, Frankreich und der Sowjetunion bestanden, wie sie Churchill bereits 1938 vorgeschlagen hatte und im Krieg unter Austausch Frankreichs gegen die USA tatsächlich verwirklichte.

Wie man das Blatt auch drehen und wenden mag, die Instabilität der Nachkriegsordnung, zu der die Weltwirtschaftskrise das ihre beitrug, und das insgesamt durch den Ersten Weltkrieg angeschlagene Fundament der Führungsmächte boten Staaten, die auf eine gewaltsame Veränderung des Status quo lauerten, durchaus reale Möglichkeiten. Den »Willen zum Krieg« (Gerhard L. Weinberg 1979) gab es damals aber nur in Berlin. Es herrschte unter den NS-Forschern und Militärhistorikern fast unangefochten der Konsens, dass der »Faktor« Hitler (Martin Broszat 1989) von absoluter Bedeutung für die »Entfesselung des Zweiten Weltkrieges« (Walther Hofer 1984) war. Zur Diskussion standen zusätzlich Fragen zum Anlass und Zeitpunkt des Krieges. Immer wieder kam die angebliche Angst des Diktators zur Sprache, der da glaubte, nicht genügend lange zu leben, um seine katastrophalen Kriegspläne zu verwirklichen, aber auch seine Furcht, er könne den Rüstungsvorsprung an die potentiellen Gegner verlieren. Internationales Wettrüsten und eine »innere Krise« hätten Hitler zur »Flucht nach vorn« getrieben (Timothy W. Mason 1975, Jost Dülffer 1976), so lauteten Mitte der 70er Jahre die Impulse der Diskussion.

Hitler selbst erfuhr die unterschiedlichsten Interpretationen (Gerhard Schreiber 1988). Die wohl wichtigste Kontroverse kreiste um die Frage, ob Hitler eine zielgerichtete Politik verfolgte oder sie im wesentlichen dem Zufall überließ. Während einige in ihm den machiavellistischen Opportunisten erblickten, hielten andere ihn für einen Programmatiker, der seine in der Kampfschrift notierten Ziele zu verwirklichen trachtete: Eroberung von Lebensraum im Osten und ein Europa unter deutscher Führung (erstmals Hugh Trevor-Roper 1978). Ein programmatisches Ziel wie die Errichtung eines deutschen Imperiums verband Andreas Hillgruber erstmals in einem Aufsatz von 1976 mit Hitlers finalem Ziel der »Judenausrottung«, selbstredend ohne Beteiligung der Wehrmacht. Er entwickelte ein gleichermaßen rationales wie visionäres »Stufenprogramm«, auf dessen Fundament Hitler die Weltherrschaft zu erringen gedachte (*Hitlers Strategie*, 1965 und 1982). Die Auffassung von Hitlers »Vision einer Weltherrschaft« erfuhr mancherlei Kritik, doch keine überzeugende Gegenanalyse.

NS-Forscher neigten früher oft zu extremer Rationalisierung nationalsozialistischer Phänomene, wie zum Beispiel der hochgelobten Blitzkriegsstrategie und angeblich so genialen Blitzkriegswirtschaft, die sich in späteren Forschungen als Flickwerk von Improvisation, Behelfsmaßnahmen, gepaart mit Inkompetenz und Blockaden durch Konkurrenzen in allen Bereichen, erwies (Bernhard R. Kroener 1988). Eine weitverbreitete Annahme, die Kriegsniederlage sei auf die erzwungene Aufgabe der Blitzkriegsstrategie zurückzuführen (Alan S. Milward 1977), stellte sich als falsch heraus. Die Blitzkriegsfrage wie auch die Frage zur »Zweiten Front« wurden kontrovers, aber gleich allen anderen Forschungen fast ausschließlich aus der Sicht der deutschen Kriegführung behandelt.

Diese Deutschlandzentrik gilt für die Geschichtsschreibung aller drei Waffengattungen. Die Luftwaffe weist die schlechteste Aktenlage auf, was auf ihre eigenen Zerstörungsmaßnahmen in den letzten Kriegstagen zurückzuführen ist. Dennoch gibt es eine Arbeit über zehn Jahre deutsche Luftwaffenführung (Horst Boog 1982). Die Marinegeschichtsschreibung, vertreten vor allem durch Michael Salewski (drei Bände, 1970–1975) und Jürgen Rohwer (mit drei Arbeiten, 1975–1983), hat ihre Aufgabe relativ gut besorgt und das eigenartige Missverhältnis zwischen seestrategisch hochfliegenden, die ganze

Welt umspannenden Plänen und ihren gegen null tendieren-
den materiellen Möglichkeiten herausgearbeitet.

Entgegen dem Eindruck, der sich aus den angeführten Publikationen ergeben mag, stellten Literaturberichterstatter zur
Forschungsentwicklung der Weltkriegsliteratur aus den 70er
und 80er Jahren fest, sie habe, ohne die Rolle Hitlers minimie-
ren zu wollen, durch die sukzessive Rückgabe der Quellen be-
dingt, den Zweiten Weltkrieg nicht nur als genuin nationalsozialistischen, sondern tendenziell als »deutschen Krieg« verstanden.

Den Trend brachte ein ehrgeizig angelegtes Großprojekt des
Militärgeschichtlichen Forschungsamtes (MGFA) zum Ausdruck. Das MGFA ist eine 1957 gegründete Dienststelle des
Bundes und das größte historische Institut der Bundesrepublik. Es erstellt Expertisen für die politische und militärische
Führung und betrieb im Auftrag des Bundesministeriums
für Verteidigung militärgeschichtliche Forschung mit dem
Schwerpunkt beider Weltkriege. Der neu konzipierte Forschungsschwerpunkt befasst sich mit den Auslandseinsätzen
der Bundeswehr seit 1990. Es wurde seit 1968 durch einen
Amtschef und einen »Leitenden Historiker« geführt. Als erster
Leitender Historiker fungierte Andreas Hillgruber, ihm folgten Manfred Messerschmidt (1970–1988), Wilhelm Deist und
seit dem Umzug von Freiburg nach Potsdam Hans-Erich Volkmann (1994–2003), der als erster nicht mehr dem Verteidi-
gungsministerium direkt unterstellt war. Heute leitet Rolf-
Dieter Müller als Wissenschaftlicher Direktor das MGFA. Alle
verfassten bemerkenswerte Studien. Kaum einer wich Konflikten mit konservativen Militärhistorikern aus, aber Manfred
Messerschmidt verursachte als Begründer der kritischen Militärgeschichte eine ganze Reihe von Kontroversen. Seine Reha-
bilitierungsversuche von Deserteuren wie seine permanenten
Attacken auf die Legende von der »sauberen« Wehrmacht, die

bereits 1969 (*Die Wehrmacht im NS-Staat*) einsetzten, ließen ihn zur persona non grata bei den militärischen Traditionsverbänden werden. Noch unbeliebter machte er sich dort als Befürworter der sogenannten Wehrmachtsausstellung.

Im Jahr 1971 nahm ein vielköpfiges Autorenteam die Arbeit an dem großen Projekt einer Gesamtdarstellung des Zweiten Weltkriegs auf (*Das Deutsche Reich und der Zweite Weltkrieg*). Das Team setzte sich sowohl aus ehemaligen Angehörigen der Wehrmacht als auch aus fortschrittlichen Historikern zusammen, was zu Konflikten und qualitativ unausgewogenen Leistungen führte. In der Einleitung zum ersten Band definierten die Herausgeber das der Reihe zugrundeliegende Programm als eine »Geschichte der Gesellschaft im Krieg«, eine anspruchsvolle Konzeption, die exakt den westdeutschen Forschungstendenzen in den 70er Jahren entsprach. Das lässt sich allein aus der wachsenden Anzahl von Forschungen zu den Fragen ablesen, die Kriegführung mit NS-Herrschaftsausübung in einen offenkundigen Zusammenhang bringen. Darunter zählte Bernd Wegner, ein Schüler Messerschmidts, in seinem Bericht zur Literatur über den Zweiten Weltkrieg unter anderem Publikationen wie die über Hitler und die Deutschen (Marlis Steinert 1970), über gesellschaftliche Gruppen wie KZ-Häftlinge (Falk Pingel 1978), Luftwaffenhelfer (Rolf Schörken 1984), Fremdarbeiter (Ulrich Herbert 1986), die von Martin Broszat betreute Reihe über Bayern in der NS-Zeit (1977–1983) und die von Heinz Boberach herausgegebenen geheimen Lageberichte des Sicherheitsdienstes der SS (1984). So wichtig die Beiträge im einzelnen auch sein mochten, sie stellten allesamt nur kleine Schritte auf dem Weg in eine zu schreibende Geschichte der deutschen Gesellschaft im Krieg dar.

Ähnlich scheint die Entwicklung in der Holocaustforschung verlaufen zu sein. Während die internationale Forschung vergleichsweise weit voranschritt und auf ansehnliche Ergebnisse blickte, hielt sich der Beitrag bundesdeutscher Historiker zur Holocaustforschung in überschaubaren Grenzen. Gleichwohl führten gerade deutsche Historiker und Publizisten eine erbitterte Debatte um die Einzigartigkeit nationalsozialistischer Verbrechen – den sogenannten Historikerstreit von 1986 –, zu deren Aufarbeitung sie, wie gesagt, bisher wenig beigetragen hatten. Doch einige deutsche Arbeiten entstanden zumindest im thematischen Umfeld, zum Beispiel über die Besatzungspolitik, Kriegswirtschaft und deren Ausbeutungscharakter, über Euthanasie (Ernst Klee 1983) sowie einige wenige Studien zur Geschichte der Judenvernichtung (v.a. Uwe Dietrich Adam 1972 und Andreas Hillgruber, *Zweierlei Untergang*, 1986), die sich in die international geführte Diskussion zum Holocaust einreihen lassen. Daneben sind Publikationen zum Angriff auf die Sowjetunion und zum Ostfeldzug, wo sich der Vernichtungscharakter von Regime und Verbrechen der Wehrmacht deutlicher verzahnen, erschienen.

Der Fall »Barbarossa« löste eine Reihe von Forschungsfragen aus. Insbesondere flammte die Präventivkriegsthese erneut auf, die im wesentlichen besagte, Hitler habe einem von Stalin geplanten Krieg zuvorkommen müssen. Der Band des MGFA von 1983 enthielt drei Beiträge pro und drei Beiträge contra Präventivkriegsthese. Traditionalistische Autoren und jüngere mit aufklärerischem Anspruch stritten kompromisslos so lang, bis der Streit vor Gericht ging. Inzwischen wurde die These endgültig ins fachliche Abseits verwiesen.

Hillgrubers oben genannte Publikation erfuhr im Rahmen des Historikerstreits wegen der Ausklammerung aller Fragen nach der Moral in einem Vernichtungskrieg scharfe Kritik durch den Philosophen Jürgen Habermas. Seine in der Wochenschrift »Die Zeit« vom 11. Juli 1986 erschienene Kritik, die den Streit eröffnete, richtete sich daneben auch gegen die Historiker Michael Stürmer und Klaus Hildebrand, aber ursächlich gegen Ernst Noltes Frage, ob denn Hitler und die Nationalsozialisten den Holocaust nicht etwa nur deswegen »vollbracht« hätten, weil sie sich als mögliche oder tatsächliche Opfer sowjetischer Ausrottungspolitik »betrachteten«. Die deutsche »Judenausrottung« wäre somit als Reaktion auf Stalins Verbrechen zu verstehen, und die Nazis hätten mit Auschwitz lediglich eine technische Innovation in die Welt gesetzt. Ebenso wie die Präventivkriegsthese wurde die von Nolte suggerierte »Präventivmordthese« eindeutig widerlegt. Der Streit, so erbittert er ausgetragen wurde, erlosch so schnell, wie er aufgeflammt war. Als Fazit bleibt die Etablierung des Postulats von der Singularität nationalsozialistischer Verbrechen und eine damit einhergehende, intensivere wissenschaftliche Auseinandersetzung.

Zuvor, Ende der 70er und Anfang der 80er Jahre, schwächte sich der scharfe Gegensatz von Hitlers ideologischen Fixierungen und den angeblich ausschließlich professionellen, pragmatischen Interessen des Militärs, wie man ihn aus der Memoirenliteratur der Generäle und Offiziere kannte, immer mehr ab. Er blieb aber noch weiterhin sichtbar. Dagegen bewiesen erste Studien über sowjetische Kriegsgefangene, wie diese wissentlich und systematisch dem Hungertode ausgeliefert wurden (Christian Streit 1978 und Alfred Streim 1981), oder über die Mordtätigkeit der SS-Einsatzgruppen im Osten (Helmut Krausnick, Hans-Heinrich Wilhelm 1981) erstmals eine gewisse Mitwirkung der Wehrmacht bei der nationalsozialistischen Vernichtungspolitik. Sie brechen aber mit dem Jahreswechsel 1941/42 geradezu abrupt ab, obwohl der Krieg, wie bereits angesprochen, erst mit dieser Wende zum genuin nationalsozialistischen Krieg mutierte. Die in den 60er Jahren angenommene Wende von Stalingrad 1943 bzw. Kursk legten einige Historiker zeitlich vor auf die Jahreswende 1941/42, als durch den Kriegseintritt Japans und der USA (Historisches

Symposium, Stuttgart 1983, Eberhard Jäckel 1984) Deutschlands Niederlage nur noch eine Frage der Zeit geworden war. Die Bearbeitung der Phase von der Kriegswende bis zum Kriegsende, insbesondere der kriegsentscheidenden Ostfront, zählte Ende der 80er / Anfang der 90er Jahre zu den dringlichsten Desideraten in der Forschung zum Zweiten Weltkrieg. Der nach dieser Zäsur noch drei Jahre währende Krieg in seiner NS-typischen Radikalisierung fand eher Interesse unter nicht-professionellen Verfassern von Erinnerungen und Sachbüchern. Zwar gab es auch hier Ausnahmen, zum Beispiel Arbeiten, die sich mit der Bündnispolitik (Jürgen Förster 1975), den Verbündeten (z.B. Gerd Rolf Ueberschär über Finnland 1978) oder den neutralen Staaten (z.B. Hans-Jürgen Lutzhöft über Schweden 1981) beschäftigten. Es erschienen auch Publikationen über Friedensinitiativen (z.B. Ingeborg Fleischhauer 1983, Bernd Martin 1985), über Nahaufklärung (z.B. Volker Detlev Heydorn 1985) oder Logistik (z.B. Klaus A. Friedrich Schüler 1987). Des weiteren überraschten sogar einzelne Arbeiten, die das eigentliche operative Geschehen zum Gegenstand hatten (z.B. Manfred Kehrig 1974 über Stalingrad). Sie alle aber scheinen die neue Dimension, die den Ostfeldzug kennzeichnet, nicht wirklich wahrgenommen zu haben. Auch andere Fronten blieben historiographisch gesehen unterbelichtet. In Bezug auf den mittelmeerischen Kriegsschauplatz musste zum Beispiel erst eine polemische Schrift daran erinnern, »wie das Dritte Reich Italien ruinierte« (Erich Kuby 1982) nach dessen Wechsel vom Achsenpartner zum Kriegsgegner.

Für die 70er/80er Jahre stellten Historiker eine erfreuliche Forschungsbilanz fest. Kaum ein Zeitgeschichts- oder Militärgeschichtsforscher, der sich nicht irgendwann eines Problems der gewaltigsten Zäsur in der Weltgeschichte angenommen hätte. Ungeachtet der anschwellenden Zahl an Publikationen hielten sich Defizite in der Forschung. Zum Beispiel blieben Darstellungen bundesdeutscher Historiker zu Politik und Kriegführung anderer am Krieg beteiligter Staaten völlig unterrepräsentiert. Die Militärgeschichte schenkte der Rassenpolitik des Regimes kaum Beachtung. Auch fehlten Arbeiten zur Geschichte der im Krieg eminent wichtigen Technik oder zur Geschichte eines vom Krieg bestimmten Alltags. Naheliegende Fragen, wie ganz normale Männer, biedere Väter, ihrer gewohnten Lebenswelt entrissen, unter totaler Existenzveränderung zu Soldaten wurden und ihre Gewalterfahrungen machen mussten, passiv oder aktiv, stießen kaum auf wissenschaftliches Interesse. Journalistisches Interesse lieferte mitunter eine Publikation (Hans Dollinger 1983), die als Vorarbeit gelten kann.

Es fanden aber fast alle der hier angeführten Desiderata in den folgenden zwei Jahrzehnten ihre Bearbeiter. Soweit es um die Zerstörung der Legende von der »sauberen« Wehrmacht ging, die Schwerpunktverlagerung der Forschung auf den deutsch-sowjetischen Krieg und dessen Entwicklung ab der Kriegswende, regte die umstrittene Wehrmachtsausstellung zu Initiativen an.

Über den deutschen Vernichtungskrieg im Osten und die sowjetischen Kriegsopfer lagen zum Wechsel der Jahrzehnte auch ohne Auswertung der seit dem Zusammenbruch von DDR und UdSSR geöffneten Archive so viel Fakten vor, dass Reinhard Rürup und andere darüber eine Ausstellung bereits 1991 in Berlin eröffneten. Sie erfuhr nur wenig Resonanz. Ganz anders verlief die Reaktion auf die sogenannte Wehrmachtsausstellung des Hamburger Instituts für Sozialforschung. Unter dem Titel »Vernichtungskrieg, Verbrechen der Wehrmacht 1941–1944« wurde sie 50 Jahre nach Kriegsende in Hamburg eröffnet und von 1995 bis 1999 in 34 Städten gezeigt. Nach vier

Jahren näherte sich ihre Besucherzahl der Millionengrenze. Hannes Heer, der Hauptverantwortliche für die inhaltlichen Aussagen der Ausstellung, stellte die Beteiligung der Wehrmacht am Vernichtungskrieg des NS-Regimes, insbesondere am Holocaust, den Krieg gegen die osteuropäische Zivilbevölkerung und den im Heer grassierenden Antisemitismus und Rassismus in den Mittelpunkt. Die Themen, der Forschung längst bekannt, trafen auf eine unvorbereitete, unwissende Nation und polarisierten sie.

Zunächst ertönte breite Zustimmung, vor allem dankte man es der Ausstellung, mit dem Mythos von der »sauberen« Wehrmacht definitiv aufgeräumt zu haben. Auf ihrer Wanderschaft durch die Bundesrepublik begleiteten sie Prominente aus Politik und Wissenschaft, bis ein Jahr nach ihrer Eröffnung Günther Gillessen in der »Frankfurter Allgemeinen Zeitung« (6. Februar 1996) das Feuer gegen sie eröffnete. Er sprach der Ausstellung jegliche Wissenschaftlichkeit ab, denn seiner Meinung nach trage die Schuld an den Verbrechen hauptsächlich die SS, gewisse Übergriffe der Wehrmacht seien allein durch die brutale sowjetische Kriegführung hinter den Linien forciert worden. Seit diesem Zeitpunkt verfolgten heftige politische Debatten die Ausstellung, die zum Beispiel in Bremen beinahe zum Scheitern der großen Koalition von CDU und SPD geführt hätten. In München kam es 1997 zur Eskalation. Nach einer giftigen Kontroverse zwischen den Parteien im Stadtrat befürwortete der Oberbürgermeister Münchens (SPD) die Ausstellung, der bayerische Kulturminister (CSU) lehnte sie strikt ab. Neonazis verpassten ihr das Etikett einer »antideutschen Schandausstellung« und demonstrierten zu Tausenden gegen sie in der Münchner Innenstadt (1. März 1997). Die Ereignisse in München führten zu einer Debatte im Bundestag (13. März 1997), die mit der Sanktionierung der Wehrmachtsausstellung endete.

Außer den Rechtsextremisten lehnten auch die soldatischen Traditionsverbände die Ausstellung bedingungslos ab. Nach einem Diktum des Ausstellungsleiters bliesen die Traditionsverbände zur letzten Schlacht der alten Soldaten. Wutentbrannt wandte sich der »Bund ehemaliger Stalinkämpfer« mit Protestschreiben an den Münchner Stadtrat. Wie die ehemaligen Soldaten, so wehrten sich die Geschichtsrevisionisten (unter Mithilfe zweier ehemaliger Mitarbeiter des MGFA) gegen die Ausstellung. Sie zogen wieder die Präventivkriegsthese aus der Mottenkiste und behaupteten, die Ausstellung betreibe Desinformation nach bekanntem stalinistischen Muster. Alle genannten, dazu die Vertriebenenverbände, bekämpften die Ausstellung wegen ihres angeblichen Angriffs auf die Ehre von Millionen ehemaliger Soldaten.

Dennoch setzte sich 1999 in den Medien die Auffassung durch, die inzwischen erfolgreichste geschichtspolitische Ausstellung der Bundesrepublik habe das Bild über den Zweiten Weltkrieg entscheidend verändert. Jetzt drang ins Bewusstsein interessierter Deutscher, dass erst der Ostkrieg die einzigartigen Verbrechen der Nationalsozialisten ermöglichte, erst im Schlagschatten des Krieges sich Holocaust und Vernichtungstriebe verwirklichen ließen. Ulrich Raulff, damals Ressortchef der FAZ, attestierte dieses neu entstandene Bewusstsein ausdrücklich in einem Artikel (vom 1. September 1999) in seiner Zeitung, die 1996 die Kampagne gegen die Ausstellung gestartet hatte.

Zeitgleich formierte sich schwerwiegende Kritik an der Ausstellung in der Historikerzunft. Hauptsächlich monierte sie die Pauschalität ihrer Beurteilungen und die mangelhafte Differenzierung in der Präsentation ihrer Anklagen, was zu einer generellen Verurteilung aller deutschen Soldaten ohne Ausnahme geführt habe. Die Kritik, die letztlich den Ausschlag gab, die Ausstellung zurückzuziehen, bezog sich aber

vorrangig auf die Fotografien, vor allem die privaten Schnapp-
schüsse ganz normaler Soldaten, aufgenommen während des
Mordens oder kurz danach. Sie öffneten den Blick in die Seele
voyeuristischer Täter, die den Augenblick ihres Triumphes dokumentieren wollten. Darin lag die eigentliche Provokation.
Theoretisch konnte es jedem Ausstellungsbesucher widerfah-
ren, einen Angehörigen – Vater, Opa, Bruder – auf einem der
Fotos zu erkennen. So nahmen Historiker vor allem das ausge-
stellte Bildmaterial kritisch unter die Lupe und wurden fündig.
Insbesondere der Vorwurf von Bogdan Musial, zehn Fotoexpo-
nate zeigten nicht, wie behauptet, deutsche Verbrechen,
sondern sowjetische, trug wesentlich dazu bei, dass Jan Philipp Reemtsma, der Gründer des Hamburger Instituts für Sozialforschung, die Ausstellung im November 1999 zurückzog
und eine hochkarätige Historikerkommission zu deren Über-
prüfung einsetzte.

Diese stellte ein Jahr später ihre Prüfungsergebnisse der Öffentlichkeit vor. Von den 1433 Fotos, so ihre Bilanz, gehörten
etwa 20 nicht in die Ausstellung. Ansonsten bestätigte sie deren Grundaussagen. Damit war der Streit um die Aussagekraft
von Fotografien beendet. Nach einjähriger Überarbeitung eröffnete in Berlin am 27. November 2001 der Kulturstaatsmi-
nister Julian Nida-Rümelin die neue Fassung. Sie wurde anschließend bis Ende März 2004 in elf Städten gezeigt. Die ent-
schärfte Fassung enthielt keine der beanstandeten Fotos mehr.
Hannes Heer, seit dem Jahr 2000 ausgebootet, beklagte das
»Verschwinden der Täter«, der normalen Soldaten als Beteiligte an Massenmorden, der Täterkreis reduziere sich – wie gehabt – auf hohe Generäle.

Die erste Wehrmachtsausstellung löste die bisher wohl
heftigsten Debatten aus, schärfere vielleicht als die bereits
von der Fischer-Kontroverse oder vom Historikerstreit her
bekannten. Mit dem Themenkomplex Verbrechen der Wehr-

macht bzw. ihrer Angehörigen beschäftigte sich die Öffentlichkeit so sehr wie nie zuvor, aber auch die Wissenschaft nahm sich dieser Thematik erneut an. Zahlreiche Studien waren die Folge. Allein das Institut für Zeitgeschichte München-Berlin übernahm ein vom Bayerischen Staatsministerium für Unterricht, Kultus, Wissenschaft und Kunst (so der damalige Titel kurz vor der erneuten Teilung des Ministeriums) 1998 bewilligtes Projekt, das im Laufe seines zehnjährigen Bestehens vier große Monographien und ein halbes Hundert Aufsätze produzierte. Dazu zählen noch zwei Sammelbände. Der erste (hrsg. von Christian Hartmann, Johannes Hürter und Ulrike Jureit, 2005) lieferte eine Zwischenbilanz über die Debatten und Forschungsanstöße, welche die Wehrmachtsausstellung ausgelöst hatte. Es handelte sich um Beiträge einer von Institut für Zeitgeschichte und Hamburger Institut gemeinsam veranstalteten Tagung. Inzwischen bekannte Ergebnisse zu den »kalkulierten Morden« in Weißrussland (Christian Gerlach 1999) erschienen mit neuem interpretatorischen Akzent zur Hungerpolitik gegenüber den sowjetischen Kriegsgefangenen, die nun auch auf einen aus Sachzwängen erwachsenen Radikalisierungsprozess zurückgeführt wurde. Die Radikalisierung aus sachlichem Konnex konstatierten weitere Wissenschaftler ebenso für andere Bereiche, Johannes Hürter für die Generalität (2006) und Christian Hartmann (2009) für die fünf von ihm untersuchten prototypischen Divisionen.

Im Mittelpunkt der Tagung stand aber die kontrovers geführte Diskussion über die mutmaßliche Anzahl der Soldaten, die an Verbrechen beteiligt waren. Christoph Rass zog aus seiner Arbeit zur Sozialgeschichte des Zweiten Weltkriegs, in der er den Alltag, das Leben und Sterben in einer durchschnittlichen Infanteriedivision untersucht hatte, den Schluss, dass deutsche Soldaten (*»Menschenmaterial«*, 2003) an allen

Verbrechenskategorien des Vernichtungskrieges im Osten beteiligt gewesen seien. Verbrechen sei ihnen zur Alltäglichkeit geworden. Dagegen ergaben Quantifizierungsversuche, dass die Zahl der Täter weit niedriger angesetzt werden müsste. Bereits 1999 schätzte Rolf-Dieter Müller (*Der Spiegel* vom 7. Juni 1999) die Zahl der an Verbrechen beteiligten Soldaten (in Italien) auf um die fünf Prozent, ein extrem großer Unterschied zu den 60–80 Prozent, die von den Wehrmachtsausstellern (für den Osten) angenommen wurden. In dem zweiten Sammelband, der das Wehrmachtsprojekt des Instituts für Zeitgeschichte abschloss (hrsg. von Christian Hartmann, Johannes Hürter, Peter Lieb und Dieter Pohl, 2009) gingen zahlreiche Historiker nochmals und hochkritisch auf die Wehrmachtsausstellung ein, allen voran der Projektleiter Christian Hartmann, der Hannes Heer vorhielt, mit falschen Zahlen jongliert zu haben – Peter Lieb wies sogar in einem Fall gefälschte Tagebücher nach. Damit blieb die Frage aller Fragen, haben sich viele oder wenige an den Verbrechen beteiligt, für die Beurteilung der Wehrmacht und ihrer Angehörigen weiterhin offen. Das Verhalten von Millionen von Soldaten zu quantifizieren, ist für die Forschung ein extrem schwieriges Problem und wird es der Aktenlage nach wohl für immer bleiben, denn sie erlaubt im besten Fall nur Antworten in Teilbereichen.

Noch im Herbst 2004 (FAZ vom 24. September 2004) resümierte der Projektleiter, dass erst die Wehrmachtsausstellung der Historikerzunft ins Bewusstsein gerufen habe, wie karg die Forschungslandschaft zur deutschen Besatzungspolitik in der Sowjetunion bestellt gewesen sei. Als er im Jahre 2009 dazu seine voluminose Darstellung vorlegte, reihte sie sich in eine erkleckliche Anzahl von Publikationen zu diesem Thema ein (z. B. Theo J. Schulte 1993, Manfred Oldenburg 2004, Klaus Arnold 2005, aus dem eigenen Projekt Johannes Hürter 2006 und Dieter Pohl 2008). Dass die Wehrmacht sich vom NS-Regime instrumentalisieren ließ, wusste inzwischen wohl jedes Schulkind, aber Hartmann stellte heraus, wie in der Schwemme von Publikationen über den Ostkrieg der Krieg an sich vom Schauplatz verschwunden sei. Der Blick für das Wesentliche des Krieges selbst sei verstellt, beide, Hitler und Stalin, hätten ihn an den Fronten, in fast allen Abschnitten, in konventioneller Weise geführt. Die militärischen Operationen standen im Mittelpunkt allen Sinnens und Trachtens. Das war unter anderem ein Grund, die vorliegende Darstellung des Zweiten Weltkriegs unter diesem Aspekt zu konzipieren, aber auch aus der Sicht der Interaktion zwischen Hitler und der militärischen Führungselite, für die relativ sichere Forschungsergebnisse vorliegen.

Peter Lieb ist der einzige aus dem genannten Wehrmachtsprojekt, der sich dem Kriegsgeschehen im Westen widmete. Er beantwortete die Frage nach dem Charakter des Zweiten Weltkriegs, »konventioneller Krieg oder NS-Weltanschauungskrieg« (2007), eindeutig: In Frankreich habe kein Vernichtungskrieg stattgefunden. Ein Massaker wie in Oradour-sur-Glane, von der 2. SS-Panzerdivision »Das Reich« verübt, sei der Wehrmacht peinlich gewesen, sie habe deshalb bei französischen Behörden um Entschuldigung gebeten.

Um die Jahrtausendwende vollzog sich auch eine Wende in der Militärgeschichte, die sich in den neuen Antworten auf eine alte Frage »Was ist Militärgeschichte?« (Thomas Kühne / Benjamin Ziemann 2000) klar niederschlug. Jahrzehntelang standen Militärhistoriker unter dem Verdacht, sie hätten sich von Kriegs- und Wehrgeschichte der nationalsozialistischen Zeit nicht genügend deutlich distanziert. Insbesondere von Militärs erforschte und verfasste Militärgeschichte rief Skepsis hervor, wie ganz allgemein das Ansehen von Militärhistorikern sich in Grenzen hielt. Während es früher auf Befremden stieß, Interesse für Militärgeschichte zu zeigen, gilt es heute nachgerade als modern, sich mit Militärgeschichte zu befassen. Im Laufe der Kontroversen zum Zweiten Weltkrieg und der Rolle der Wehrmacht, vor allem auch im Rahmen der Wehrmachtsausstellungen, sahen sich die Militärhistoriker gezwungen, ihre eigenen Positionen zu überprüfen und in der Öffentlichkeit Stellung zu beziehen. Militärgeschichte ist heute als historische Teildisziplin in die Geschichtswissenschaft integriert, gleichwohl führt sie ihr Kerngeschäft, Expertisen für das Militär zu liefern, fort. Die Bandbreite von Fragestellungen und Methoden erweiterte sich in starkem Maße, damit kann Militärgeschichte für viele, vom Kunsthistoriker bis zum Genderforscher, interessant werden. Wehrmachts- oder Holocaustspezialisten sind oft nicht mehr eindeutig einer bestimmten Disziplin zuzuordnen.

Nach zehn Jahren Diskussion um die Wehrmachtsausstellung des Instituts für Sozialgeschichte in Hamburg (1995–2005), nach zehn Jahren Forschungsprojekt des Instituts für Zeitgeschichte München-Berlin (1998–2009) schloss nach dreißig Jahren (1979–2008) das MGFA in Potsdam die Arbeit an seiner zehnbändigen Reihe *Das Deutsche Reich und der Zweite Weltkrieg* ab. Jahrzehntelange Arbeit erfuhr ihren Niederschlag auf insgesamt etwa 12 000 Druckseiten, die alle erdenklichen kriegsgeschichtlichen Themen abhandeln. Resümierend stellte der Leiter des Monumentalwerkes, in der Endphase Rolf-Dieter Müller, fest: Die militärische Elite habe versagt und all ihre moralische Integrität verloren. Dieses wohl größte Geschichtsprojekt in der Bundesrepublik und weitere nicht wenige Einzelarbeiten, darunter so Aufsehen erregende wie die von Götz Aly mit der umstrittenen These, der Raub- und Rassenkrieg habe eine »Gefälligkeitsdiktatur« ermöglicht (*Hitlers Volksstaat*, 2005), liefern eine ansehnliche Bilanz der Forschungen zum Zweiten Weltkrieg.

Daraus abzuleiten, das Forschungsfeld »Zweiter Weltkrieg« sei endgültig bestellt, wäre aber ein Trugschluss. Längst wurden neue Fragenkomplexe für künftige Forschung entdeckt und erschlossen. Auf einer Tagung des MGFA und des Deutschen Komitees für die Geschichte des Zweiten Weltkriegs in Potsdam 2008 stand auf der Liste der Desiderata an erster Stelle eine »moderne« Operationsgeschichte, deren Möglichkeiten und Grenzen aber erst noch auszuloten seien, Untersuchungen zum Alltag des Soldaten und Handlungsspielräume sowie Motivierungen unterer und mittlerer Führungskräfte. Auch eine Geschichte der Waffen-SS wurde eingeklagt.

Zum letztgenannten Forschungsdefizit fand bereits 2011 eine Tagung an der Universität Würzburg statt, auf der relativ viele Arbeiten aus letzter Zeit zu diesem Thema vorgestellt werden konnten. Deren vorläufiges Hauptergebnis lautet etwa wie folgt: Fast alle Verbrechen, derer sich die Waffen-SS schuldig gemacht hatte, sind auch von der Wehrmacht begangen worden, nur in sehr viel geringerem Maße. Doch im Westen verhielt sich die Wehrmacht im Gegensatz zur SS im Rahmen des Völkerrechts. Sie erschoss im Partisanenkampf keine Frauen und Kinder und auch kaum Kriegsgefangene der Alliierten, denen sich dadurch das Schwarz-Weiß-Bild einer »verbrecherischen SS« und einer »sauberen Wehrmacht« bot.

Mit dem bereits früh eingeforderten Desiderat zur Frage, wie das Regime in der desolaten Endphase des Krieges so lange relativ gut funktionieren konnte, haben sich inzwischen mehrere Forscher beschäftigt. Aus der Vielzahl der Arbeiten (u. a. Andreas Kunzmann 2005), John Zimmermann 2009) ragt die mit einem Preis ausgezeichnete Publikation des Briten Ian Kershaw (2011 in deutscher Übersetzung) heraus.

Moderne Militärgeschichte als Kulturgeschichte der Gewalt regte Michael Geyer 1986 wohl als erster an mit der Feststellung, dass in der ersten Hälfte des 20. Jahrhunderts die Gewaltbereitschaft in der deutschen – aber nicht nur in der deutschen – Gesellschaft deutlich zunahm. Im Grunde setzte bereits im Ersten Weltkrieg eine »Vergesellschaftung von Gewalt« ein (Benjamin Ziemann in Bruno Thoß / Hans-Erich Volkmann 2002). Für Jörg Baberowski ist »Gewalt«, die nachweislich von Nationalsozialismus wie Stalinismus bejaht und aktiv »vorangetrieben« worden ist und mit der sich sowjetische wie deutsche Truppen auseinandersetzen mussten, der Schlüsselbegriff aller Erklärungsversuche für das Kriegs- und Besatzungsgeschehen im östlichen Kampfraum. Baberowskis preisgekrönte Auseinandersetzung mit »Stalins Herrschaft der Gewalt« unter dem Titel *Verbrannte Erde* (2012) basiert auf einer überwältigenden Fülle neuen Quellenmaterials aus Moskauer Archiven. Seine Schlussfolgerung daraus ist der Vorwurf, die Geschichtsschreibung mache es sich mit ihren rationalen Erklärungsangeboten für Terror und Exzesse vielfach zu leicht und vergesse, »Abgründigkeit und Grausamkeit« des Menschen an sich zur Kenntnis zu nehmen. Jeder normale Mensch sei zu jeder Art von Gewalt fähig.

Einen Perspektivenwechsel in der Geschichtswissenschaft liefert Timothy Snyder in seiner vergleichenden Darstellung über Gewalt in Stalinismus und Nationalsozialismus. Unter der Titel-Metapher »Bloodlands« (2011) versteht der Autor ein Gebiet, das Ostpolen, Weißrussland, das Baltikum, Teile der Ukraine sowie Westrussland einschließt, in dem sowohl Stalin als auch Hitler zwischen 1932 und 1945 die blutigsten Gewaltexzesse der Menschheitsgeschichte initiierten, denen 14 Millionen Zivilisten zum Opfer fielen. Die ebenfalls auf immensem Quellenmaterial und osteuropäischer Literatur beruhende Arbeit durchbricht das seit dem Historikerstreit von 1986 geltende Vergleichsverbot aufgrund der Einzigartigkeit des Holocaust. Vor zwanzig Jahren hätte ein solcher als anstößig empfundener Tabubruch sich den Vorwurf eingehandelt, die Mordexzesse des einen im Vergleich mit den mörderischen Verbrechen des anderen zu relativieren. Heute hält vor allem die angelsächsische Welt den Holocaust in einen europäischen Gesamtzusammenhang zu stellen für gerechtfertigt und richtungweisend. Das liegt vor allem darin begründet, dass der Historikerstreit mit einem Verzug von zehn Jahren auch dort angekommen ist, und zwar mit der Frage, ob die Angelsachsen nicht nur einen gerechten, sondern auch einen guten Krieg geführt oder etwa eine Hälfte Europas vom Nationalsozialismus befreit und dabei die Versklavung riesiger Bevölkerungsteile im Osten durch den Stalinismus zugelassen haben. In Deutschland erhielt die Arbeit, die ein neues großes Forschungsfeld eröffnet, einerseits einen Preis, den der Leipziger Buchmesse 2012, und andererseits nachdenklich stimmende Kritik (u. a. von Jürgen Zarusky 2012).

Neue Quellen, wie vor allem die von dem Mainzer Historiker Sönke Neitzel ausgewerteten Abhörprotokolle »deutscher Generäle in britischer Gefangenschaft«, erlaubten erstmals Antwort auf längst gestellte Fragen (*Abgehört*, erstmals 2005). Gemeinsam mit Harald Welzer befragte er diesen Quellenbestand von rund 150000 Protokollen auch zum Verhalten der einfachen Soldaten. In ihrem Bestseller *Soldaten* von 2011 entwickeln die Autoren die These, allein die Kriegssituation habe soldatisches Handeln bestimmt. Die Soldaten seien bei ihrem Kämpfen und Töten nicht ideologiegesteuert gewesen. Der Mainzer Historiker stieß 2006 in den USA auf weitere 100000 Blatt Abhörakten von deutschen Soldaten in amerikanischer Gefangenschaft, die Felix Römer als Grundlage für einen Blick in das Wehrmachtsinnere dienten (*Kameraden*, 2012). Die amorphe Masse Wehrmacht löst sich in seinem jüngst erschienen Buch erstmals in Tausende von Individuen auf. Er kommt zu einem gegenteiligen Ergebnis. Ein Großteil der Soldaten sei ideologisiert, die Wehrmacht bis in die »Mikrostrukturen« hinein nationalsozialistisch infiziert gewesen.

Noch ist die US-Materialmasse von Fort Hunt nicht endgültig ausgewertet. Römers Studie setzt neue Akzente, aber sicher nicht den Schlussstein in der Forschung zum Zweiten Weltkrieg.

Abkürzungen

BRT	Bruttoregistertonne
CDU	Christlich-Demokratische Union
CSU	Christlich-Soziale Union
DDR	Deutsche Demokratische Republik
FAZ	Frankfurter Allgemeine Zeitung
IMT	International Military Tribunal (Internationales Militärgericht)
KdF	Kraft durch Freude
KZ	Konzentrationslager
MAGIC	amerikanische Entschlüsselung des japanischen Codes
MG	Maschinengewehr
MGFA	Militärgeschichtliches Forschungsamt
NS	Nationalsozialismus
OKH	Oberkommando des Heeres
OKW	Oberkommando der Wehrmacht
RAF	Royal Air Force
SD	Sicherheitsdienst
Sipo	Sicherheitspolizei
SPD	Sozialdemokratische Partei Deutschlands
SS	Schutzstaffel
SU	Sowjetunion
UdSSR	Union der Sozialistischen Sowjetrepubliken
ULTRA	britische Entschlüsselung des deutschen Codes
UN(O)	United Nations (Organization) (Vereinte Nationen)
US(A)	United States (of America) (Vereinigte Staaten von Amerika)

Literaturhinweise

Aus der Vielzahl an Publikationen über den Zweiten Weltkrieg wurden vorrangig diejenigen ausgewählt, die für das Zustandekommen der vorliegenden Arbeit von Wichtigkeit waren.

Akten zur deutschen auswärtigen Politik 1918–1945. Aus dem Archiv des Deutschen Auswärtigen Amtes.
Serie D: 1937–1945. 13 Bde. Göttingen 1950–1970.
Serie E: 1941–1945. 8 Bde. Göttingen 1969–1979.

Aly, Götz: Hitlers Volksstaat. Raub, Rassenkrieg und nationaler Sozialismus. Frankfurt a. M. 2005.

Browning, Christopher: Ganz normale Männer. Das Reserve-Polizeibataillon 101 und die »Endlösung« in Polen. Reinbek bei Hamburg 1993.

Evans, Richard: Das Dritte Reich. 3 Bde. München 2004–2009.

Förster, Jürgen: Die Wehrmacht im NS-Staat. Eine strukturgeschichtliche Analyse. München 2007.

Frieser, Karl-Heinz: Blitzkrieg-Legende. Der Westfeldzug 1940. München 2012.

Fröhlich, Elke (Hrsg.): Die Tagebücher von Joseph Goebbels 1923–1945. 32 Bde. München 1993–2008.

Gerlach, Christian: Kalkulierte Morde. Die deutsche Wirtschafts- und Vernichtungspolitik in Weißrussland 1941 bis 1944. Hamburg 1999.

Gruchmann, Lothar: Totaler Krieg. München 1991.

Hartmann, Christian: Wehrmacht im Ostkrieg. Front und militärisches Hinterland 1941/42. München 2010.

Hartmann, Christian / Johannes Hürter / Ulrike Jureit (Hrsg.): Verbrechen der Wehrmacht. Bilanz einer Debatte. München 2005.

Herbert, Ulrich: Fremdarbeiter. Politik und Praxis des »Ausländereinsatzes« in der Kriegswirtschaft des Dritten Reiches. Bonn 1999.

Hillgruber, Andreas: Hitlers Strategie. Politik und Kriegführung 1940–1941. Frankfurt a. M. 1982.

Hubatsch, Walther (Hrsg.): Hitlers Weisungen für die Kriegführung

1939–1945. Dokumente des Oberkommandos der Wehrmacht.
Koblenz 1983.

Hürter, Johannes: Hitlers Heerführer. Die deutschen Oberbefehlshaber im Krieg gegen die Sowjetunion 1941/42. München
2007.

Kershaw, Ian: Wendepunkte. Schlüsselentscheidungen im Zweiten
Weltkrieg 1940/41. München 2010.

– Das Ende. Kampf bis in den Untergang. NS-Deutschland 1944/45.
München 2011.

Krausnick, Helmut / Wilhelm, Hans-Heinrich: Die Truppe des
Weltanschauungskrieges. Die Einsatzgruppen der Sicherheitspolizei
und des SD 1938–1942. Stuttgart 1981.

Kroener, Bernhard R.: Militär, Staat und Gesellschaft im 20. Jahrhundert. München 2011.

Lieb, Peter: Konventioneller Krieg oder NS-Weltanschauungskrieg?
Kriegführung und Partisanenbekämpfung in Frankreich 1943/44.
München 2007.

Martin, Bernd: Deutschland und Japan im Zweiten Weltkrieg. Vom
Angriff auf Pearl Harbor bis zur deutschen Kapitulation. Göttingen
1969.

Messerschmidt, Manfred: Die Wehrmacht im NS-Staat. Zeit der
Indoktrination. Hamburg 1969.

Messerschmidt, Manfred: Die Wehrmachtjustiz 1933–1945. Paderborn
2005.

Militärgeschichtliches Forschungsamt (Hrsg.): Das Deutsche Reich
und der Zweite Weltkrieg. 10 Bde. Stuttgart 1979–2008.

Müller, Klaus-Jürgen: Armee, Politik und Gesellschaft in Deutschland
1933–1945. Studien zum Verhältnis von Armee und NS-System.
Paderborn 1986.

Müller, Rolf-Dieter: Der letzte deutsche Krieg 1939–1945. Stuttgart
2005.

– Hitlers Wehrmacht 1935–1945. München 2012.

– / Volkmann, Hans-Erich (Hrsg.): Die Wehrmacht. Mythos und
Realität. München 1999.

Neitzel, Sönke: Abgehört. Deutsche Generäle in britischer Kriegsgefangenschaft 1942–1945. Berlin 2012.

– / Harald Welzer: Soldaten. Protokolle vom Kämpfen, Töten und Sterben. Frankfurt a. M. 2011.

Overmans, Rüdiger: Deutsche militärische Verluste im Zweiten Weltkrieg. München 2004.

Overy, Richard: Russlands Krieg 1941–1945. Reinbek bei Hamburg 2011.

Pohl, Dieter: Die Herrschaft der Wehrmacht. Deutsche Militärbesatzung und einheimische Bevölkerung in der Sowjetunion 1941–1944. München 2008.

Rass, Christoph: »Menschenmaterial«. Deutsche Soldaten an der Ostfront. Innenansichten einer Infanteriedivision 1939–1945. Paderborn 2003.

Römer, Felix: Kameraden. Die Wehrmacht von innen. München 2012.

Schreiber, Gerhard: Der Zweite Weltkrieg in der internationalen Forschung. Konzeptionen, Thesen und Kontroversen. In: Michalka, Wolfgang (Hrsg.): Analysen, Grundzüge, Forschungsbilanz. München 1989. S. 3–24.

– Der Zweite Weltkrieg. München 2007.

Snyder, Timothy: Bloodlands. Europa zwischen Hitler und Stalin. München 2011.

Streit, Christian: Keine Kameraden. Die Wehrmacht und die sowjetischen Kriegsgefangenen 1941–1945. Bonn 1997.

Süß, Dietmar: Tod aus der Luft. Kriegsgesellschaft und Luftkrieg in Deutschland und England. München 2011.

Ueberschär, Gerd R. (Hrsg.): Hitlers militärische Elite. Darmstadt 2011.

Wegner, Bernd: Kriegsgeschichte – Politikgeschichte – Gesellschaftsgeschichte. Der Zweite Weltkrieg in der westdeutschen Historiographie der siebziger und achtziger Jahre. In: Rohwer, Jürgen / Müller, Hildegard: Neue Forschungen zum Zweiten Weltkrieg. Literaturberichte und Bibliographien aus 67 Ländern. Koblenz 1993. S. 102–129.

Wegner, Bernd: Erschriebene Siege. Franz Halder, die »Historical Division« und die Rekonstruktion des Zweiten Weltkrieges im Geiste des deutschen Generalstabes. In: Hansen, Ernst Willi /

Schreiber, Gerhard / Wegner, Bernd (Hrsg.): Politischer Wandel, organisierte Gewalt und nationale Sicherheit. München 1995. S. 287–302.

Ulrich, Bernd: Stalingrad. München 2005.

Wette, Wolfram: Die Wehrmacht. Feindbilder, Vernichtungskrieg, Legenden. Frankfurt a. M. 2002.

Zitatnachweise

S. 52: Dollinger, Hans (Hrsg.): Kain, wo ist dein Bruder? Was
der Mensch im Zweiten Weltkrieg erleiden mußte – dokumentiert in
Tagebüchern und Briefen. München 1983. [Im folgenden zit. als: D.]
S. 52. – S. 54: D., S. 54. – S. 60: Fröhlich, Elke (Hrsg.): Die Tagebücher
von Joseph Goebbels 1923–1945. 32 Bde. München 1993–2008.
[Im folgenden zit. als: G.] Tgb. vom 25. 6.1940. – S. 79: D., S. 75. – S. 90:
Gerbet, Klaus (Hrsg.): Generalfeldmarschall Fedor von Bock. Zwischen
Pflicht und Verweigerung. Das Kriegstagebuch. München 1995. Tgb.
vom 4. 6.1941. – S. 95 f.: Zit. nach: Hürter, Johannes: Hitlers Heerführer. Die deutschen Oberbefehlshaber im Krieg gegen die Sowjetunion
1941/42. München 2006. [Im folgenden zit. als: H.] S. 292. – S. 98: Zit.
nach: H., S. 311. – S. 98: D., S. 113. – S. 102: Akten zur auswärtigen
deutschen Politik. Serie D: 1937–1945. Göttingen 1950 ff. Bd. 12.1. Dok.
266. S. 376. – S. 106: G., Tgb. vom 6.12.1941. – S. 107 f.: G., Tgb. vom
8.12.1941. – S. 129 f.: Zit. nach H., S. 422. – S. 144: D., S. 315. – S. 145: G.,
Tgb. vom 25.11.1940. – S. 146: Zit. nach: Friedrich, Jörg: Der Brand.
Deutschland im Bombenkrieg 1940–1945. Berlin 2004. S. 182. – S. 150:
G., Tgb. vom 3. 8.1943, 1. 8.1943, 7. 8.1943, 5. 8.1943. – S. 157: G., Tgb.
vom 30. 6.1942. – S. 158: G., Tgb. vom 3. 7.1942. – S. 165: Merridale,
Catherine: Iwans Krieg. Die Rote Armee 1939–1945. Frankfurt a. M.
2008. [Im folgenden zit. als: M.] S. 173. – S. 166 f.: Arbeitskreis für
Wehrforschung (Hrsg.): Generaloberst Halder. Kriegstagebuch. Bd. 3.
Bearb. von Hans-Adolf Jacobsen. Stuttgart 1964. S. 489. – S. 168 f.: M.,
S. 196. – S. 173 f.: G., Tgb. vom 28.11.1942. – S. 174 f.: Walb, Lore:
Ich, die Alte – ich, die Junge. Konfrontation mit meinen Tagebüchern
1933–1945. Berlin 1997. S. 249. – S. 175 f.: Wieder, Joachim: Stalingrad
und die Verantwortung des Soldaten. Frankfurt a. M. 1963. S. 125. –
S. 191: D., S. 241. – S. 196: Ose, Dieter: Entscheidung im Westen 1944.
Der Oberbefehlshaber West und die Abwehr der alliierten Invasion.
Stuttgart 1982. S. 334. – S. 202: M., S. 340. – S. 215: D., S. 379.

Personenregister

Geographisches Register